中国普惠金融
创新报告
（2020）

主　编／曾　刚　何　炜

副主编／李广子　贺　霞

社会科学文献出版社
SOCIAL SCIENCES ACADEMIC PRESS (CHINA)

编　委　会

序　言

2020 年既是《推进普惠金融发展规划（2016～2020 年）》的最后一年，也是三年脱贫攻坚战的收官之年。过去几年中，在相关部门的大力推进下，我国的普惠金融取得了长足的进步，"融资难、融资贵"等问题得到了显著的改善。

一　普惠金融发展取得的成绩

一是普惠金融服务体系更加健全。"十三五"期间，我国已经基本建成商业性金融、开发性金融、政策性金融、合作性金融分工合理、相互补充的多层次、广覆盖、有差异的普惠金融服务体系。2016 年以来，针对乡村振兴、小微企业、民营企业的发展需求，不同类型金融机构发挥各自优势，扩大服务覆盖面。

二是金融服务覆盖面持续扩大，便利性明显提高。农村地区，特别是偏远山区、贫困地区是金融服务覆盖的"最后一公里"，也是金融供给、需求结构不平衡问题在区域层面的表现。金融机构通过设立特色支行、代理机构、流动服务点和自助服务点，不断向偏远地区和农村地区拓展物理服务网络，扩大基础金融服务覆盖面。截至 2019 年 6 月末，全国乡镇银行业金融机构覆盖率达 95.65%；行政村基础金融服务覆盖率达到 99.20%，相比 2014 年末提高 8.10 个百分点；全国乡镇保险服务覆盖率达 95.47%；银行卡助农取款服务点已达 82.30 万个，多数地区已经基本实现村村有服务。另外，金融机构还借助互联网、云计算、大数据技术等现代信息技术手段，通过设立手机银行、网上银行、直销银行的方式，打破物理网点约束，提高普惠金融服务的渗透率。

三是金融产品和服务手段更加多样化。在信贷产品创新方面，金融机构分别从抵押担保机制、风险分担机制、增信方式、支付结算方式等四个方面进行了一系列创新。在抵押担保方面，不断拓宽抵质押物范围，先后推出动产抵押、"两权"抵押贷款（即农村承包土地的经营权和农民住房财产权抵押）、知识产权质押等信贷产品。在风险分担机制方面，引入保险机构，有效转移了由自然风险、价格波动而引发的信用风险问题。在增信方式方面，通过融资担保、供应链金融的方式，有效提升借款主体的信用等级，解决小微企业和农户由于缺乏信用记录而无法获取金融服务的问题。在支付结算方面，针对小微企业、农户贷款需求"短、小、频、急"的特点，在授信、贷款使用环节进行创新，主要是贷记卡、惠农卡等模式，实现授信额度内贷款随借随还。

在服务创新方面，金融机构借助互联网、云计算、大数据技术等现代信息技术手段，提高服务质量和效率，有效降低运营成本和信贷成本。对于一些自身科技实力不足的中小金融机构，通过与金融科技企业合作，以联合贷款的方式大大拓宽了自身的服务边界。在服务类型方面，金融机构强调满足客户全方位的金融需求。例如，为客户提供消费性贷款，来满足用户的日常生活需求；一些银行还与电商平台合作，实现消费场景的延伸，或是直接搭建自己的电商平台，满足用户的消费需求；还有一些银行利用互联网技术，为客户提供智能投资顾问服务，满足客户的财务管理需求；保险公司则运用保险科技，以较低成本扩大其风险保障范围。

四是金融消费者素养明显提升。近年来，国家先后开展"金融知识普及月""小微企业金融知识普及教育""全国防范非法集资宣传月""3·15宣传周"等一系列集中性金融知识普及活动，并利用媒体平台加大宣传力度。同时将金融知识纳入国民教育体系，面向学生开展"金融知识进校园"活动、组织编写中学生金融知识普及读本、建设金融基础知识类开放课。中国人民银行公布的《2019年消费者金融素养调查简要报告》显示，2019年消费者金融素养指数为64.77，比2017年提高1.06。

二　"十四五"期间普惠金融工作的重点

普惠金融发展的目标是建立一个生机勃勃的广义普惠金融生态系统，进而更好地发挥各种金融功能，包容小微企业、"三农"、社会低收入群体等特殊群体。目前，我国普惠金融体系的发展仍处于初级阶段。不过，经过各方的共同努力，现已呈现服务主体多元、服务覆盖面较广、移动互联网支付使用率较高的特点，人均持有银行账户数量、银行网点密度等基础金融服务水平已达到国际中上游水平。

与此同时，我国普惠金融发展也面临诸多问题与挑战：普惠金融服务地区和机构发展不均衡，小微企业和弱势群体"融资难、融资贵"的问题突出，金融资源向经济发达地区、城市地区集中的特征明显；农村金融仍是我国金融体系中最薄弱的环节；普惠金融宏观、中观和微观体系不健全，金融法律法规体系仍不完善，直接融资市场发展相对滞后，政策性金融机构功能未完全发挥，金融基础设施建设有待加强；"数字鸿沟"问题凸现；普惠金融的商业可持续性有待提高等。解决这些短板问题是今后我国普惠金融发展的主攻方向和重点。

（一）完善金融服务体系和传导机制

一是深化中小银行业金融机构改革。引导督促城市商业银行、农村商业银行、农村信用社等地方法人银行回归本源；增加金融供给主体，加快建设多层次、差异化的金融服务组织体系，有效匹配小微企业金融需求。二是进一步发挥政策性银行的支持作用。三是鼓励发展合作金融。目前来看，商业性金融和政策性金融发展总体良好，但是农村信用社体系金融机构商业化之后，缺乏真正意义上的、自下而上组织的、有较大积极作用的合作金融组织。事实上出现了合作金融真空，合作金融没有担负起"基础"的角色和作用，是农村金融体系最大的短板。四是发展多层次资本市场，拓宽小微企业资本补充渠道。大力发展股权融资，进一步增强债券市场融资功能。

（二）完善、整合普惠金融的法规与政策

金融市场功能的完善及制度规范创新是普惠金融健康发展的关键和根本，必须通过构建普惠金融的政策法规制度，营造良好的普惠金融外部环境。目前来看，我国的普惠金融法律法规体系仍然不健全，需要进一步完善。另外，从监管方面看，目前监管考核存在多个主体，监管指标设置和要求各不相同，不仅提高了金融机构的合规成本，也容易在实践导向上出现混乱。

此外，目前各方面对普惠金融领域（包括小微企业融资、"三农"以及金融扶贫等方面）的支持政策较多，但政出多门，在地方上分属于财政部门、农业部门、工信部门等，相互之间有交叉、重叠，支持标准不一，且都未能和金融政策进行很好的整合。建议从顶层设计角度，将各种政策统一规划，实现资源的有效整合，并将政策性支持与金融功能有效组合，有效地放大政策支持的杠杆，实现对普惠金融更为精准的支持。

（三）加强信息共享，持续优化社会信用体系

一是要完善社会信用体系。征信体系需要涵盖普惠金融服务对象，尽可能做到全口径，包括民间借贷记录、违规记录以及基于大数据的征信记录。鉴于智能手机和网上支付越来越普及，互联网金融公司拥有相应的基于大数据的征信记录，中国人民银行征信体系可联手互联网金融公司征信体系，并利用各政府部门拥有的数据，同时有序推进征信系统非金融信息采集，形成全新的征信体系。二是进一步扩大小微企业信用信息来源。加快搭建并完善涵盖金融、税务、市场监管、社保、海关、司法等部门大数据的服务平台，实现数据与信息跨层级、跨部门、跨地域的互联互通，尽快破解信息不对称难题。三是建立健全守信激励和失信惩戒机制。

（四）金融科技赋能，提高普惠金融服务效率

中国人民银行 2019 年 8 月印发的《金融科技（FinTech）发展规划

（2019～2021年）》（以下简称《规划》），明确提出近几年金融科技工作的发展目标和重点任务。《规划》的后续实施，将对金融机构的科技创新带来积极影响。在不断优化服务质量的同时，金融机构将会持续拓展云计算、大数据、人工智能等信息技术的应用，推进智能化、场景化、综合化发展。并通过金融科技不断缩小数字鸿沟，解决普惠金融发展面临的成本较高、收益不足、效率和安全难以兼顾等问题。

从实践来看，金融机构通过金融科技的应用，在普惠金融领域已取得了显著的成绩，有效提升了普惠金融的效率和服务下沉的能力。效率的提升，也为金融让利实体经济提供了有力的支撑。从未来看，金融科技在赋能普惠金融方面，仍有进一步拓展的空间。建议监管部门在风险可控的前提下，继续鼓励金融机构在相关领域进行创新，在《商业银行互联网贷款管理暂行办法》的后续执行中，对金融机构在普惠金融领域的模式创新，以及与金融科技企业之间的合作能保持相对包容的态度。

（五）进一步加强普惠金融教育、权益保护教育

普惠金融的持续稳定发展，有赖于普惠金融文化的涵养和支撑。金融教育是培育普惠金融文化的主要渠道。消费者金融风险意识、信用意识和契约精神，以及维权意识和能力是普惠金融发展的"软件"基础。目前来看，我国普惠金融领域的金融消费者教育仍存在较大短板，而金融机构也缺乏动力和资源去广泛开展相关教育。建议监管部门或行业自律组织牵头，建立长期性、系统性、多元化和广覆盖的金融消费者教育机制，持续、广泛开展相关的教育活动。

为全面反映我国普惠金融领域的政策与实践，并对未来发展趋势进行展望，《中国普惠金融创新报告（2020）》在延续历年报告框架的基础上，增加了专题研究内容（下篇），集结国内相关领域的理论和实务专家，围绕疫情防控、脱贫攻坚、"六稳""六保"、消费者保护以及金融科技等主题展开广泛、深入的研究，以期为读者掌握我国普惠金融理论与实践的前沿提供有价值的参考。本报告写作过程中，得到了人民日报党媒平台唐晓蓉、郭艺萌

以及平安普惠金融研究院程瑞副院长的大力支持，在此一并表示感谢。囿于作者水平，报告中错误难免，还请读者批评指正。

目　录

上篇　普惠金融发展情况

下篇　普惠金融专题研究

上篇
普惠金融发展情况

第一章
普惠金融的政策环境

李广子　贺嘉庆*

2019 年以来，在国家《推进普惠金融发展规划（2016～2020 年）》的指导下，政府有关部门在小微企业、民营经济、"三农"等传统普惠金融领域出台了一系列信贷、财税、保险等支持政策。特别是，面对 2020 年初突如其来的新冠肺炎疫情，政府有关部门果断发力，密集出台了力度空前的支持政策，提供了有力的金融支持。此外，2020 年是三年脱贫攻坚的决胜之年，金融扶贫也是近几年来普惠金融支持政策发力的一个重点领域。

一　小微企业支持政策

（一）信贷支持政策

小微企业信贷仍然是普惠金融支持政策关注的重点领域。2019 年以来，政府出台的小微企业信贷支持政策主要如下。

2019 年 1 月 2 日，中国人民银行发布公告，自 2019 年起，将普惠金融定向降准小型和微型企业贷款考核标准由"单户授信小于 500 万元"调整为"单户授信小于 1000 万元"。通过上调授信额度提高金融机构开展小微企业贷款的积极性。

2019 年 3 月 31 日，银保监会办公厅下发《关于 2020 年推动小微企业金融服务"增量扩面、提质降本"有关工作的通知》，主要内容包括：明确

---

* 李广子，中国社会科学院金融研究所银行研究室主任，国家金融与发展实验室研究员；贺嘉庆，中国社会科学院大学硕士研究生。

总体目标，努力实现小微企业金融服务"增量、扩面、提质、降本"；强化分类考核督促，把握好小微企业信贷投放总量与节奏等。通过"增量、扩面、提质、降本"，提高对小微企业提供金融服务的覆盖面，同时着力降低金融服务成本。

2019 年 4 月 7 日，国务院办公厅印发《关于促进中小企业健康发展的指导意见》，提出要主动服务中小企业，完善中小企业融资政策、积极拓宽融资渠道、支持利用资本市场直接融资、减轻企业融资负担、建立分类监管考核机制；改进财税对小微企业融资的支持、减轻中小企业税费负担、完善政府采购支持中小企业的政策，充分发挥各类基金的引导带动作用；完善创新创业环境、切实保护知识产权、引导中小企业专精特新发展、为中小企业提供信息化服务。

（二）财税支持政策

2019 年以来，财政部、国家税务总局出台的与小微企业相关的财税支持政策如表 1 - 1 所示。

表 1 - 1　小微企业财税支持政策

时间	政策/文件	主要内容
2019 年 1 月 17 日	《财政部、国家税务总局关于实施小微企业普惠性税收减免政策的通知》（财税〔2019〕13 号）	对月销售额 10 万元以下（含本数）的增值税小规模纳税人，免征增值税；对小型微利企业年应纳税所得额不超过 100 万元的部分，减按 25% 计入应纳税所得额，按 20% 的税率缴纳企业所得税；对年应纳税所得额超过 100 万元但不超过 300 万元的部分，减按 50% 计入应纳税所得额，按 20% 的税率缴纳企业所得税
2020 年 3 月 27 日	《关于充分发挥政府性融资担保作用、为小微企业和"三农"主体融资增信的通知》（财金〔2020〕19 号）	当前形势下政府控股的融资担保、再担保机构要积极为小微企业和"三农"主体融资增信，努力扩大业务规模，提升服务效率；及时履行代偿责任，依法核销代偿损失，协调金融机构尽快放贷，不抽贷、不压贷、不断贷，着力缓解小微企业融资难、融资贵问题

时间	政策/文件	主要内容
2020 年 3 月 31 日	《中国银保监会办公厅关于 2020 年推动小微企业金融服务"增量扩面、提质降本"有关工作的通知》(银保监办发〔2020〕29 号)	明确 2020 年银行业小微企业(含小微企业主、个体工商户)贷款"增量、扩面、提质、降本"的总体目标。"增量"是单户授信总额 1000 万元以下(含)的普惠型小微企业贷款确保实现"两增",即贷款较年初增速不低于各项贷款增速、有贷款余额的户数不低于年初水平。"扩面"是指增加获得银行贷款的小微企业户数,着力提高当年新发放小微企业贷款户中"首贷户"的占比。"提质"是指提升小微企业信贷服务便利度和满意度,努力提高信用贷款和续贷业务占比。"降本"是指进一步推动降低普惠型小微企业贷款的综合融资成本
2020 年 4 月 3 日	财政拨款助力融资	中央财政拨付国家融资担保基金第三期出资 75 亿元支持小微企业贷款融资
2020 年 4 月 15 日	《关于进一步加大创业担保贷款贴息力度、全力支持重点群体创业就业的通知》(财金〔2020〕21 号)	增加支持群体;降低申请门槛;小微企业当年新招用符合条件创业担保贷款申请条件的人数与企业现有在职职工人数的占比,由 20% 下降至 15%,超过 100 人的企业下降至 8%。符合条件的个人最高可申请创业担保贷款额度由 15 万元提高至 20 万元。对符合条件的个人创业担保贷款借款人合伙创业的,可根据合伙创业人数适当提高贷款额度,最高不超过符合条件个人贷款总额度的 10%
2020 年 5 月 22 日	《关于印发〈政府性融资担保、再担保机构绩效评价指引〉的通知》(财金〔2020〕31 号)	规范地方各级政府性融资担保、再担保机构绩效评价工作,引导政府性融资担保、再担保机构坚守主业,聚焦支小支农,积极服务小微企业、"三农"和创业创新
2020 年 5 月 26 日	《关于进一步强化中小微企业金融服务的指导意见》(银发〔2020〕120 号)	不折不扣落实中小微企业复工复产信贷支持政策;开展商业银行中小微企业金融服务能力提升工程;改革完善外部政策环境和激励约束机制;发挥多层次资本市场融资支持作用;加强中小微企业信用体系建设;优化地方融资环境
2020 年 6 月 1 日	《中国人民银行、银保监会、财政部、发展改革委、工业和信息化部关于进一步对中小微企业贷款实施阶段性延期还本付息的通知》(银发〔2020〕122 号)	对于 2020 年 6 月 1 日至 12 月 31 日期间到期的普惠小微贷款(包括单户授信 1000 万元及以下的小微企业贷款、个体工商户和小微企业主经营性贷款,下同),按照"应延尽延"要求,实施阶段性延期还本付息。对于 2020 年底前到期的其他中小微企业贷款和大型国际产业链企业(外贸企业)等有特殊困难企业的贷款,可由企业与银行业金融机构自主协商延期还本付息

续表

时间	政策/文件	主要内容
2020 年 6 月 1 日	《关于加大小微企业信用贷款支持力度的通知》（银发〔2020〕123 号）	自 2020 年 6 月 1 日起,中国人民银行通过货币政策工具按季度购买符合条件的地方法人银行业金融机构新发放的普惠小微信用贷款。符合条件的地方法人银行业金融机构为最新央行评级 1 级至 5 级的城市商业银行、农村商业银行、农村合作银行、村镇银行、农村信用社、民营银行。购买范围为符合条件的地方法人银行业金融机构 2020 年 3 月 1 日至 12 月 31 日期间新发放普惠小微信用贷款的 40%,贷款期限不少于 6 个月
2020 年 6 月 24 日	《财政部关于下达 2020 年度财政支持深化民营和小微企业金融服务综合改革试点城市奖励资金预算的通知》（财金〔2020〕60 号）	根据各省评审推荐结果,确定北京市顺义区等 60 个市(州、区)为 2020 年度财政支持深化民营和小微企业金融服务综合改革试点。进一步加强资金规范化管理,确保资金及时拨付到位、专款专用

资料来源：课题组整理。

（三）保险支持政策

在保险支持政策方面，2019 年 3 月 5 日，中国人民银行党委书记、银保监会主席郭树清在“部长通道”答记者问时表示：“支持民营、小微企业，保险也大有可为。”随后，各级政府出台了相关的保险支持政策。以重庆市为例，针对小微企业的社保，设计了一系列优惠政策。一是全市微型企业招用城乡劳动力，与其签订 1 年以上期限劳动合同，按规定参加社会保险并按时足额缴纳社会保险费的，可享受社会保险补贴。微型企业招用就业困难人员和登记失业高校毕业生已享受相关社会保险补助的不重复享受。二是微型企业社会保险的补贴标准，按企业实际为员工缴纳社会保险费的 5 个百分点计算，不包括个人应缴纳的基本养老保险费、基本医疗保险费和失业保险费以及企业和个人应缴纳的其他社会保险费。三是微型企业社会保险补贴实行“先缴后补”的原则，半年申报一次。

疫情期间，国家市场监管总局等六部门发布指导意见，有雇工的个体工商户以单位方式参加企业职工养老保险、失业保险、工伤保险的，可享受单位缴费减免和缓缴政策。个体工商户以个人身份自愿参加企业职工基本养老保险或居民养老保险的，可在年内按规定自主选择缴费基数（档次）和缴费时间。

（四）其他支持政策

除上述政策以外，有关部门还就规范市场秩序等出台了一系列相关政策。例如，鼓励引导平台企业适当降低向小微商户收取的平台佣金等服务费用和条码支付、互联网支付等手续费，严禁平台企业滥用市场支配地位收取不公平的高价服务费等。

在简化流程、提高市场效率方面也出台了相关政策。国务院办公厅印发实施意见，提出深化"证照分离"改革，推进"照后减证"和简化审批，简化住所（经营场所）登记手续，申请人提交场所合法使用证明即可登记。合理设定无固定经营场所摊贩管理模式，预留自由市场、摊点群等经营网点。

（五）总体评价

2019 年以来，政府主管部门在小微企业支持政策总体上延续了前期支持政策的主基调，综合利用信贷、财税、保险等手段着力提高小微企业金融服务的可获得性，并降低其获取金融服务的成本。特别是，政府主管部门着眼于在更高的层面上改善小微企业经营发展所面临的营商环境，以此来提高小微企业的综合竞争力和融资能力。

二　民营经济支持政策

2019 年 2 月 14 日，中共中央办公厅、国务院办公厅印发《关于加强金融服务民营企业的若干意见》，提出 18 条金融服务民营企业的要求，为金融服务民营企业提出了全方位的指导意见，将对未来一段时期我国金融支持民营经济发展起到重要的推动作用（见表 1－2）。

表1-2　有关民营经济信贷支持政策

时间	政策/文件	主要内容
2019年 2月14日	中共中央办公厅、国务院办公厅印发了《关于加强金融服务民营企业的若干意见》	(1)加大金融政策支持力度，着力提升对民营企业金融服务的针对性和有效性。①实施差别化货币信贷支持政策。合理调整商业银行宏观审慎评估参数，完善普惠金融定向降准政策。增加再贷款和再贴现额度；加大对民营企业票据融资支持力度；支持民营银行和其他地方法人银行等中小银行发展；深化联合授信试点，鼓励银行与民营企业构建中长期银企关系。②加大直接融资支持力度，积极支持符合条件的民营企业扩大直接融资。③支持金融机构通过资本市场补充资本。加快商业银行资本补充债券工具创新，支持通过发行无固定期限资本债券、转股型二级资本债券等创新工具补充资本。 (2)强化融资服务基础设施建设，着力破解民营企业信息不对称、信用不充分等问题，包括抓紧抓好信息服务平台建设、健全地方增信体系等。 (3)完善绩效考核和激励机制，着力疏通民营企业融资堵点。包括建立"敢贷、愿贷、能贷"长效机制、减轻对抵押担保的过度依赖、提高贷款需求响应速度和审批时效等。 (4)积极支持民营企业融资纾困，着力化解流动性风险并切实维护企业合法权益，包括加快清理拖欠民营企业账款等

资料来源：课题组整理。

此外，地方金融监管部门和各大金融机构也出台了针对民营经济的信贷支持政策。

各地银保监局结合自身特点，制定了有利于民营经济发展的政策。例如，辽宁银保监局推广"普惠金融产品电子超市"；浙江银保监局全力深化中期流贷服务，更好发挥信贷"稳企业"作用；广东银保监局推动"不动产＋金融"便民服务；四川银保监局推动优化抵押登记流程，积极推进"政采贷"业务等。

金融机构也结合自身经营现状开发出有针对性的金融产品对接民营企业的金融需求。例如，招商银行设置绿色通道支持疫情防控企业；平安产险推出"店家宝"普惠金融深入个体小店；中信银行推出"信秒贴"有效解决民企票据贴现难题；浙商银行聚焦应收款链缓解融资难题；兴业银行推出"贸融宝"助力出口型民营企业腾飞；国家开发银行扶贫贷款助力民营企业桑蚕种养；农业银行江苏分行贯彻落实尽职免责政策，促进民营企业发展；大地保险公司服务民营首台（套）装备企业的探索；中国银行推出"中银征信e贷"，通过产品创新助力民营经济腾飞；农业银行推出"纳税e贷"提升民营小微企业金融服务能力；浙江泰隆商业银行推出"科技专利贷"化解初创期企业融资难题。

民营经济在吸纳社会就业、提高社会稳定方面发挥着重要作用。2019年12月24日，国务院印发《关于进一步做好稳就业工作的意见》（国发〔2019〕28号），要求加强对企业金融支持，并强调要落实普惠金融定向降准政策，释放的资金重点支持民营企业和小微企业融资。

总体上看，2019年以来针对民营经济的普惠金融支持政策更加突出政策的系统性和针对性。特别是中共中央办公厅、国务院办公厅于2019年2月14日印发的《关于加强金融服务民营企业的若干意见》，从不同维度制定了支持民营经济发展的系统性支持政策，政策全面、针对性强，具有较高的可操作性，着眼于解决制约民营企业有效获取金融服务的重大制度性瓶颈，对于未来一段时期改善民营企业金融服务具有重要的指导意义。

三 "三农"领域支持政策

（一）信贷支持政策

2019年以来，银保监会出台的与"三农"领域相关的信贷支持政策与脱贫攻坚融合在一起。2019年3月1日，银保监会印发《关于做好2019年银行业保险业服务乡村振兴和助力脱贫攻坚工作的通知》（银保监办发〔2019〕38号），要求银行保险业加大对乡村振兴和扶贫攻坚工作的支持力度（见表1-3）。

表1-3 "三农"领域相关的信贷支持政策

时间	政策/文件	主要内容
2019年3月1日	《关于做好2019年银行业保险业服务乡村振兴和助力脱贫攻坚工作的通知》（银保监办发〔2019〕38号）	(1)回归本源，坚守定位，持续优化服务乡村振兴体制机制。加强政策性金融机构、大中型商业银行、地方中小法人金融机构、保险机构等的合作。 (2)对标要求，明确目标，精准服务乡村振兴重点领域和薄弱环节。支持农业供给侧结构性改革、助力美丽乡村建设、做好各类现代农业主体金融服务、提升针对特殊群体的金融服务水平。 (3)提高效率，强化分担，创新产品和服务模式。创新金融产品，拓宽抵质押物范围和风险缓释渠道等。 (4)加强融合，简化审批，科学合理推动基础金融服务扩面提质。加大银行保险机构乡村服务融合力度、简化空白地区机构设立程序。 (5)精准施策，聚焦深贫，助力打赢脱贫攻坚战。重点抓好"三区三州"等深度贫困地区和特殊贫困群体脱贫攻坚工作。 (6)治理乱象，防范风险，净化乡村金融环境。 (7)严格考核，不断完善差异化监管政策

资料来源：课题组整理。

此外，2020年4月9日，银保监会印发《关于做好2020年银行业保险业服务"三农"领域重点工作的通知》，从明确2020年"三农"领域金融服务重点工作、优化"三农"金融产品和服务模式、推进金融扶贫工作、加强监管政策引领、推进基础金融服务基本全覆盖、推进农村普惠金融改革试验区建设和加强农村金融风险防控等七个方面提出工作要求。

（二）财税支持政策

2019年以来，财政部和国家税务总局出台的与"三农"领域相关的财税政策如下。

2019年1月9日，财政部和国家税务总局下发《关于继续实行农产品批发市场、农贸市场房产税城镇土地使用税优惠政策的通知》（财税〔2019〕12号）。要求自2019年1月1日至2021年12月31日，对农产品批发市场、农贸市场（包括自有和承租）专门用于经营农产品的房产、土地，暂免征收房产税和城镇土地使用税。对同时经营其他产品的农产品批发市场和农贸市场使用的房产、土地，按其他产品与农产品交易场地面积的比例确定征免房产税和城镇土地使用税。

2019 年 2 月 2 日，财政部等印发《关于进一步支持和促进重点群体创业就业有关税收政策的通知》（财税〔2019〕22 号）。要求对建档立卡贫困人口、持就业创业证或就业失业登记证的人员，从事个体经营的，自办理个体工商户登记当月起，在 3 年内按每户每年 12000 元为限额依次扣减其当年实际应缴纳的增值税、城市维护建设税、教育费附加、地方教育附加和个人所得税。限额标准最高可上浮 20%，各省、自治区、直辖市人民政府可根据当地实际情况在此幅度内确定具体限额标准。

（三）保险支持政策

2020 年 4 月 9 日，银保监会印发《关于做好 2020 年银行业保险业服务"三农"领域重点工作的通知》（银保监办发〔2020〕31 号）。该通知要求，要深入推进银行业保险业扶贫工作，增加深度贫困地区金融供给，努力提高脱贫质量防止返贫，统筹信贷支持和风险防控，开展典型经验总结推广和新闻宣传，研究脱贫攻坚期后的金融支持政策。

2020 年 6 月 1 日，银保监会发布《关于进一步明确农业保险业务经营条件的通知》，针对行业反映较为集中的农险市场准入问题，按照依法合规、提高标准、放管结合、动态监管的原则，建立完善全流程的农险业务经营条件管理制度体系，促进农业保险市场平稳健康发展。

（四）其他支持政策

2020 年 3 月 11 日，农业农村部办公厅发布《关于做好 2020 年农业农村政策与改革相关重点工作的通知》，提出全面推开农村集体产权制度改革试点，已有的 15 个整省试点省份要做好检查验收，非整省试点省份要全面推开改革，力争改革覆盖面扩大到所有涉农县（市、区）。有条件的地方可先行开展农村集体经济组织相关立法探索，为国家立法积累经验。审慎稳妥开展第二轮土地承包到期后再延长 30 年试点工作，有序规范农村承包土地经营权流转等一揽子"三农"领域重点改革方案。

（五）总体评价

"三农"领域同样也是普惠金融政策支持的一个重点领域。2019 年以来的支持政策总体上延续了前期政策的基调，从信贷、财税、保险等方面出台了全方位的支持政策，着眼于构建金融支持"三农"发展的长效机制。另外，近期在"三农"领域的支持政策通常与乡村振兴、扶贫攻坚结合在一起，在更为宏观的层面上出台相应的支持政策，注重不同支持政策之间的协调配合，提高了政策的协同性。

四　应对新冠肺炎疫情支持政策

新冠肺炎疫情的暴发成为 2020 年以来世界范围内的"黑天鹅"事件，对我国和世界经济社会都造成了巨大冲击。为应对疫情，我国充分发挥体制优势，举全国之力，各级政府以及政府各部门通力合作，短期内密集出台了一系列支持政策，对冲疫情对经济社会造成的负面影响，努力把疫情造成的损失降到最低。

（一）信贷支持政策

疫情暴发以来，政府各部门出台的有关应对疫情的信贷支持政策如表 1－4 所示。

（二）财税支持政策

疫情暴发以来，政府各部门出台的有关应对疫情的财税支持政策如表 1－5 所示。

表 1-4　有关应对疫情的信贷支持政策

时间	政策/文件	主要内容
2020 年 1 月 26 日	《关于加强银行业保险业金融服务配合做好新型冠状病毒感染的肺炎疫情防控工作的通知》（银保监办发〔2020〕10 号）	落实疫情防控要求；保障金融服务顺畅；开辟金融服务绿色通道；强化疫情防控金融支持；做好受困企业金融服务
2020 年 1 月 31 日	《关于进一步强化金融支持防控新型冠状病毒感染肺炎疫情的通知》（银发〔2020〕29 号）	保持流动性合理充裕，加大货币信贷支持力度；合理调度金融资源，保障人民群众日常金融服务；保障金融基础设施安全，维护金融市场平稳有序运行；建立"绿色通道"，切实提高外汇及跨境人民币业务办理效率；加强金融系统党的领导，为打赢疫情防控阻击战提供坚强政治保证
2020 年 2 月 7 日	《关于打赢疫情防控阻击战强化疫情防控重点保障企业资金支持的紧急通知》（财金〔2020〕5 号）	规范疫情防控重点保障企业名单管理；通过专项再贷款支持金融机构加大信贷支持力度；中央财政安排贴息资金支持降低企业融资成本；切实加强应急保障资金监督管理；强化责任担当，狠抓贯彻落实
2020 年 2 月 14 日	《中国银保监会办公厅关于进一步做好疫情防控金融服务的通知》（银保监办发〔2020〕15 号）	全力支持疫情防控企业扩大产能；全面服务受疫情影响企业复工复产；积极帮扶遇困小微企业、个体工商户；加大春耕春种金融支持；加强科技应用，创新金融服务方式；完善制度机制，落实疫情防控要求；改进工作作风，提升金融监管服务质效
2020 年 3 月 27 日	《关于加强产业链协同复工复产金融服务的通知》（银保监办发〔2020〕28 号）	加大产业链核心企业金融支持力度；优化产业链上下游企业金融服务；加强金融支持全球产业链协同发展；提升产业链金融服务科技水平；完善银行业金融机构考核激励和风险控制；加大保险和担保服务支持力度

资料来源：课题组整理。

表 1-5　有关应对疫情的财税支持政策

时间	政策/文件	主要内容
2020 年 1 月 22 日	《国家医疗保障局、财政部关于做好新型冠状病毒感染的肺炎疫情医疗保障的通知》	各地医保及财政部门要确保确诊新型冠状病毒感染肺炎患者不因费用问题影响就医，确保收治医院不因支付政策影响救治。一是对于患者发生的医疗费用，在基本医保、大病保险、医疗救助等按规定支付后，个人负担部分由财政给予补助；二是对于其中的异地就医患者，先救治后备案，报销不执行异地转外就医支付比例调减规定；三是患者使用的符合卫生健康部门制定的新型冠状病毒感染肺炎诊疗方案的药品和医疗服务项目，可临时性纳入医保基金支付范围；四是对收治患者较多的医疗机构预付部分医保资金，及时调整有关医疗机构的医保总额预算指标，对新型冠状病毒感染的肺炎患者医疗费用单列预算
2020 年 1 月 23 日	—	按照国务院部署，财政部紧急下拨湖北省新型冠状病毒感染的肺炎疫情防控补助资金 10 亿元
2020 年 1 月 25 日	《关于新型冠状病毒感染肺炎疫情防控有关经费保障政策的通知》（财社〔2020〕2 号）	（1）落实患者救治费用补助政策。对于确诊患者发生的医疗费用，在基本医保、大病保险、医疗救助等按规定支付后，个人负担部分由财政给予补助。所需资金由地方财政先行支付，中央财政对地方财政按实际发生费用的 60% 予以补助。 （2）对参加防治工作的医务人员和防疫工作者给予临时性工作补助。对于直接接触待排查病例或确诊病例，诊断、治疗、护理、医院感染控制、病例标本采集和病原检测等工作相关人员，中央财政按照每人每天 300 元予以补助；对于参加疫情防控的其他医务人员和防疫工作者，中央财政按照每人每天 200 元予以补助。 （3）医疗卫生机构开展疫情防控工作所需的防护、诊断和治疗专用设备以及快速诊断试剂采购所需经费，由地方财政予以安排，中央财政视情给予补助。中央级医疗卫生机构按照属地化管理，中央财政补助资金拨付地方后由地方财政统一分配

时间	政策/文件	主要内容
2020 年 1 月 27 日	《关于做好新型冠状病毒感染的肺炎疫情医疗保障工作的补充通知》	一是在按要求做好确诊患者医疗费用保障的基础上,疫情流行期间,对卫生健康部门新型冠状病毒感染的肺炎诊疗方案确定的疑似患者(含异地就医患者)发生的医疗费用,在基本医保、大病保险、医疗救助等按规定支付后,个人负担部分由就医地制定财政补助政策并安排资金,实施综合保障,中央财政视情给予适当补助。二是明确异地就医确诊患者医疗费用个人负担部分,由就医地按照《关于新型冠状病毒感染肺炎疫情防控有关经费保障政策的通知》规定执行
2020 年 1 月 31 日	《关于进一步做好新型冠状病毒感染肺炎疫情防控经费保障工作的通知》(财办〔2020〕7 号)	(1)统筹安排经费预算。年初卫生防疫经费预算安排不足的,要及时调整增加预算安排,对应由地方财政负担的支出,地方各级财政部门要足额安排资金。 (2)加快调度拨付资金。开通资金支付绿色通道,及时足额支付预算安排的疫情防控资金
2020 年 2 月 1 日	《关于防控新型冠状病毒感染的肺炎疫情进口物资免税政策的公告》(财政部 海关总署 国家税务总局公告 2020 年第 6 号)	(1)适度扩大《慈善捐赠物资免征进口税收暂行办法》规定的免税进口范围,对捐赠用于疫情防控的进口物资,免征进口关税和进口环节增值税、消费税;(2)对卫生健康主管部门组织进口的直接用于疫情防控的物资免征关税
2020 年 2 月 1 日	《关于支持金融强化服务、做好新型冠状病毒感染肺炎疫情防控工作的通知》(财金〔2020〕3 号)	(1)对疫情防控重点保障企业贷款给予财政贴息支持; (2)加大对受疫情影响个人和企业的创业担保贷款贴息支持力度; (3)优化对受疫情影响企业的融资担保服务; (4)加强资金使用绩效监督管理,确保贴息贷款专款专用
2020 年 2 月 2 日	《关于支持企业复工复产做好应对新型冠状病毒感染的肺炎疫情防控所需医疗物资生产供应的通知》(财办〔2020〕8 号)	中央财政对符合条件的疫情防控重点保障企业,按照中国人民银行专项再贷款利率的 50% 给予贷款贴息支持,贴息期限不超过 1 年。对疫情防控工作突出的其他企业,鼓励有条件的地方财政部门研究给予贷款贴息支持

续表

时间	政策/文件	主要内容
2020 年 2 月 6 日	《关于支持新型冠状病毒感染的肺炎疫情防控有关个人所得税政策的公告》（财政部 国家税务总局公告 2020 年第 10 号）	（1）对参加疫情防治工作的医务人员和防疫工作者按照政府规定标准取得的临时性工作补助和奖金，免征个人所得税； （2）单位发给个人用于预防新型冠状病毒感染的肺炎的药品、医疗用品和防护用品等实物（不包括现金），不计入工资、薪金收入，免征个人所得税
2020 年 2 月 6 日	《关于支持新型冠状病毒感染的肺炎疫情防控有关捐赠税收政策的公告》（财政部 国家税务总局公告 2020 年第 9 号）	（1）企业和个人通过公益性社会组织或者县级以上人民政府及其部门等国家机关，捐赠用于应对新型冠状病毒感染的肺炎疫情的现金和物品，允许在计算应纳税所得额时全额扣除； （2）企业和个人直接向承担疫情防治任务的医院捐赠用于应对新型冠状病毒感染的肺炎疫情的物品，允许在计算应纳税所得额时全额扣除
2020 年 2 月 6 日	《关于支持新型冠状病毒感染的肺炎疫情防控有关税收政策的公告》（财政部 国家税务总局公告 2020 年第 8 号）	（1）对疫情防控重点保障物资生产企业为扩大产能新购置的相关设备，允许一次性计入当期成本费用在企业所得税前扣除； （2）疫情防控重点保障物资生产企业可以按月向主管税务机关申请全额退还增值税增量留抵税额； （3）对纳税人运输疫情防控重点保障物资取得的收入，免征增值税； （4）受疫情影响较大的困难行业企业 2020 年度发生的亏损，最长结转年限由 5 年延长至 8 年； （5）对纳税人提供公共交通运输服务、生活服务，以及为居民提供必需生活物资快递收派服务取得的收入，免征增值税
2020 年 2 月 6 日	《关于新型冠状病毒感染的肺炎疫情防控期间免征部分行政事业性收费和政府性基金的公告》（财政部 国家发展改革委公告 2020 年第 11 号）	（1）对进入医疗器械应急审批程序并与新型冠状病毒相关的防控产品，免征医疗器械产品注册费； （2）对进入药品特别审批程序、治疗和预防新型冠状病毒感染肺炎的药品，免征药品注册费； （3）免征航空公司应缴纳的民航发展基金
2020 年 2 月 11 日	《关于疫情防控期间进一步做好农商互联完善农产品供应链体系的紧急通知》	（1）高度重视，支持农产品流通企业做好应急保供工作； （2）因地制宜，科学制订资金支持方案； （3）突出重点，切实发挥保供作用

续表

时间	政策/文件	主要内容
2020 年 2 月 20 日	《关于阶段性减免企业社会保险费的通知》（人社部发〔2020〕11 号）	自 2020 年 2 月起,各省、自治区、直辖市(除湖北省外)及新疆生产建设兵团可根据受疫情影响情况和基金承受能力,免征中小微企业三项社会保险单位缴费部分,免征期限不超过 5 个月;对大型企业等其他参保单位(不含机关事业单位)三项社会保险单位缴费部分可减半征收,减征期限不超过 3 个月。自 2020 年 2 月起,湖北省可免征各类参保单位(不含机关事业单位)三项社会保险单位缴费部分,免征期限不超过 5 个月
2020 年 2 月 21 日	—	财政部预拨农业生产和水利救灾资金 14 亿元,用于支持各地做好农作物重大病虫害防控相关工作
2020 年 2 月 21 日	《关于阶段性减征职工基本医疗保险费的指导意见》（医保发〔2020〕6 号）	自 2020 年 2 月起,各省、自治区、直辖市及新疆生产建设兵团可指导统筹地区根据基金运行情况和实际工作需要,在确保基金收支中长期平衡的前提下,对职工医保单位缴费部分实行减半征收,减征期限不超过 5 个月
2020 年 2 月 21 日	《关于妥善应对新冠肺炎疫情实施住房公积金阶段性支持政策的通知》（建金〔2020〕23 号）	受新冠肺炎疫情影响的企业,可按规定申请在 2020 年 6 月 30 日前缓缴住房公积金,缓缴期间缴存时间连续计算,不影响职工正常提取和申请住房公积金贷款
2020 年 2 月 28 日	《关于应对疫情影响加大对个体工商户扶持力度的指导意见》（国市监注〔2020〕38 号）	(1)帮助个体工商户尽快有序复工复产。 (2)降低个体工商户经营成本。引导金融机构增加 3000 亿元低息贷款,定向支持个体工商户。自 2020 年 3 月 1 日至 5 月 31 日,免征湖北省境内增值税小规模纳税人(含个体工商户和小微企业)增值税,其他地区小规模纳税人征收率由 3% 降为 1%。减免个体工商户房租。 (3)方便个体工商户进入市场。 (4)加大对个体工商户的服务力度。2020 年上半年,对受疫情影响无力足额缴纳电、气费用的个体工商户,实行"欠费不停供"措施

续表

时间	政策/文件	主要内容
2020 年 2 月 28 日	《关于支持个体工商户复工复业增值税政策的公告》（财政部 国家税务总局公告 2020 年第 13 号）	自 2020 年 3 月 1 日至 5 月 31 日,对湖北省增值税小规模纳税人,适用 3% 征收率的应税销售收入,免征增值税;适用 3% 预征率的预缴增值税项目,暂停预缴增值税。除湖北省外,其他省、自治区、直辖市的增值税小规模纳税人,适用 3% 征收率的应税销售收入,减按 1% 征收率征收增值税;适用 3% 预征率的预缴增值税项目,减按 1% 预征率预缴增值税
2020 年 3 月 4 日	《关于有效应对新冠肺炎疫情影响切实加强地方财政"三保"工作的通知》（财预〔2020〕12 号）	(1)压实"三保"保障责任,即"保基本民生、保工资、保运转"; (2)阶段性提高地方财政资金留用比例,2020 年 3 月 1 日至 6 月底,在已核定的各地当年留用比例基础上统一提高 5 个百分点; (3)加快下达转移支付预算; (4)强化地方库款运行监测督导; (5)切实加大财政支出结构调整力度; (6)进一步大力压减一般性支出
2020 年 3 月 4 日	《关于民航运输企业新冠肺炎疫情防控期间资金支持政策的通知》（财建〔2020〕30 号）	疫情防控期间,中央财政对执飞往返中国境内航点(不含港澳台地区)与境外航点间的国际定期客运航班的中外航空公司,以及按照国务院联防联控机制部署执行重大运输飞行任务的航空公司给予资金支持
2020 年 3 月 13 日	《关于减免港口建设费和船舶油污损害赔偿基金的公告》（2020 年第 14 号）	(1)免征进出口货物,即出口国外和国外进口货物的港口建设费; (2)减半征收船舶油污损害赔偿基金; (3)上述政策自 2020 年 3 月 1 日零时起至 2020 年 6 月 30 日 24 时止执行,以船舶进出港时点为准; (4)对符合减免条件但缴费人已缴费的,由中央海事管理机构从经批准的相关银行账户中办理退费或从缴费人应缴费额中予以抵扣
2020 年 4 月 7 日	《关于发挥"银税互动"作用助力小微企业复工复产的通知》（税总办发〔2020〕10 号）	"银税互动"是指税务、银保监部门和银行业金融机构合作,帮助企业将纳税信用转化为融资信用,缓解企业融资难题的活动。该通知旨在推动各地进一步做好"银税互动"工作,通过实施重点帮扶、创新信贷产品、落实扩围要求、提高服务质效,支持小微企业复工复产

时间	政策/文件	主要内容
2020 年 4 月 10 日	《关于暂免征收加工贸易企业内销税款缓税利息的通知》(财关税〔2020〕13 号)	为稳定加工贸易发展,减轻企业负担,自 2020 年 4 月 15 日起至 2020 年 12 月 31 日止,暂免征收加工贸易企业内销税款缓税利息
2020 年 4 月 14 日	《关于扩大内销选择性征收关税政策试点的公告》(财政部 海关总署 国家税务总局公告 2020 年第 20 号)	自 2020 年 4 月 15 日起,内销选择性征收关税政策试点扩大到所有综合保税区
2020 年 4 月 30 日	《关于延长小规模纳税人减免增值税政策执行期限的公告》(财政部 国家税务总局公告 2020 年第 24 号)	将《关于支持个体工商户复工复业增值税政策的公告》(财政部 国家税务总局公告 2020 年第 13 号)规定的税收优惠政策实施期限延长到 2020 年 12 月 31 日
2020 年 5 月 13 日	《关于暂免征收国家电影事业发展专项资金政策的公告》(财政部、国家电影局公告 2020 年第 26 号)	湖北省自 2020 年 1 月 1 日至 2020 年 12 月 31 日免征国家电影事业发展专项资金;其他省、自治区、直辖市自 2020 年 1 月 1 日至 2020 年 8 月 31 日免征国家电影事业发展专项资金
2020 年 5 月 13 日	《关于电影等行业税费支持政策的公告》(财政部 国家税务总局公告 2020 年第 25 号)	(1)自 2020 年 1 月 1 日至 2020 年 12 月 31 日,对纳税人提供电影放映服务取得的收入免征增值税; (2)对电影行业企业 2020 年度发生的亏损,最长结转年限由 5 年延长至 8 年; (3)自 2020 年 1 月 1 日至 2020 年 12 月 31 日,免征文化事业建设费; (4)本公告发布之日前,已征的按照本公告规定应予免征的税费,可抵减纳税人和缴费人以后月份应缴纳的税费或予以退还
2020 年 5 月 15 日	《关于支持疫情防控保供等税费政策实施期限的公告》(财政部 国家税务总局公告 2020 年第 28 号)	为支持疫情防控、企业纾困和复工复产,将前期文件中规定的税费优惠政策,执行至 2020 年 12 月 31 日
2020 年 5 月 25 日	《关于对民航运输企业在疫情防控期间稳定和提升国际货运能力实施资金支持政策的通知》(财建〔2020〕119 号)	中央财政在疫情防控期间,对按照经中国民航适航审定部门批准的设计方案实施的航空器客舱内装货改装项目以及对中外航空公司从 2020 年 4 月 1 日起使用客运权执飞往返我国内航点(不含港澳台地区)与国外航点间的不载客国际货运航班给予资金支持

续表

时间	政策/文件	主要内容
2020 年 6 月 1 日	《关于加大小微企业信用贷款支持力度的通知》（银发〔2020〕123 号）	中国人民银行会同财政部使用 4000 亿元再贷款专用额度，通过创新货币政策工具按照一定比例购买符合条件的地方法人银行业金融机构普惠小微信用贷款，促进银行加大小微企业信用贷款投放，支持更多小微企业获得免抵押担保的信用贷款支持
2020 年 6 月 1 日	《关于进一步对中小微企业贷款实施阶段性延期还本付息的通知》（银发〔2020〕122 号）	对于 2020 年 6 月 1 日至 12 月 31 日期间到期的普惠小微贷款，按照"应延尽延"要求，实施阶段性延期还本付息。对于 2020 年底前到期的其他中小微企业贷款和大型国际产业链企业（外贸企业）等有特殊困难企业的贷款，可由企业与银行业金融机构自主协商延期还本付息。对地方法人银行给予其办理的延期还本普惠小微贷款本金的 1% 作为激励
2020 年 6 月 3 日	《关于进一步做好困难群众基本生活保障工作的通知》（民发〔2020〕69 号）	(1)适度扩大最低生活保障覆盖范围，做到"应保尽保"； (2)适度扩大临时救助范围，实现"应救尽救"； (3)落实特困人员救助供养政策，提升照料服务； (4)加强贫困人口摸底排查，强化兜底保障； (5)优化社会救助工作流程，提高服务水平
2020 年 7 月 17 日	《关于做好疫情防控期间教育收费退付工作的通知》（财办库〔2020〕151 号）	按非税收入收缴管理制度收取的 2019～2020 学年教育收费，按规定因疫情原因需办理退付或抵扣手续的，应于 2020 年 8 月 31 日前完成

资料来源：课题组整理。

（三）保险支持政策

在 2020 年 8 月 22 日以"生命财富与大健康"为主题的高峰论坛上，国务院参事室特约研究员、全国政协经济委员会委员、保监会原副主席周延礼表示，保险业下一步一定要围绕服务实体经济、服务国家战略、服务人民需求。周延礼给出了保险业抓好"六稳""六保"的方案："在这个风险关口上，保险要找准保险业的定位，积极开展重点领域和关键环节的研究和保险产品的研发，积极推动改革。要改革传统的保险产品和服务的弊端，调整深层次的保险自身的利益格局，着眼于保险为稳增长添动力、增活力，解决不确定因素的难题，在服务产融结合协同当中，实现保险业的转型升级和高质量的发展。"

（四）其他支持政策

除上述为应对疫情而出台的各类金融支持政策以外，有关部门还在其他方面出台了一些政策应对疫情，确保社会民生稳定发展。具体如表1-6所示。

表1-6　有关应对疫情的其他支持政策

时间	政策/文件	主要内容
2020年1月23日	《关于因履行工作职责感染新型冠状病毒肺炎的医护及相关工作人员有关保障问题的通知》（人社部函〔2020〕11号）	在新型冠状病毒肺炎预防和救治工作中，医护及相关工作人员因履行工作职责感染新型冠状病毒肺炎或因感染新型冠状病毒肺炎死亡的，应认定为工伤，依法享受工伤保险待遇。已参加工伤保险的上述工作人员发生的相关费用，由工伤保险基金和用人单位按工伤保险有关规定支付；未参加工伤保险的，由用人单位按照法定标准支付，财政补助单位因此发生的费用，由同级财政予以补助
2020年2月6日	《关于做好新型冠状病毒感染肺炎疫情防控期间学生资助工作的通知》（教财司函〔2020〕30号）	（1）高度重视疫情防控期间学生资助工作； （2）积极资助患病家庭经济困难学生，对受到疫情影响的家庭经济困难学生，应及时予以资助； （3）全面落实好各项学生资助政策
2020年2月7日	《关于切实做好学校疫情防控经费保障工作的通知》（财办教〔2020〕11号）	（1）研究制定经费保障政策措施； （2）统筹安排教育经费预算； （3）加快财政教育资金拨付使用； （4）指导学校加强疫情防控经费保障； （5）加强政策跟踪和分析研判
2020年2月7日	《关于发挥政府储备作用支持应对疫情紧缺物资增产增供的通知》（发改运行〔2020〕184号）	（1）鼓励企业多措并举扩大重点医疗防护物资生产供应； （2）实施疫情防控重点医疗物资政府兜底采购收储； （3）加强地方应急物资政府收储； （4）支持企业对扩大的产能适时转产； （5）完善重点支持企业名单管理制度； （6）依法加强产品质量管理和市场监管

续表

时间	政策/文件	主要内容
2020 年 2 月 17 日	《关于积极应对新冠肺炎疫情影响　加强财政专项扶贫资金项目管理工作　确保全面如期完成脱贫攻坚目标任务的通知》（国开办发〔2020〕5 号）	加快资金分配拨付。2020 年中央财政将继续较大幅度增加专项扶贫资金规模,新增资金分配测算时向受疫情影响较重地区适当倾斜。调整和优化资金使用。各省可结合实际,按照精准施策的要求,研究制定针对受疫情影响较重地区脱贫攻坚的支持政策
2020 年 3 月 9 日	《关于应对疫情进一步深化改革做好外资项目有关工作的通知》（发改外资〔2020〕343 号）	部署各地方进一步做好 11 项稳外资工作
2020 年 4 月 26 日	《关于加大湖北地区和湖北籍劳动者就业支持力度的通知》（人社厅发〔2020〕46 号）	(1)开展劳务协作专项对接。 (2)鼓励企业吸纳湖北籍劳动者。 (3)鼓励自主创业和灵活就业。 (4)加强高校毕业生就业支持。 (5)及时提供就业援助。 (6)保障失业人员基本生活。 (7)规范招聘行为。各类用人单位、人力资源服务机构在拟订招聘计划、发布招聘信息、招用人员过程中,不得限制、禁止湖北籍务工人员应聘或提高录用标准

资料来源：课题组整理。

（五）总体评价

新冠肺炎疫情的暴发对我国经济社会发展产生了重大影响，相应地，为应对疫情政府有关部门也从多个方面出台了有针对性的政策。总体上看，我国应对疫情的政策具有以下几方面特点。一是多种政策的协调配合。综合采取了信贷政策、财税政策、保险政策以及其他多种政策。二是多个部门协同。为了达到更好的政策效果，政府有关部门在政策制定过程中通力合作，特别是与具体的行业管理部门进行合作，提高政策的针对性。比如，财政部门与交通部门、财政部门与广电部门的合作等。三是突出重点地区和重点行业。不同地区和行业受到疫情冲击的程度有所差异。政府有关部门在制定政策时，对重点地区和重点行业给予政策倾斜，包括受疫情冲击较大的湖北地区、航空行业、酒店餐饮业、影视娱乐业、防疫物资生产行业、教育行业等。四是支持政策从"输血"到提高"造血"能力转变。前期出台的应对疫情相关政策重点在于向受困企业或个人直接提供补贴和让利，目的在于进行"输血"；随着疫情防控取得阶段性成绩，疫情趋于稳定，支持政策逐渐向提高受困企业或个人的"造血"能力进行转变。比如，支持复工复产等。五是财税政策在应对疫情过程中发挥了重要作用。从实际中看，为应对疫情，财税部门密集出台了一系列有针对性的支持政策。与信贷政策等金融政策相比，财税政策通过财政补贴、税收减免、定向资金支持等方式能够把资金下发到急需资金的行业和领域，政策效果更加明显和直接。

需要说明的是，新冠肺炎疫情的暴发也对我国金融监管政策的走势产生了一定影响，主要体现在以下方面。一是加速金融监管主基调的转变。疫情防控常态化下，我国金融监管的主基调将从严监管转变为防风险与逆周期调节并重。金融监管政策将把服务实体经济发展、促进经济增长放在更加重要的位置，通过多种政策手段加大金融业对实体经济的支持力度。比如，加大逆周期调节力度，增加资金投放，提高金融风险容忍度，完善中小金融机构资本补充机制等。二是国际金融监管的放松将传导到国内，对促进我国金融监管放松起到催化剂作用。为应对疫情冲击，一些国家纷纷采取较为激进的经济金融刺激政策，金融监管政策环境总体上较为宽松。美国等主要发达经济体纷纷下调利率，并向市场投入大量流动性。国际金融市场政策环境的变化最终会传导到我国，对我国金融监管放松起到催化剂作用。与部分国家相比，我国前期已经采取的金融支持政策力度还相对温和，未来仍有较大的政策空间。三是存量监管措施预计将得以延续，但执行力度可能会有所减弱，执行节奏也可能会有所放缓。前一阶段的金融严监管时期，监管部门在一些涉及我国金融体系长远发展的重点领域出台了相关制度和实施细则，如资产管理业务监管、金融控股公司监管等。为保持政策的稳定性和严肃性，尽管未来一段时期上述存量金融政策将得以延续，但在执行的力度上可能会有所减弱，执行的节奏也可能会放缓，以此给予市场一定的缓冲期，避免执行政策过于严厉对市场形成新的恐慌。四是增量监管政策将会把稳增长作为重点。现阶段已经出台的与疫情防控有关的金融支持政策以短期应急性政策为主，基本不涉及对金融市场产生长远影响的政策安排。随着疫情逐步得到控制，监管部门制定政策的重点将从短期应急性政策转向着眼于金融市场长远发展的中长期制度建设，建立健全金融体系应对重大公共卫生危机的制度安排，特别是在稳增长方面会有进一步的政策出台。

五　脱贫攻坚支持政策

2020 年是决战脱贫攻坚之年，脱贫攻坚是普惠金融政策支持的一个重点领域。

（一）信贷支持政策

2019 年以来，与脱贫攻坚有关的主要信贷支持政策见表 1 - 7。

表 1 - 7　有关脱贫攻坚的信贷支持政策

时间	政策/文件	主要内容
2020 年 3 月 10 日	《关于进一步加大"三区三州"深度贫困地区银行业保险业扶贫工作力度的通知》（银保监办发〔2020〕24 号）	(1) 银行业金融机构要持续加大信贷支持,努力实现"三区三州"深度贫困地区各项贷款平均增速高于所在省份贷款增速; (2) 支持银行保险机构在"三区三州"深度贫困地区设立分支机构,进一步提高"三区三州"深度贫困县不良贷款容忍度; (3) 在"三区三州"深度贫困地区发放的精准扶贫贷款要按照保本微利的原则,切实降低融资成本,鼓励参照贷款市场报价利率(LPR)定价,有条件的银行机构可执行更加优惠的利率; (4) "三区三州"深度贫困地区财政补贴型农业保险的保险费率在已降费 20% 的基础上,再降低 10% ~30%; (5) 建档立卡贫困户意外伤害保险和商业型农业保险的执行费率,可在备案费率基础上降低10% ~30%

续表

时间	政策/文件	主要内容
2020 年 6 月 24 日	《中国银保监会、财政部、中国人民银行、国务院扶贫办关于进一步完善扶贫小额信贷有关政策的通知》(银保监发〔2020〕28 号)	(1)脱贫攻坚期内(2020 年 12 月 31 日前)签订的扶贫小额信贷合同(含续贷、展期合同),在合同期限内各项政策保持不变; (2)将返贫监测对象中,具备产业发展条件和有劳动能力的边缘人口纳入扶贫小额信贷支持范围; (3)延长受疫情影响还款困难的扶贫小额信贷还款期限,对到期日在 2020 年 1 月 1 日后(含续贷、展期),受疫情影响还款困难的贫困户扶贫小额信贷,在延长还款期限最长不超过 6 个月的基础上,将还款期限进一步延长至 2021 年 3 月底; (4)坚持以乡镇为单位不断完善扶贫小额信贷主责任银行机制,实行名单制管理

资料来源：课题组整理。

（二）财税支持政策

2019 年以来，与脱贫攻坚有关的主要财税支持政策见表 1–8。

表 1–8　有关脱贫攻坚的财税支持政策

时间	政策/文件	主要内容
2020 年 2 月 17 日	《国务院扶贫办、财政部关于积极应对新冠肺炎疫情影响加强财政专项扶贫资金项目管理工作　确保全面如期完成脱贫攻坚目标任务的通知》(国开办发〔2020〕5 号)	(1)加快资金分配拨付,优先支持与疫情防控相关的、影响脱贫攻坚任务完成的扶贫项目; (2)调整和优化资金使用,允许县级因地制宜调整和优化资金使用要求; (3)完善县级脱贫攻坚项目库建设,对因疫情致贫急需实施的项目,对符合疫情防控需要和脱贫攻坚政策的项目,对有利于增加贫困户收入的项目,优先入库,优先安排资金支持; (4)保障年度扶贫项目实施,抗击疫情期间,具备开工条件的扶贫项目要及时开工建设; (5)强化资金监督管理
2019 年 2 月 28 日	《关于做好 2019 年贫困县涉农资金整合试点工作的通知》(财农〔2019〕7 号)	(1)对于已正式公布的脱贫摘帽县,可根据巩固脱贫成效需要,将整合资金适当用于农村人居环境整治项目; (2)着力治理对整合试点支持不坚决甚至软抵制的问题;

续表

时间	政策/文件	主要内容
2019年 2月28日	《关于做好2019年贫困县涉农资金整合试点工作的通知》（财农〔2019〕7号）	(3)切实提高实质整合比例，尽可能将整合资金"大类间打通""跨类别使用"
2020年 3月13日	《关于做好2020年财政专项扶贫资金、贫困县涉农资金整合试点及资产收益扶贫等工作的通知》（财农〔2020〕4号）	(1)落实"四个不摘"要求，保持政策总体稳定； (2)针对新形势新要求，进一步优化政策举措； (3)压实责任细化措施，确保政策落地见效
2019年 4月2日	《关于企业扶贫捐赠所得税税前扣除政策的公告》（财政部 国家税务总局 国务院扶贫办公告2019年第49号）	自2019年1月1日至2022年12月31日，企业通过公益性社会组织或者县级（含县级）以上人民政府及其组成部门和直属机构，用于目标脱贫地区的扶贫捐赠支出，准予在计算企业所得税应纳税所得额时据实扣除
2019年 4月4日	财政部 国务院扶贫办关于《中央专项彩票公益金支持贫困革命老区脱贫攻坚资金管理办法》的补充通知	按照"十三五"期间对贫困革命老区县全覆盖的基本目标，中央专项彩票公益金支持贫困革命老区脱贫攻坚资金，根据年度预算确定当年可分配的县数量
2019年 4月10日	《关于扶贫货物捐赠免征增值税政策的公告》（财政部 国家税务总局 国务院扶贫办公告2019年第55号）	自2019年1月1日至2022年12月31日，对单位或者个体工商户将自产、委托加工或购买的货物通过公益性社会组织、县级及以上人民政府及其组成部门和直属机构，或直接无偿捐赠给目标脱贫地区的单位和个人，免征增值税
2020年 4月17日	《关于贯彻落实〈关于建立防止返贫监测和帮扶机制的指导意见〉的通知》（国开办发〔2020〕13号）	(1)细化明确监测对象、监测范围、监测程序和帮扶措施； (2)落实帮扶政策，具备发展产业条件和有劳动能力的，可安排各级财政专项扶贫资金对其申请的扶贫小额信贷予以贴息； (3)将脱贫监测户和边缘户两类监测对象纳入全国扶贫开发信息系统，实施动态管理，并录入和标注相关信息； (4)加强监测评估
2019年 4月29日	《财政部、住房城乡建设部关于加强农村危房改造资金使用管理 助力全面完成脱贫攻坚任务的通知》（财社〔2019〕53号）	(1)农村危房改造属于中央与地方共同财政事权范围，实行地方承担主体责任、省（自治区、直辖市）负总责、市（地）县抓落实的责任分担方式，中央统筹指导并给予补助； (2)着力加大对深度贫困地区和特困农户农村危房改造的倾斜支持； (3)继续支持做好贫困县涉农资金整合工作； (4)不断加强农村危房改造资金规范管理

续表

时间	政策/文件	主要内容
2019 年 5 月 27 日	《关于运用政府采购政策支持脱贫攻坚的通知》(财库〔2019〕27 号)	(1)鼓励采用优先采购、预留采购份额方式采购贫困地区农副产品; (2)鼓励优先采购聘用建档立卡贫困人员物业公司提供的物业服务
2020 年 6 月 5 日	《关于进一步加强财政扶贫资金监管工作的指导意见》(财监〔2020〕9 号)	要求有关监管局对本地区扶贫政策落实和资金管理使用情况进行监督,督促地方财政部门落实扶贫政策和资金监管责任。按照财政部统一部署,对政策实施效果和资金绩效开展检查评价,依法依规处理发现的问题,向财政部反映监管情况和发现的问题,提出意见建议。地方财政部门结合扶贫资金监管实际,进一步明晰内部职责分工,加强统筹,强化责任,切实增强监管合力
2019 年 6 月 8 日	《关于免征易地扶贫搬迁有关政府性基金和行政事业性收费政策的通知》(财税〔2019〕53 号)	对易地扶贫搬迁项目免征城市基础设施配套费、不动产登记费。对确因地质条件等原因无法修建防空地下室的易地扶贫搬迁项目,免征防空地下室易地建设费
2019 年 6 月 14 日	《关于开展中央财政对地方优势特色农产品保险奖补试点的通知》	在省(区)自主开展、自愿申请基础上,中央财政对省(区)引导小农户、新型农业经营主体等开展的符合条件的地方优势特色农产品保险,按照保费的一定比例给予奖补
2019 年 8 月 2 日	《义务教育薄弱环节改善与能力提升补助资金管理办法》(财教〔2019〕100 号)	规范和加强义务教育薄弱环节改善与能力提升补助资金管理,提高资金使用效益。补助资金管理遵循"中央引导、省级统筹,突出重点、注重绩效,规范透明、强化监督"的原则
2019 年 9 月 23 日	《财政部、国务院扶贫办关于调整〈财政专项扶贫资金绩效评价指标评分表〉的通知》(财农〔2019〕89 号)	对《财政专项扶贫资金绩效评价指标评分表》进行调整

资料来源:课题组整理。

(三)总体评价

总体上看,脱贫攻坚领域的支持政策体现为以下两方面特点。一是信贷支持政策主要集中于"三区三州"等重点区域，通过定向支持政策向此类区域提供资金支持。支持政策特别注重建立支持脱贫攻坚的长效机制。二是财税政策发挥了重要作用。与信贷支持政策等相比，脱贫攻坚领域出台的财税支持政策更加密集，主要着眼于提高财政资金在脱贫攻坚中的使用效率，针对性更强，政策效果更加明显和直接。

第二章
银行业普惠金融创新

建立和完善多元化、广覆盖的普惠金融机构体系是金融供给侧结构性改革的重要内容之一。2019 年国家提出深化金融供给侧结构性改革，强调金融要以服务实体经济、服务人民生活为根本；加强对于小微企业、"三农"等普惠金融重点服务对象的金融服务。一直以来，银行业机构作为我国金融体系内部最重要的组成部分，在普惠金融体系中更是占据绝对的主导地位。在监管政策的引导下，近年来银行业机构在践行普惠金融、助力社会经济发展方面发挥了重要作用，一方面多措并举支持中小微企业和民营企业的发展，另一方面不断改善农村金融的服务环境，提高农村金融服务水平。

中国人民银行和银保监会的数据显示，截至 2020 年 6 月末，全国银行业金融机构小微企业贷款余额 40.7 万亿元，其中，单户授信总额 1000 万元及以下的普惠型小微企业贷款余额 13.73 万亿元，同比增长 28.4%，增速高于人民币各项贷款 13.3 个百分点，全国 2/3 的小微企业获得银行贷款，位居世界前列。涉农贷款方面，银行业金融机构本外币涉农贷款余额 37.83 万亿元，同比增长 10.5%，其中农村贷款余额 31.17 万亿元，同比增长 11.3%；农户贷款余额 11.18 万亿元，同比增长 13.3%；农业贷款余额 4.28 万亿元，同比增长 6.2%。2020 年 1 月至 5 月，全国普惠型小微企业贷款平均利率 6.03%，较 2019 年平均水平下降 0.67 个百分点。[①]

---

① 《银保监会：前 5 个月全国普惠型小微企业贷款平均利率 6.03%》，新浪财经，https：// baijiahao. baidu. com/s？id＝1670185762516015124&wfr＝spider&for＝pc，2020 年 6 月 22 日。

此外，面对 2020 年新冠肺炎疫情的冲击，中国人民银行、银保监会出台了一系列直达实体经济的金融政策支持中小微企业发展。2020 年 6 月，中国人民银行等五部门印发了《关于进一步对中小微企业贷款实施阶段性延期还本付息的通知》，对于 2020 年 6 月 1 日至 12 月 31 日期间到期的普惠小微贷款本金，银行应按照"应延尽延"的要求，通过贷款展期或续贷的方式，实施阶段性延期还本付息。截至 2020 年 7 月末，延期还本付息已为中小微企业减负 1215 亿元。2020 年 6 月 29 日，银保监会出台了《商业银行小微企业金融服务监管评价办法（试行）》，对首贷户、续贷、信用贷款的数量设置了指标，引导和督促商业银行全面提升小微企业金融服务能力和水平。

2020 年是脱贫攻坚战的决胜之年，银行业金融机构在支持脱贫攻坚方面做了大量卓有成效的工作。截至 2020 年 6 月末，全国金融精准扶贫贷款余额 4.27 万亿元，较年初增加 3100 多亿元，"三区三州"等深度贫困地区贷款增速保持较快增长，334 个深度贫困县各项贷款增速高于全国贷款平均增速 3.73 个百分点；全国扶贫小额信贷累计发放 4735.4 亿元，惠及全部建档立卡贫困户的 1/3 以上；基础金融服务明显改善，全国 832 个国家扶贫开发重点县农村基础金融服务覆盖率达 99.6%。[①]

一 开发性、政策性银行的普惠金融实践

在推进普惠金融发展的过程中，开发性和政策性金融机构发挥着越来越重要的作用，国家开发银行、中国农业发展银行和中国进出口银行等三家机构，已成为普惠金融重要的资金提供者。其中，中国农业发展银行专门从事农业政策性金融业务，到目前已逐步形成了以粮棉油收购贷款业务为主体，以农业产业化经营和农业农村中长期贷款业务为两翼，以中间业务为补充的

---

① 《中国银保监会新闻发言人答记者问》，银保监会网站，http：//www.cbirc.gov.cn/cn/view/pages/ItemDetail.html？docId=924441&itemId=915，2020 年 8 月 22 日。

"一体两翼"业务发展模式。在促进农村普惠金融发展、有效解决中国"三农"问题中发挥着重要的作用。

（一）开发性金融机构

1. 国家开发银行的普惠金融实践

开发性金融机构在政策性金融机构的基础上加以深化和发展，以服务国家战略为宗旨，依托国家信用，以市场化经营为发展模式、保本微利为原则，通过提供中长期信贷的方式，实现政府的发展目标。国家开发银行（以下简称"国开行"）早在 2003 年就开始了普惠金融业务的探索，通过与世界银行、德国复兴信贷银行（KFW）等国外金融机构以及国内一些中小金融机构合作，以转贷的方式开展普惠金融服务。国开行聘请一些国外微贷技术专家为国内中小金融机构提供免费的技术培训，同时为这些中小银行提供转贷批发资金，是国内最早发展小额信贷的银行业金融机构之一。

2015 年，国务院批复了国开行深化改革方案，明确了国开行作为开发性金融机构的定位属性。由于政策性金融机构常常弱化了市场的作用，不利于政府发挥杠杆空间，而商业性金融机构又过分注重营利性，倾向于相对成熟发达的市场，因此同政策性和商业性金融机构相比，开发性金融机构能够更好地实现政策性和营利性的双重目标，这也与发展普惠金融的要求相一致。普惠金融的发展一方面强调金融的包容性，即对那些弱势群体提供金融服务，为其提供获取金融服务的机会，另一方面还要求提供服务的金融机构必须兼具商业可持续性，具备一定的盈利能力，实现整体财务平衡。

近年来，国开行在支持基础设施建设、基础产业发展，以及"一带一路"倡议的同时，还积极参与普惠金融服务，在扶贫攻坚、绿色金融等方面发挥了重要作用。2019 年国开行累计向合作的 322 家中小银行发放转贷资金 1000 亿元，支持小微企业超过 12 万户，其中发放产业扶贫转贷款 105 亿元，覆盖全国百余个贫困县，支持数万名贫困人口脱贫。

2. 开发性金融机构助力脱贫攻坚

打赢脱贫攻坚战是实现中国全面建成小康社会目标的重大任务，做好扶贫开发工作是国开行作为国有开发性银行服务国家战略的重要体现。2015年11月国务院印发了《关于打赢脱贫攻坚战的决定》，也提到鼓励开发性金融机构加大对于脱贫攻坚的金融支持；要求国开行按照微利或保本的原则发放长期贷款，专项用于易地扶贫搬迁，其中中央财政给予90%的贷款贴息；要求国开行设立扶贫金融事业部。2016年4月，银监会批准了国开行设立扶贫金融事业部，下设综合业务局、基础设施局和区域开发局，分别负责扶贫开发业务政策研究、发展规划、经营计划和风险管理；易地扶贫搬迁、涉农产业和农村基础设施等项目的开发评审和组织推动；集中连片特困地区和贫困县的产业扶贫、教育资助的组织推动、模式推广和监督管理等工作。[①] 通过集中资源和人员优势，国开行先后提出了"融制、融资、融智"的"三融"扶贫策略、"易地扶贫搬迁到省，基础设施到县，产业发展到村（户），教育资助到户（人）"的"四到"工作思路、差异化支持政策，推动实施深度贫困地区脱贫攻坚、东西部扶贫协作和定点扶贫"三大行动"等创新性的金融扶贫策略，围绕易地扶贫搬迁、农村基础设施改善、产业发展、教育医疗等方面设计了一系列金融扶贫产品，并取得了很好的效果。

（二）政策性金融机构

1. 中国进出口银行

中国进出口银行成立于1994年，是一家专门支持对外经济贸易投资发展和国际经济合作的政策性银行。由于政策性银行分支机构和人员方面存在限制，相较于商业银行，其发展普惠金融、服务中小微企业和"三农"客户存在劣势，但由于其依托国家信用，因此在资金来源和资金成本方面具有明显优势。《推进普惠金融发展规划（2016～2020年）》提出，鼓励政策性银行以批发资金转贷形式与其他银行业金融机构合作，降低小微企业融资成本。2017年10月，中国进出口银行成立了普惠金融服务部，整合本行信贷

---

① 《国开行扶贫金融事业部正式挂牌成立》，国开行网站，http：//www.cdb.com.cn/xwzx/khdt/201605/t20160531_3394.html，2016年5月31日。

资源，通过与地方银行金融机构合作、银政合作、银担合作、银保合作、政银保合作等方式，为小微企业、扶贫、"双创"、"三农"等提供普惠金融服务，更好地发挥政策性银行支持金融服务薄弱环节的作用。

目前来看，中国进出口银行通过与银行业机构、产业集团、融资租赁公司、外贸综合服务企业、小贷公司、政府出资成立的公司等六类机构合作的统借统还转贷模式是其开展普惠金融服务的主要方式。2017 年末中国进出口银行共支持小微企业 3.4 万余户，通过转贷模式为 3.3 万余户小微企业提供信贷支持①。中国进出口银行的年报显示，截至 2018 年末，普惠金融贷款余额 6742 亿元，同比增长 16.32%，其中小微企业贷款余额逾 3700 亿元。同时，中国进出口银行还结合大数据探索小微企业金融服务模式创新，如根据业务特点，研究以供应链金融为突破口，开发符合进出口银行特点的供应链融资产品，并针对小微企业聚集的开发区、外贸综合服务平台，探索设计直贷类产品。2020 年 6 月，中国进出口银行与阿里巴巴集团合作，依托其自身掌握的核心企业与供应商之间的应收付贸易链，借助阿里巴巴集团在区块链、云计算领域的科技优势，创新推出了精准支持贸易链上游小微企业的"保理 e 贷"。

在"三农"领域，中国进出口银行早在 2014 年就出台了《金融支持农业规模化生产和集约化经营的指导意见》，并针对各类农业经营主体，特别是一些规模较大的龙头企业，结合自身特点，发挥进出口和走出去金融服务的专长，围绕进口信贷、农产品出口信贷，进行了产品与服务的创新。同时结合农业产业链，在农产品加工、农产品营销、农业国际化发展、农业科技水平提升等方面，建立了农业全产业链的金融服务体系。截至 2018 年末，中国进出口银行涉农贷款余额 3332.85 亿元。

2. 中国农业发展银行

中国农业发展银行作为唯一的专业服务"三农"的政策性银行，成立于 1994 年 11 月，主要是按照国家的法律法规和政策方针，以国家信用为基

---

① 《政策性银行改革下半场——专访中国进出口银行董事长胡晓炼》，财经国家周刊，https://www.sohu.com/a/234392491_115880，2018 年 6 月 7 日。

础，筹措政策性农业信贷资金，承担农村政策性金融的任务。中国农业发展银行自成立以来，在服务"三农"，特别是在支持粮棉油收储、农业开发和农业农村基础建设方面发挥了重要的作用。2012年，中国农业发展银行联合财政部、中国信达资产管理公司、中国中信集团，成立了中国农业产业发展基金，重点支持农业产业化龙头企业、农业流通等重点农村服务企业，引入社会资本投入农业产业化项目，促进农村经济发展。[1] 2015年4月，国务院发布了《关于同意中国农业发展银行改革实施总体方案的批复》，进一步强化了中国农业发展银行的政策性职能，指出中国农业发展银行应对其政策性业务和自营性业务进行分类管理，明确责任和风险补偿机制，建立以资本充足率为核心的约束机制。

中国农业发展银行的业务重点主要围绕以下几方面展开：粮棉油收储贷款、脱贫攻坚贷款、农业基础设施建设贷款以及农业现代化贷款。中国农业发展银行年报显示，2019年，中国农业发展银行累计发放贷款1.79万亿元，同比增长8.86%，其中粮棉油收储贷款2982亿元，基础设施贷款6272亿元，精准扶贫贷款4045亿元。年内新发放贷款平均利率为4.9%，低于全国金融机构平均水平113BP。从可获得的数据来看，截至2018年末，中国农业发展银行贷款余额达5.59万亿元，同比增长8.9%。

二　商业银行的普惠金融实践

（一）国有大型商业银行

1. 国有大型商业银行普惠金融服务的总体情况

国有大型商业银行一直以来都是我国银行业乃至金融体系的中坚力量，经过几十年的发展，其在资金成本、渠道、产品服务以及金融科技等方面均存在明显的优势。因此在普惠金融服务中，国有大型商业银行也充分利用这

---

① 中国人民银行金融服务研究小组：《中国农村金融服务报告2016》，中国金融出版社，2017。

些优势，发挥"头雁效应"，引领普惠金融发展。根据银保监会的数据，截至 2020 年 6 月末，六大国有商业银行资产规模达 125.98 万亿元，同比增长 10.1%，占全部银行业金融机构资产的 40.7%。根据党中央、国务院部署，按照银保监会监管要求，2017 年六大国有商业银行全部成立普惠金融事业部，建立了"五专"机制、内部考核激励和尽职免责机制，在组织架构和机制上进行创新，以弥补金融服务短板，增加有效金融供给，促进金融业可持续均衡发展。

2020 年 5 月，政府工作报告要求，国有大型商业银行 2020 年普惠型小微企业贷款余额力争同比增长 40% 以上，要让中小微企业信贷可获得性明显提高。截至 2020 年 6 月末，六大国有商业银行发放普惠型小微企业贷款余额 4.26 万亿元，同比增长 46.4%，较 2019 年末增长 30.8%。

（1）普惠型小微贷款余额快速增长

从余额总量来看，截至 2019 年末，中国建设银行普惠型小微贷款余额位居六大国有商业银行之首，贷款余额为 9631.55 亿元，占比近三成，中国邮政储蓄银行、中国农业银行、中国工商银行、中国银行分列二至五位，贷款余额分别为 6531.85 亿元、5923 亿元、4715 亿元、4129 亿元，交通银行较少，仅为 1639.52 亿元。从增速来看，六大国有商业银行普惠型小微贷款均保持正增长，其中中国农业银行、中国建设银行、中国工商银行、交通银行的贷款增速均高于 50%，中国邮政储蓄银行增速为 19.9%。

（2）贷款利率下行

从信贷价格来看，六大国有商业银行的贷款利率均呈现下行趋势。2019 年全年普惠型小微贷款的平均利率，中国邮政储蓄银行最高，利率为 6.18%，另外五大国有商业银行贷款利率均低于 5%，其中中国工商银行普惠型小微企业贷款利率为 4.52%，同比下降 43BP；中国农业银行普惠型小微企业贷款利率为 4.66%，同比下降 120BP；中国银行普惠型小微企业贷款利率为 4.3%，同比下降 97BP；交通银行普惠型小微企业贷款利率为 4.85%，同比下降 63BP。2020 年，受疫情和经济下行压力的影响，在国家政策的引导下，贷款利率进一步下行。以中国工商银行为例，2020 年上半

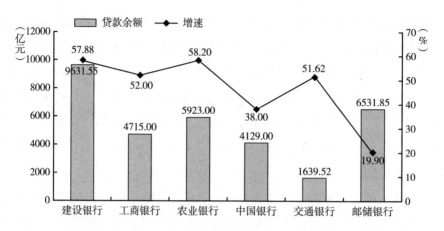

图2-1　六大国有商业银行普惠型小微企业贷款余额和增速

资料来源：课题组整理。

年新发放普惠贷款利率4.15%，较2018年进一步下降37BP，如果考虑减费让利，小微企业综合融资成本下降87BP。

（3）服务客户数量增长显著

从服务客户数量来看，中国邮政储蓄银行、中国建设银行、中国农业银行位列第一梯队，服务小微企业数量均达百万户级别，是六大国有商业银行中普惠金融服务的主力。其中中国邮政储蓄银行服务客户数为151.6万户，位居第一；中国建设银行服务小微客户数为132.51万户，位居第二。中国工商银行和中国银行位列第二梯队，服务客户数量为40万户左右，但中国工商银行服务客户数量增速较快，仅2019年新增小微客户数量为15.3万户，增幅达57%；交通银行处于第三梯队，服务小微企业数量较少，仅为10.44万户。

2.国有大型商业银行普惠金融的发展策略

（1）发挥自身比较优势

大量实证研究表明，大银行与小银行在提供金融服务过程中存在系统性差异，大银行通常倾向于向大客户、大企业提供信贷服务，小银行通常服务于小企业。这一方面是由交易成本导致的，大银行同时具有提供大额和小额贷款的能力，但对大额和小额贷款的审批信息、流程、成本并没有太大差异，在自身利润最大化的驱使下，大银行更倾向于向大企业提供贷款。另一方面，信息处理能力问题也是造成这一现象的原因。相对于大银行来说，小银行能够通过与借款者的接触更加便捷地获取和利用"软信息"，如涉及借款人的企业家才能、自身经营能力、个人品质等信息，因此。普惠金融的客群主要集中于小微企业、"三农"以及其他弱势群体，因此根据传统观点，国有大型商业银行在发展普惠金融业务上并不存在优势。

但相对于中小银行业金融机构，国有大型商业银行在资金、服务体系、人力资源和技术等方面具有较大优势。首先，国有大型商业银行资金来源丰富，负债结构多样，具备强大的资本实力，能够以相对较低的成本获取资金，因此在利率方面具有一定优势。其次，国有大型商业银行能够有效发挥集团化和多元化的优势，以中国银行为例，其普惠金融服务主体不仅包含商业银行法人机构，还包括专门从事普惠金融服务的中银富登村镇银行与中银消费金融公司，通过"1＋2"的服务架构，能更好地促进普惠金融发展。最后，国有大型商业银行人力资源充沛，对高学历、高素质、高技能人才的吸引力强，储备较为丰厚，相应的创新能力、研发能力等较强。因此对于国有大型商业银行来说，必须立足这些比较优势，打造差异化的核心竞争优势，发展普惠金融。

（2）坚持多方合作发展

国有大型商业银行地域覆盖广阔、网点分布广泛，但大多网点分布于县级以上的区域，开展农村金融服务的基础设施较为薄弱。农村金融的金融生态环境较差、信用水平普遍偏低、金融基础设施较为落后，因此，长期服务于城市金融的国有大型商业银行可以与政府、龙头企业、担保机构、其他中小金融机构合作，通过健全联动机制，加强政策协调性，形成层次丰富、覆盖广泛、合作良好的大普惠服务架构，发展普惠金融。

（3）重视金融科技的运用

近年来金融科技的快速发展，大数据、云计算、人工智能以及区块链的广泛运用也为国有大型商业银行提供普惠金融服务提供了有力支撑。2017年，中国建设银行、中国银行、中国农业银行、中国工商银行分别与阿里巴巴、腾讯、百度、京东就在金融科技领域展开战略合作签约。中国建设银行还将发展金融科技作为全行的三大战略之一，并于 2018 年 4 月成立国内第一家由国有大型商业银行组建的金融科技公司——建信金融科技有限责任公司。金融科技的发展与应用重新定位了大型商业银行在普惠金融体系中的角色，突破了传统金融理论认为的大银行只服务大企业的观念。

3. 国有大型商业银行的普惠金融服务

（1）数字普惠金融已成为主流方式

国有大型商业银行针对小微企业的普惠金融已经越来越倾向于批发式、平台化操作，部分产品集 IT 平台、数据平台、风控平台为一体，利用大数据和数字技术等，为贷前营销、贷中管理、贷后预警全业务周期提供了在线化、自动化、数据化的解决方案。不仅突破了传统金融服务的时空限制，扩大了服务的覆盖面，提高了小微金融的可得性和精准性，而且在相当程度上解决了银企之间的信息不对称问题，降低了银行的营销成本、营运成本和风险成本。目前，六大国有商业银行基本都推出了针对小微企业的网络贷款产品，相对于传统人力资源密集的小微信贷方式，数字普惠将逐渐成为行业主流。

（2）提供多样化产品，积极创新抵质押方式

《推进普惠金融发展规划（2016～2020 年）》提出，鼓励金融机构创新金融产品和服务手段，国有商业银行针对不同客群以及客群特点，围绕抵押担保机制、风险机制、供应链金融等创新了不同类型的金融产品。例如，农业银行在疫情期间推出支持小微企业复工复产专项融资产品组合贷款"复工贷"，包括"纳税 e 贷""资产 e 贷""抵押 e 贷""续捷 e 贷""链捷贷""保理 e 融""票据 e 融""简式贷""科创贷""连贷通"等多项产品，线上线下均可办理，可采用信用、抵押、质押、保证、政府风险补偿基金、保证保险等单一或组合担保形式，种类丰富、功能互补，能满足小微企业展期、续贷、提高额度、申请新贷款等个性化融资需求。对符合条件的普惠型小微企业客户，可增加授信和贷款额度最高至 1000 万元，对疫情防控重点企业名单内小微企业信贷客户，可根据企业生产经营状况提升信用贷款额度最高至 1000 万元。在贷款期限方面，期限最长 3 年，包括中长期贷款和短期贷款，可根据借款人现金流量特点合理确定还款方式。

专栏1　中国农业银行小微企业"复工贷"

新冠肺炎疫情期间，中国农业银行迅速推出支持小微企业复工复产专项融资产品组合贷款"复工贷"，整合优质信贷产品与各项疫情防控支持政策，全力做好小微企业复工复产信贷支持保障工作，是金融力量做好"六稳""六保"工作的有效手段。

"复工贷"产品组合包括"纳税e贷""资产e贷""抵押e贷""续捷e贷""链捷贷""保理e融""票据e融""简式贷""科创贷""连贷通"等多项产品，线上线下均可办理，可采用信用、抵押、质押、保证、政府风险补偿基金、保证保险等单一或组合担保形式，种类丰富、功能互补，能满足小微企业展期、续贷、提高额度、申请新贷款等个性化融资需求。

"复工贷"授信额度最高3000万元，其中信用贷款最高1000万元。对符合条件的普惠型小微企业客户，可增加授信和贷款额度最高至1000万元，对疫情防控重点企业名单内小微企业信贷客户，可根据企业生产经营状况提升信用贷款额度最高至1000万元。

"复工贷"贷款期限最长3年，包括中长期贷款和短期贷款，可根据借款人现金流量特点合理确定还款方式。利率执行疫情防控时期优惠利率，贷款涉及的各类费用均由银行承担，对普惠型小微企业贷款除利息外不收取其他费用，最大限度降低疫情期间小微企业客户综合融资成本。截至2020年7月末，农业银行"复工贷"已累计服务19.83万户小微企业，发放贷款2886亿元。

（3）重视绿色金融发展

近年来，国有大型商业银行开始认识到可持续发展的重要性，在生态保护、节能减排、电力化工、循环经济等领域内推出了绿色信贷的行业政策，对贷款实施环境标准一票否决，并将可持续政策的范围扩展到项目融资、资产融资、一般公司信贷业务和其他业务。此外，国有大型商业银行以国家相关政策和标准为依据，适当借鉴有关国际标准和准则，普遍建立了覆盖全行的绿色信贷风险监控体系。例如中国工商银行在借鉴赤道原则和国际金融公司绩效标准与指南的基础上，不断完善公司贷款绿色信贷分类标准，并据此对全部公司法人客户环保风险进行分类和管理，建立并形成了覆盖全行的绿色信贷风险监控体系。交通银行在绿色信贷标识管理体系"三色七类"核心定义中参考了赤道原则绩效考核标准。围绕着绿色信贷和可持续发展，国有大型商业银行陆续开发了能效融资项目、碳资产质押授信业务以及未来收益权质押融资等；积极参与碳金融市场基础设施建设，开展碳金融产品设计、碳金融顾问服务等；并且涉足绿色债券、绿色股权投资、绿色基金等业务，业务覆盖了政府、企业和个人层面。

（二）股份制商业银行

1. 股份制商业银行普惠金融的总体服务情况

以股份制商业银行为代表的中型银行是我国银行体系的重要组成部分。根据银保监会的数据，截至 2020 年 6 月末，12 家股份制商业银行资产规模达 55.65 万亿元，同比增长 11.8%，占全部银行业金融机构资产的 18%。在组织架构方面，目前中信银行、民生银行、兴业银行、广发银行、渤海银行、浙商银行、平安银行、光大银行、华夏银行等 10 家股份制商业银行均设立了普惠金融事业部，招商银行设立了普惠金融服务中心（见表 2-1）。

表 2-1　股份制商业银行普惠金融事业部/服务中心的组建情况

名称	事业部名称	成立时间
招商银行	普惠金融服务中心	2018 年 3 月
中信银行	普惠金融事业部	2018 年
光大银行	普惠金融事业部	2017 年 12 月
民生银行	小微企业事业部（普惠金融事业部）	—
兴业银行	普惠金融事业部	2017 年 10 月
广发银行	普惠金融事业部	2019 年
浙商银行	普惠金融事业部	2017 年 12 月
华夏银行	普惠金融事业部	—

续表

名称	事业部名称	成立时间
平安银行	普惠金融事业部	2018 年
恒丰银行	普惠金融事业部	2019 年
渤海银行	普惠金融事业部	2017 年

资料来源：课题组整理。

近年来，出于自身业务以及监管考虑，各股份制商业银行普遍非常重视普惠金融业务的发展。截至 2020 年 6 月末，全国 12 家股份制商业银行普惠型小微贷款余额 2.38 万亿元。根据各股份制商业银行的年报，截至 2019 年末，招商银行普惠型小微企业贷款余额最高，超过 4500 亿元，中信银行、浙商银行、光大银行、广发银行等股份制商业银行的普惠型小微企业贷款余额在 1000 亿 ~ 2100 亿元之间（见图 2 - 2）。以小微贷款余额最高的招商银行为例，其在全部 44 家一级分行全部建立了普惠金融服务中心，有超过 400 个团队专门为小微客户提供专业的金融服务。同时，招商银行还积极运用金融科技，整合本行线上线下的全部信贷产品，推出了招贷 App，为小微客户提供一站式的全线上金融服务。

股份制商业银行相较于大型商业银行，网点较少；与城商行和农商行相比较，又缺乏地缘优势，导致其居民储蓄存款占比不高，更多依靠企业存款以及来自金融市场的主动负债，负债成本相对较高，负债结构稳定性较差。2020 年 3 月，中国人民银行实施普惠金融定向降准，其中对达到考核标准的股份制商业银行再额外降准 1 个百分点，并要求将降准释放的资金用于普惠金融信贷的投放。作为一种精准性、差异化的货币政策工具，定向降准能够为股份制商业银行提供一个稳定的、低成本的、长期的资金来源，帮助银行解决流动性问题，同时支持银行在资产端进行更长期限和更低成本的贷款投放，正向激励股份制商业银行开展普惠金融服务，支持中小微企业以及"三农"的发展。

2. 新冠肺炎疫情下股份制商业银行的普惠金融实践

2020 年初的新冠肺炎疫情对我国经济社会的发展产生了巨大影响。12

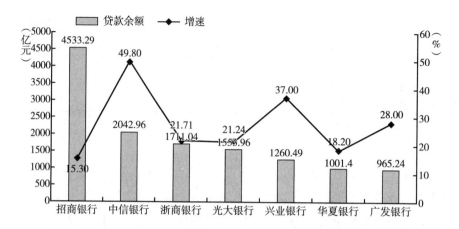

图 2 - 2　七家股份制商业银行普惠型小微企业贷款余额和增速

资料来源：课题组整理。

家股份制商业银行积极推出各项政策，助力小微企业抗击疫情。一方面通过加大信贷的投放力度，促进企业的复工复产；另一方面通过减免相关费用、展期、无还本续贷、减免逾期利息等方式降低中小微企业的生产成本和经营负担。此外，股份制银行纷纷建立了金融服务的绿色通道，根据中国银行业协会的数据，截至 2020 年 7 月 10 日，全国股份制商业银行累计发放"抗疫"贷款 15187.29 亿元，占全部银行业机构的 37.9%（见图 2 - 3）。

（1）充分发挥自身金融科技优势

一直以来，股份制银行普遍非常重视金融科技的发展，通过科技赋能金融，开展普惠金融服务。面对新冠肺炎疫情的冲击，股份制商业银行充分利用自身"金融 + 科技"的优势，快速推出了无接触线上经营解决方案，对受影响较大的中小微企业提供"7×24 小时"的在线金融服务，支持企业复工复产。疫情期间，兴业银行强化金融科技赋能，通过小微企业线上融资系统、兴车融、兴 e 贴等多款金融产品，打造线上融资平台，提高融资效率，纾解企业融资困境。

（2）多种手段让利实体

2020 年 6 月，中国人民银行等五部门印发了《关于进一步对中小微企

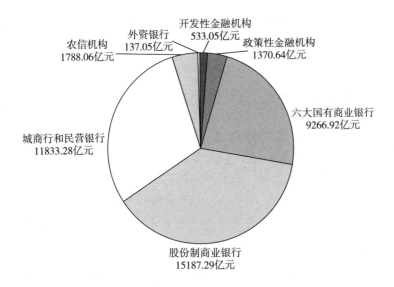

图 2 - 3　银行业金融机构抗击疫情信贷投放

资料来源：课题组整理。

业贷款实施阶段性延期还本付息的通知》和《关于加大小微企业信用贷款支持力度的通知》，通过延迟还本付息、支持银行向小微企业发放无抵押信用贷款、银行减免服务性收费等方式，让利实体经济，稳住市场主体。疫情期间，针对小微客户，招商银行、中信银行等股份制商业银行均提供了无还本续贷、延期还本付息等服务，民生银行还为十几万户小微客户下调贷款利率，通过赠送小微红包抵扣利息，减免小微客户利罚息，减免账户管理与支付结算手续费等多种形式，为小微客户让利数亿元，全力帮助受疫情影响、经营困难的小微企业渡过难关。

（3）针对不同行业需求提供差异化信贷产品

疫情期间，浦发银行、民生银行等为生产疫情防控所需药品、医疗器械及相关物资的中小微企业，开辟绿色通道，提供疫情防控专项贷款，全力满足中小微企业为防控疫情而提出的合理融资需求。针对外贸企业，兴业银行推出了"兴e贴"产品，为外贸企业的银行承兑汇票提供线上快速贴现服务，客户在电子银行便可完成业务办理，为外贸企业的融资提供便利。截至

2020年7月末，"兴e贴"在疫情期间累计办理3.8万笔服务，服务客户5400户，融资金额2100亿元。

专栏2 民生银行助力小微企业抗击疫情

2020年，突如其来的疫情，给小微商户带来严重冲击，面对特殊形势，民生银行秉承"为民而生，与民共生"的"初心"，制定特殊政策、提升特别服务，快速开展客户关怀活动，全面实施优抚政策，加速线上产品服务升级，应续尽续、应延尽延、应免尽免、能让尽让，与万千小微商户同舟共济、共克时艰。

升级服务，全力满足信贷需求。民生银行快速推动线上重要产品优化与服务功能提升，提高"云快贷"抵押成数，扩大"纳税网乐贷"开办城市；简化贷款办理手续、提高信贷办理效率，为有需要的客户主动提高授信额度，为贷款到期客户提前做好续授信安排；紧急开通多项远程作业、远程服务功能，解决特殊时期面签、面谈、面查问题；打通小微贷款全流程线上办理，安全发放每笔贷款；线上自助贷款申请、自助签约、自助提款、自助还款、自助转期（无还本续贷）等纯线上、全自助功能在全国各地分行纷纷落地开通，"银行业务家里办""7×24小时全天候普惠服务－小微金融线上产品及服务指南"快速推出，真正让小微客户"足不出户"即可办理银行业务。

减费降价，助力小微解困减负。为受疫情影响经营困难的小微客户，民生银行采取下调贷款利率、延期还款、贷款展期等扶持措施，支持客户开展生产经营自救；对影响严重已造成贷款逾期的，通过利罚息减免、征信保护等救助措施，全力将客户不良影响降到最低。通过主动调整贷款利率、赠送小微红包抵扣利息以及利罚息减免优惠、移动支付交易手续费减免等优惠，让利客户，为小微商户减轻经营负担。2020年上半年，民生银行为十几万户小微客户下调了贷款利率，赠送小微红包抵扣利息以及减免利息、减免罚息、减免账户管理及交易手续费数亿元，民生银行小微贷款的利率比上年显著下降、服务小微客户数量快速增加，困难时期发挥了社会责任担当。

（三）城市商业银行

1. 城商行的普惠金融发展

城市信用社为城商行的前身，20 世纪 90 年代开始逐步转制，成立城商行。目前全国共有 134 家城商行，其基本定位为服务地方经济、中小企业和城市居民的地方股份制商业银行。根据银保监会的数据，截至 2020 年 6 月末，全国城商行资产规模达 39.56 万亿元，同比增长 10%，占全部银行业金融机构资产的 12.8%。2019 年净利润 2509 亿元，资本充足率 12.09%，拨备覆盖率 153.96%，整体运行情况良好。

与同样属于地方中小银行业金融机构的农村商业银行相比，城商行的资产规模普遍更大，根据城商行年报数据，截至 2019 年末，资产规模超万亿元的有 8 家，分别是北京银行、上海银行、江苏银行、南京银行、宁波银行、徽商银行、杭州银行和盛京银行。其中，北京银行、上海银行和江苏银行资产规模均超过 2 万亿元，分别为 27370.4 亿元、22370.82 亿元和 20650.58 亿元。资产规模超过 5000 亿元的有 20 家，超过 1000 亿元的有 93 家，占比近七成。

在普惠金融服务方面，根据《城商行发展报告（2019）》，近年来城商行在服务小微客户过程中，利用大数据技术在批量获客、产品创新、风险控制等方面做出大量探索，并取得了很好的成效。截至 2018 年末，城商行小微企业贷款余额 6.26 万亿元，同比增长 12.7%，小微企业贷款增速持续领先同业，占其全部贷款的比重达到 42.1%；"两增两控"目标任务完成情况良好，在小微金融领域的传统优势持续巩固。[①] 截至 2020 年 6 月末，全国城商行普惠型小微企业贷款余额为 2.01 万亿元，同比增长 27.25%。

---

① 中国银行业协会城商行工作委员会：《城商行发展报告（2019）》，中国金融出版社，2019。

对于城商行来说，其网点和服务范围主要是城市地区，国有大型商业银行、股份制商业银行等大中型商业银行也在这些地区设有服务网点，且业务同质化严重，因此城商行面临的市场环境非常激烈。与大中型商业银行相比，城商行最大的优势在于其本土化区位优势，一直以来城商行专注于服务地方中小微企业，深耕当地某些特色产业，地方政府也对其给予许多财政等政策支持，总体而言城商行具备一定的政策优势、信息优势、地缘优势。另外，相较于农商行、村镇银行这类农村银行业金融机构，其实力较强，在金融科技快速发展的当下，具备独立或合作开发建立数字化系统平台的能力。未来城商行可以借助当地政务系统开放共享以及大数据交易市场培育的契机，率先与政府数据平台对接，全方位获取政府各部门数据，实现与银行交易数据的互补，更加充分了解小微企业和民营企业的经营状况以及核心金融需求，有效解决信息不对称问题。①

2. 城商行的普惠金融创新实践

近年来，城商行利用自身贴近基层的天然区位优势，将服务不断向下、向小、向农延伸，在普惠金融的服务模式上进行了许多创新，通过差异化经营实现发展。浙江泰隆商业银行一直专注于普惠金融业务，并依托地方金融机构的优势，将机构和人员不断向基层延伸，超过90%的网点分布在农村和社区。浙江泰隆商业银行通过社区化经营的模式，将普惠金融服务客户进一步细分为小微企业客户和普惠类客户，通过广义的"三品三表"（人品、产品、物品、水表、电表、海关报表）拓展小微企业客群，通过"两有一无"（有劳动意愿、有劳动能力、无不良嗜好）拓展普惠客群，不断扩大自身服务客群和普惠半径。浙江泰隆商业银行2019年报显示，其100万元以下客户数占95.5%，500万元以下客户数占99.82%，户均贷款余额28.04万元，信用保证贷款占比超九成。

---

① 刘晓曙：《把握数据要素市场化之机，推动城商行数字化转型》，《中国银行业》2020年第6期。

专栏3　齐鲁银行基于大数据应用的科创企业授信评价体系

为破解科创企业融资难题，齐鲁银行围绕科创企业财务流、技术流、人才流等诸多要素，开发"基于大数据应用的科创企业授信评价体系"，在此基础上推出了线上化的科创企业融资产品——科融e贷。

该业务模式创新性主要体现在两个方面。一是重构科创企业财务评价体系。通过大数据，引入中国人民银行、银行保险监督部门、市场监督管理部门、税务部门、法院等多种来源外部数据字段，有效解决"信息孤岛"问题，重构科创企业财务评估体系，形成三位一体的风控体系，整合"企业税务数据""政府数据""企业行为数据"，通过大数据分析手段，实现对科技型企业商业行为的全息画像，建立科创企业财务评分卡模型，构建科技型企业财务评价体系。二是实现科创企业技术评价赋值化。齐鲁银行基于全球专利、论文、项目、人才等多源异构数据，通过对企业技术布局、专利评级、技术影响、技术迭代速率、技术更新周期、研发效率、研发稳定性、产学研以及人才队伍等要素进行分析，全方位评价科创企业实力、行业地位以及未来发展潜力，实现对科创企业技术评价的模型化。

基于大数据应用构建的科创企业授信评价体系，打破"专利价值""人才价值"无法赋值的传统困境，有效解决了科创企业评价难问题，同时，将评价结果引入科创企业融资全流程，较好地解决了科创企业融资痛点。

三　农村银行业机构的普惠金融实践

农村银行业机构（包括农信机构和村镇银行）是当前我国普惠金融发展的主力军，相较于城市银行业机构，自身规模不大。根据银保监会的数据，截至2020年6月末，全国农村银行业机构资产规模为39.87万亿元，占全部银行业金融机构资产的12.9%。但农村银行业机构法人机构数量众多，目前数量达3920多家，占全部银行业金融机构数量的85%以上，网点和服务渗透度高，在支持民营和小微企业、服务"三农"、乡村振兴、脱贫攻坚等领域发挥了重要的作用。截至2020年6月末，农村银行业机构普惠型小微企业贷款余额48659亿元，占全部银行业金融机构普惠小微贷款余额的35.44%，占比高于大型国有商业银行，远高于股份制商业银行和城市商业银行。

（一）农信机构的普惠金融实践

1. 农信机构是农村普惠金融的主力军

目前农信机构（包括农村商业银行、农村合作银行、农村信用社）是我国法人机构数最多、营业网点分布最广、从业人数最多的农村银行业金融机构。截至目前，我国共有1545家农村商业银行，27家农村合作银行，694家农村信用社，农村商业银行占农信机构的68.18%。[①] 截至2019年末，全国共有分支机构78630个，从业人员高达86.52万人。近年来，农信机构快速发展，其资产规模也进一步扩大，总资产达38.1万亿元。截至2019年末，全国资产总额超过5000亿元的农村商业银行达到4家，按资产规模排名分别是重庆农村商业银行、北京农村商业银行、上海农村商业银行、广州农村商业银行；资产总额超过2000亿元的农村商业银行为16家；资产超过1000亿元的农村商业银行为39家，占全部农村商业银行比例的2.5%，资产规模小于100亿元的有1213家，因此绝大部分农村商业银行的资产规模都是偏低的，这也符合其县域法人的定位。此外，截至2019年末，全国共有8家农村商业银行行成功上市，其中重庆农村商业银行是国内首家在上海证券交易所和香港证券交易所均已上市的农商行，还有11家农商行等待上市。

农信机构作为地方法人机构，因农而生、伴农成长，在促进农村普惠金融和支持"三农"发展方面，发挥了重要作用，同时也充分体现了其支农

---

① 祝树民：《以深化改革推动农村中小银行公司治理建设》，《中国金融》2020年第16期。

支小和服务县域经济的战略地位。根据中国人民银行统计，全国农信机构近六成的贷款投向了涉农领域，提供了全国66%的农林牧渔业贷款、54%的农户贷款和29%的涉农贷款（见表2-2）。其中农林牧渔业贷款是金融机构发放给各主体用于农业、林业、牧业、渔业生产的贷款以及农林牧渔相关服务业贷款的总和，最接近传统农业的概念，可以看出相较其他金融机构，农信机构对于传统农业生产经营的金融支持是最多的。

表2-2　全国银行业金融机构涉农贷款情况

单位：亿元，%

机构名称	农林牧渔业贷款		农户贷款		涉农贷款	
	余额	占比	余额	占比	余额	占比
全部金融机构	39424	—	92322	—	326806	—
全国性大型银行	6419	16	32412	35	117830	36
全国性中型银行	2618	7	1847	2	77233	24
农信机构	26032	66	49442	54	96222	29
农村商业银行	17480	44	37141	40	74443	23
农村合作银行	523	1	604	1	1182	0.4
农村信用社	8029	20	11697	13	20597	6

资料来源：中国人民银行农村金融服务研究小组：《中国农村金融服务报告（2018）》，中国金融出版社，2019。

2. 农信机构的数字化转型

相较于大中型商业银行和城市商业银行，大多数农信机构规模较小，在金融科技方面的投入十分有限，在此背景下，农信机构如何发挥自身优势实现发展是其未来亟须解决的问题。对农信机构而言，其最大的优势在于遍布县域的网点、数量众多的信贷人员以及深耕农村金融领域多年的经验。近年来，农信机构通过整村授信的方式，联合村两委进行信贷投放，有效解决了农村金融领域信息不对称的风控难题。但随着经济下行、利差收窄以及国有六大商业银行的服务下沉，农村金融市场竞争越发激烈，特别是对于头部客群的争夺使得农信机构受到剧烈的冲击。新冠肺炎疫情的暴发更是对传统农信机构的纯线下模式提出了严峻考验。

可以说农信机构的数字化转型需求十分紧迫，一些自身实力较强的头部农信机构通过自身力量，或与金融科技公司合作发放纯线上贷款。例如2019年东莞农商行与腾讯云签署了战略合作协议，共同推进云计算、大数据、人工智能、分布式互联网架构等技术在"三农"、普惠金融业务创新领域的运用。青岛农商行通过与青岛海关合作，利用外贸企业在海关的纳税评估信息开发了"关税 e 贷"纯信用线上贷款产品，解决青岛当地外贸企业的融资难问题。大部分农信机构则通过"线上＋线下"的模式实现自身数字化转型。农信机构利用自身的网点优势，前期通过信贷员对农户的信用状况进行考察和评估，授信给农户一定的信贷额度，再借助当地省联社统一开发的 App 进行贷款的线上发放，农户通过手机端的操作便可获取贷款、偿还贷款，实现授信额度内的随借随还、循环使用。还有一些农信机构通过与网商银行、微众银行等互联网银行合作，通过联合贷款的方式发放贷款，由互联网银行提供风控模型和客户资源，农信机构提供资金，以风险共担、利益共享的方式实现数字化转型。

专栏4 江苏南通农商行科技赋能，实现农商小微业务数字化转型

江苏南通农商行运用"智慧微贷"系统和"风险智能决策引擎"系统，支撑行内小微业务走向线上化、智能化，大力践行普惠金融、全力服务实体经济，为在传统银行金融机构无法获得贷款的征信白户、小微企业主提供首贷。特色创新点包括：一是通过描摹客户画像，实现客户信息全景化；二是通过划分"智慧网格"推送有针对性的服务，实现网格营销精准化；三是利用互联网技术，通过流程再造，实现业务流程线上化；四是应用智能决策引擎，开发训练模型，对风控系统快速迭代，实现风险防控智能化；五是以客户为中心，着力解决客户痛点，实现产品创新差异化。

经过半年的运行，"智慧微贷"和"风险智能决策"系统实际授信客户2237 户（首贷客户占比达74%），截至2020 年6月末，南通农商行新增小微贷款余额72549.64 万元，平均贷款利率11.75%，平均贷款期限12 个月，最高单笔贷款额 50 万元，最低单笔贷款额 14 万元，平均贷款额 35.38 万元，新增贷款不良率为 0。

---

3. 农信机构的普惠金融创新

（1）针对新型农业经营主体的普惠金融创新

党的十八大报告指出，"培育新型经营主体，发展多种形式规模经营，构建集约化、专业化、组织化、社会化相结合的新型农业经营体系"。近年来，新型农业经营主体快速发展，不断壮大，引领现代农业发展的作用日益凸显。新型农业经营主体相较于传统农户，其经营管理更加规范、经营规模更大、收益更加稳定。农信机构作为农村普惠金融的主力军，针对这一群体，开发了一系列符合其金融需求的专属信贷产品，例如针对农民专业合作社推出了"农民专业合作社贷款"，针对农业龙头企业推出了"农业产业链贷款"等。此外还在信贷模式上进行了创新，推行"金融 + 产业联盟 + 合作社 + 农户""金融 + 龙头企业 + 基地 + 农户"等贷款模式。

（2）基于涉农票据的产品创新

票据作为"三农"重要的支付工具，具备远期支付、背书流转的功能。相较于传统贷款，通过票据贴现获取融资的方式更加简便，能够有效缓解"三农"企业的资金周转困境。根据《中国农村金融服务报告（2018）》，2018 年涉农企业纸质票据贴现总额 240.9 亿元，占全部纸质票据贴现量的 11.34%。近年来许多农信机构积极创新票据产品和服务，例如北京农商行通过优化票据业务流程，开发出"快贴产品"，实现贴现业务的线上申请、自动审批、即时放款。同时针对涉农票据贴现的企业给予 5～10BP 的利率优惠，降低涉农企业的融资成本。

（3）基于应收账款的产品创新

2013 年，中国人民银行建立了应收账款融资服务平台，通过与供应链核心企业、商业银行的系统对接，实现了应收账款数据的数字化、自动化实时传输。目前该平台累计注册用户超过 16.6 万户，其中以农户为主的客户

1.6 万个，涉农企业 7487 家。基于此，一些农信机构开展了应收账款质押贷款业务。乐清农商行就针对当地铁皮石斛产业，推出了铁皮石斛应收账款贷款。农户将未来销售的铁皮石斛收入作为应收账款，并上传至应收账款融资服务平台，经买方核心企业确认后，当天便可获得贷款。

（4）基于抵押担保方式的创新

在当前农村征信体系不健全的背景下，缺少抵质押物成为当前制约"三农"客户获取贷款的重要阻碍。近年来，监管部门先后出台多个指导意见，研究推广基于农村土地承包经营权和宅基地使用权"两权"抵押贷款，破解农村融资难问题。许多农信机构推出了各具特色"两权"抵押信贷产品。此外，2015 年，财政部等三部门联合印发了《关于财政支持建立农业信贷担保体系的指导意见的通知》（财农〔2015〕121 号），明确提出设立全国农业信贷担保体系，通过政府、银行、担保机构充分发挥各自优势，密切分工协作，对符合条件的农业信贷项目予以担保，银行再发放贷款，解决农业经营主体贷款难问题。

（二）村镇银行

1. 村镇银行特点与发展现状

为了健全农村金融市场体系，加强农村金融市场的竞争，更好地满足农村地区的金融需求，促进农村普惠金融的发展，2006 年 12 月银监会印发了《关于调整放宽农村地区银行业金融机构准入政策更好支持社会主义新农村建设的若干意见》，指出要培育发展村镇银行等新型农村金融机构，并在四川、青海等六省（市、区）开展试点。次年 10 月，试点范围扩展至全国。经过十多年的发展，村镇银行已成为农村和普惠金融领域重要的实践者与创新者，在改善金融资源分布、提高金融服务的渗透性方面起到了重要的作用。

根据当初银监会定位，村镇银行是在农村地区设立的主要为当地农民、农业和农村经济发展提供金融服务的银行业金融机构。作为一种新型农村金融机构，其具有以下几个特点。首先由于其扎根当地，更加了解当地客户的金融需求，利用"局部知识"很好地解决了信息不对称的问题，

对于普惠金融发展起到了积极作用。其次，村镇银行的业务主要专注于
"存贷汇"等基础金融服务，对于存贷款，坚持"取之于当地用之于当地"
的原则，更好地为当地农户和小微企业提供金融支持，成为普惠金融的新
生力量。最后，村镇银行属于独立的法人机构，因此治理高效、信贷方式
较为灵活。

作为农村金融的新生力量，村镇银行自成立以来发展迅速，在新型农村
金融机构中"一枝独秀"，无论在网点数量还是业务量方面都独占鳌头。在
法人数量方面，根据银保监会公布的银行业金融机构法人名单，截至2019
年末，全国共组建村镇银行1630家（见图2-4）。值得注意的是，2019年
全国仅新增14家村镇银行，相对于前些年每年100多家的增量来说，增速
明显放缓。

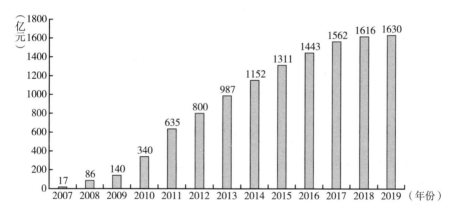

图 2-4　全国村镇银行法人数量

资料来源：Wind 数据库。

在规模方面，截至2018年末，村镇银行整体资产规模约1.51万亿
元，负债总额1.33万亿元，同比分别增加了1104亿元和987亿元；存款
余额1.18万亿元，贷款余额0.94万亿元，贷存比为79.66%，其中涉农
贷款余额为6956亿元，农户贷款余额4601亿元，农林牧渔业贷款2124
亿元，分别同比增长9.7%、16.7%和6.5%，均高于全国金融机构平均
水平。

在区域分布方面，目前在全国组建的 1630 家村镇银行中，33.99% 分布在东部地区，36.38% 分布在中部地区，29.63% 分布在西部地区，整体来看主要分布于胡焕庸线以东的地区，占比达 90.43%；① 截至 2019 年 9 月末，已覆盖全国 1296 个县（市、旗），县域覆盖率达 70.6%。在全国 758 个国定贫困县和连片特困地区所辖县市中，有 444 个县市已设立或已备案规划拟设村镇银行，较 2015 年末增加 251 家，贫困县覆盖率为 58.58%。

在经营状况方面，从全国的整体情况来看，村镇银行总体上处于盈利状态，数据显示，2018 年全国村镇银行净利润达 99.25 亿元。但是由于村镇银行作为县域法人金融机构，其自身定位决定了其服务范围，因此其经营状况很容易受到当地经济发展环境的影响。此外各村镇银行发起行的运营管理能力以及村镇银行自身的管理水平也会对村镇银行的业绩造成一定影响。因此村镇银行的经营状况参差不齐，盈利水平分化较为明显。例如哈尔滨银行控股的 32 家村镇银行净利润已连续三年下滑，2019 年首次出现亏损，全年净利润为 -3.054 亿元，而中银富登系村镇银行、兴福系村镇银行均一直保持着较好的盈利水平；兴福系村镇银行（31 家）仅 2020 年上半年就实现营业收入 6.05 亿元，实现营业利润 2.05 亿元。

2. 村镇银行的新一轮改革

2018 年开始，村镇银行展开了新一轮试点。2018 年 1 月，为了进一步提升村镇银行的集约化管理水平和可持续发展能力，更好地实现主发起行对村镇银行的股权管理和风险管控，银监会印发了《关于开展投资管理型村镇银行和"多县一行"制村镇银行试点工作的通知》（下简称《通知》），鼓励已投资一定数量村镇银行的主发起行通过新设或选取现有的一家村镇银行作为投资管理行的方式对村镇银行进行管理。2019 年 4 月 4 日，国内首家投资管理型村镇银行——兴福村镇银行在海南省海口市琼山区成立。同年 8 月，中国银行与淡马锡富登金控合作设立的中银富登村镇银行获批在雄安

---

① 孙同全等：《中国村镇银行发展报告（2018~2019）》，中国社会科学出版社，2020。

新区设立全国第二家投资管理型村镇银行。

村镇银行投资管理行模式一方面有效地将风险在主发起行与村镇银行之间进行隔离，另一方面通过投资管理行专业化的服务，在中后台服务、产品研发、互联网金融技术发展方面为村镇银行提供强有力的支持，提高村镇银行的经营效率。此外，在原来主发起行管理模式中，许多发起行为国有大型商业银行、开发性银行，这些银行缺乏从事农村金融的经验，难以将自身已有的经验运用在发起成立的村镇银行的实际运营中。投资管理型村镇银行相较于此前的管理模式来说，更加灵活，其自身仍然在一线工作，更了解村镇银行在实际运营中的所遇到的困难和挑战。

此外，《通知》中还提出，允许中西部和老少边穷地区已有或新设的村镇银行在其邻近的县市设立支行，开展"多县一行"的业务试点，扩大其金融服务的覆盖面，提升这些地区金融服务的可获得性。该试点也符合《通知》的初衷，即加大对偏远地区和欠发达地区金融资源的投入，提高普惠金融的覆盖面和可得性，同时减轻村镇银行的运营压力，实现规模经济，解决村镇银行商业可持续的问题。

3. 村镇银行的普惠金融服务

（1）坚持支农支小的定位

村镇银行作为扎根县域的金融机构，天然带有普惠的基因。特别在农村普惠金融服务方面，村镇银行自成立以来发挥了重要作用。一方面，村镇银行网点主要分布在县域、乡镇等金融服务薄弱地区，填补了这些地区金融服务的空白，提高了其金融服务可得性，有效改善了当地的金融服务供给。另一方面，村镇银行扎根农村金融市场，在"人缘""地缘"方面具备较大优势，更加了解涉农经营主体的金融需求，可有效缓解信息不对称的问题。

（2）积极开展金融扶贫工作

金融脱贫是脱贫攻坚的重要手段。近年来，村镇银行利用地处县域、农村，坚持"做散、做小"的市场定位，坚持本土化经营，在实现健康可持续发展的基础上，通过增加对当地特色和优势产业的信贷投放，推动农业产业化发展，充分发挥了金融助推脱贫攻坚的功能。中银富登村镇银行更是将业务发展与脱贫攻坚有效整合，实施"1234"战略，即1个核心目标——全面落实脱贫攻坚任务；2项基本原则——造血扶贫、合规扶贫；3大实施板块——定点扶贫、金融扶贫、公益扶贫；4大落实举措——资源倾斜、科技赋能、创新驱动、制度保障。①

---

① 王晓明：《强化村镇银行乡村振兴作用》，《中国金融》2019年第10期。

第三章
保险业的普惠金融实践与创新

王雅俊　宫尧　杨波*

保险具有经济补偿、资金融通和社会管理等功能，是金融体系和社会保障体系的重要组成部分。保险是普惠金融的重要组成部分，一方面，保险业的发展有助于完善社会保障体系，满足人民群众日益增长的多层次的保障需求，这本身就是普惠金融的重要内容；另一方面，通过降低相关风险，保险（特别是信用保证保险）能促进普惠信贷的可持续发展。

一　信用保证保险

信用保证保险的核心价值在于发挥风险保障和增信功能，促进交易。我国的信用保证保险发轫于出口信用保险，属于非融资类信用保险。1983 年，中国银行上海分行与中国人民保险公司上海分公司合作，为一笔出口船舶的买方贷款提供长期的信用保险，开启了出口信用保险在国内的发展历程。长期以来，出口信用保险有效地解决了跨境贸易中产生的信用问题，在我国对外贸易发展中起到了积极作用。

随着市场经济发展，小微企业和个人的融资需求逐步增长，融资类信用保证保险产品应运而生。小微经营者和中低收入人群普遍存在征信档案薄、抵押物不足、收入不稳定等问题，通常无法满足银行的授信政策，导致出现融资"玻璃门""旋转门"现象。为了解决中长尾群体的

---

　* 王雅俊，平安普惠金融研究院高级研究员；宫尧，平安普惠金融研究院研究员；杨波，经济学博士后，中山大学岭南学院研究人员。

融资痛点，国内部分保险公司从20世纪90年代开始尝试发展融资类信用保证保险业务，推出小额贷款保证保险。保险公司的参与不仅分散了单个金融机构的风险，而且通过发挥自身在风险识别、风险定价和风险管理方面的优势，提高了风控质效，提升了中长尾人群的融资效率。

（一）信用保证保险的行业发展情况

经过多年发展，信用保证保险已成为普惠金融人群的重要融资增信工具，保费收入规模在近十年增长超过10倍（见图3－1）。在国家推进稳金融、防风险工作的背景下，叠加经济周期波动，信用保证保险行业在经历一段高速增长的时期后，近年来进入更趋理性的发展阶段，发展重心从以经济顺周期阶段的业务扩张和增量为目标，逐渐转向对"质"的关注，稳步压缩存量业务风险，夯实风控能力和科技能力。

图3－1　2007～2019年信用保证保险保费收入

资料来源：Wind数据库。

回顾融资类信用保证保险的发展过程，可分为三个阶段。

2005～2014年：起步成长期。

在积极的货币和信贷政策支持下，资金加速流入实体经济，刺激经营性和消费性的融资需求，带动融资性信用保证保险行业快速发展。

从模式上看，这个阶段发展出两种成熟的信用保证保险业务模式。一种是市场化的"保险+银行"模式。中国平安财产保险股份有限公司在2006年推出的个人消费信贷保证保险、中国太平洋财产保险股份有限公司在2007年推出的中小企业短期抵押贷款保证保险，都是这种模式的市场实践。另一种是由地方政府主导和参与的"政府+保险+银行"模式，通过保费补贴等财政措施对小微、"三农"群体予以支持。以广东省佛山市三水区在2009年首创的"政银保"模式为例，由财政投入1000万元作为贷款担保基金，为投保农户负担50%的保险费，农村信用社为符合条件的担保对象提供贷款，中国人民财产保险股份有限公司广东省分公司等保险公司为贷款提供保证保险服务。

同时，政策也积极鼓励保险公司发展信用保证保险产品支持小微经济发展。国务院于2013年8月发布《关于金融支持小微企业发展的实施意见》，提出充分挖掘保险工具增信作用，大力发展贷款保证保险和信用保险业务，服务小微企业。之后又于2014年8月发布《关于加快发展现代保险服务业的若干意见》（新"国十条"），再次强调"加快发展小微企业信用保险和贷款保证保险，增强小微企业融资能力"。在政策推动下，2014年多地开展了小额贷款保证保险试点工作。据不完全统计，截至2015年2月，已经有浙江、重庆、上海、广西、云南、湖北、山东、安徽、山西、河北、广东等省市落地试点，2014年全国信用保证保险保费收入实现45.8%的高增长。

2015~2016年：过渡发展期。

2015年信用保证保险行业增速放缓，2016年一度出现负增长。一方面是因为上述试点过程中，部分"政银保"模式业务营利性不足，保险公司的参与积极性不足，主动控制规模。另一方面是因为实体经济的融资需求疲软，新增人民币贷款增速在2015~2016年出现下滑，相应的信用保证保险需求也有所收缩。

2015年中国人民银行等部委发布《关于促进互联网金融健康发展的指导意见》，鼓励互联网金融产品创新，以个人小额消费贷为代表的互联网金融产品迎来政策红利，成为信用保证保险行业的风口。其间，贷款保证保险作为重要的风险缓释工具得以广泛应用，推动行业实现新一轮增长。

2017 年至今：理性发展期。

2017 年互联网金融风险专项整治工作领导小组办公室等下发《关于规范整顿"现金贷"业务的通知》，明确要求金融机构不得接受无担保资质的第三方机构提供增信服务。作为有资质的增信主体，保险公司信用保证保险产品的合规价值进一步凸显。2017 年信用保证保险保费收入增速达到54.0%，2018 年依然维持 49.6%的高位。

这两年，尽管信用保证保险行业保费收入仍实现高速增长，但互联网贷款领域违约风险急剧上升，多家保险公司信用保证保险业务出现亏损，保险公司流动性承压，信用保证保险行业出现转折点。2017 年 7 月，保监会下发《信用保证保险业务监管暂行办法》；2019 年银保监会财险部对 2017 年的《信用保险和保证保险业务监管办法》做出修订；2020 年 5 月 19 日，银保监会正式发布《信用保险和保证保险业务监管办法》，取代试行三年的《信用保证保险业务监管暂行办法》，对信用保证保险行业进行融资性和非融资性业务的区分，并提高对前者在经营资质、承保限额、基础建设等方面的监管要求。金融监管的政策引导和企业自身对商业可持续性的追求，驱使行业发展渐趋理性，从业机构纷纷在公司治理、体系建设、科技发展等方面加大投入。

（二）信用保证保险行业的发展方向

金融活，经济活；金融稳，经济稳。疫情防控常态化背景下，支持实体经济复苏和金融风险防控是金融业发展的两大核心任务。在此基调下，坚守服务小微经营者等中长尾人群的定位，审慎防控风险，提高企业治理水平成为信用保证保险行业的长期发展方向。

2015 年 1 月，保监会等五部委联合下发《关于大力发展信用保证保险服务和支持小微企业的指导意见》，从服务小微定位、创新发展方式、提高服务能力、营造政策环境、夯实基础建设、注重协作监督等方面对信用保证保险行业予以支持引导。2018 年 6 月，中国人民银行等五部门在《关于进一步深化小微企业金融服务的意见》中再次强调"推动小微企业信用保证保险业务的发展",并要求进一步深化保险与银行的合作机制,改善小微融资服务。

在鼓励行业发展的同时,监管也要求保险公司对发展中的潜在风险,尤其是伴随互联网贷款风险爆发而衍生的信用风险和合规风险,始终保持高度警惕。银保监会于 2017 年 7 月发布的《信用保证保险业务监管暂行办法》(简称《暂行办法》),是针对信用保证保险行业的首份顶层文件,对信用保证保险业务的经营行为予以全面规范,重点从偿付能力、业务范围、内控机制等方面控制行业风险。

2020 年 5 月,银保监会等六部委下发《关于进一步规范信贷融资收费降低企业融资综合成本的通知》提出,"保险公司不得提供明显高于本公司同类或市场类似产品费率的融资增信产品,增加企业融资负担",同时要求"银行不得强制企业购买保证保险,不得因企业购买保证保险而免除自身风险管控责任",不仅引导信用保证保险行业积极为小微经营群体减费让利,而且从机制上加强风控管控。

同期,《信用保险和保证保险业务监管办法》(简称《监管办法》)也正式下发,在此前《暂行办法》的基础上升级细化了行业监管规定,为今后信用保证保险市场的长期、稳定、规范发展奠定了制度基础。作为备受市场关注的行业基本法,《监管办法》重点突出了四项监管原则。

第一,实施差异化监管,重点聚焦融资性信用保证保险。鉴于融资性信用保证保险的较高风险,《监管办法》提高了对融资性信用保证保险业务在经营资质、承保限额、基础建设等方面的监管要求。

第二,有收有放,兼顾监管与发展。一方面,《监管办法》通过压缩融资性信用保证保险业务的承保限额、扩大险种范围(即商业性出口信用保险)等方式,控制风险敞口,防范业务风险;另一方面,《监管办法》通过对融资性信用保证保险业务设置弹性限额的方式鼓励保险公司为普惠型小微企业提供融资增信支持,通过适度调整业务类型,支持保险公司在风险可控的前提下探索发展新业务领域。

第三,加强内控管理,促进高质量发展。《监管办法》要求保险公司提升自身管控能力，促进信用保证保险业务高质量发展，在内控管理方面进一步强化制度建设、系统建设、流动性管理、风险预警等，防范经营风险、流动性风险；在合作方管理方面，要求建立准入、评估、退出、消费者投诉等制度，降低合作的潜在风险。

第四，支持信用保证保险专营，推动行业进一步专业化、规范化。《监管办法》适度放宽了对专营信用保险、保证保险的保险公司的经营杠杆要求，未来市场有望迎来更多专业化的信用保证保险专营公司。

顶层建设和监管制度进一步完善，促使行业进入健康、理性的发展轨道。未来，多维度强化能力建设、增强小微服务质效将是从业机构实现商业可持续发展的关键路径。

第一，完善风控体系建设。相比于其他金融机构，保险公司具备差异化的数据积累和精算经验，在客户洞察、风险定价、风控模型等方面独具优势。在《监管办法》的要求下，保险公司应首先实现风控独立，在此基础上通过强化内部流程管理、挖掘数据整合和应用价值，全方位完善风控体系建设。

第二，深化金融科技应用。首先，通过业务流程的线上化升级，保险公司能够有效增强获客能力，并提升业务办理、保后管理等流程的效率。其次，通过大数据、区块链、人工智能等新技术的普遍应用，实现客户画像、产品定价、反欺诈、信用审核等环节的优化，助力风控效果提升。

第三，落实合规经营要求。《监管办法》对信用保证保险业务的经营规则、内控管理做出详细规定，保险公司应重点关注偿付能力、杠杆率方面的指标要求，并严格落实业务范围、合作机构准入、消费者保护等关键环节监管规范，从源头遏制风险，实现稳健可持续发展。

短期内，信用保证保险行业将经历强监管背景下的风险消化过程。在此期间，全行业将着力提升经营规范性，同时谨慎处理业务增长与风险控制的平衡。由于信用风险具有滞后性，互联网金融行业高速发展时期积累的大量信贷风险自 2019 年以来集中爆发，包括部分头部企业在内的很多保险机构赔付额骤增，为全行业敲响警钟，也引发监管层高度重视。2020 年的疫情冲击使不良贷款风险加速暴露，行业仍将在一段时间内处于存量风险逐渐出清的调整阵痛期。保险公司正通过积极整饬内部经营、压缩信用保证保险业务规模，提升自身风控能力，严控增量风险，以平稳度过行业调整期，为未来发展积蓄新动能。

中长期来看，随着实体经济改善，企业经营风险回落，小微企业融资需求将恢复健康增长，信用保证保险行业也将继续发挥其分散风险、助力小微企业融资的价值，尤其是对长尾小微企业的覆盖范围有望持续扩大。随着市场规模增长，优秀保险公司将有机会建立更强的竞争优势，通过"科技突破＋生态赋能"巩固领先地位，从"0 到 1"走向"1 到 N"。

专栏1　平安产险信用保证保险业务支农支小实践

中国平安财产保险股份有限公司（以下简称"平安产险"）通过学习海外经验，2006 年推出个人消费贷款保证保险，通过服务个人的方式为我国小微企业主、个体工商户和中低收入人群提供贷款增信服务。十几年来，平安产险依托自身雄厚的资本实力、充足的偿付能力、卓越的风控能力将融资性保证保险业务逐渐发展壮大。

为实现业务的可持续、健康发展，平安产险对融资性信用保证保险业务实行事业部制管理，通过互联网实施专业化经营，同时为了提升客户服务体验，在各地分支机构设立信用保证保险团队，与客户形成良性对接，目前业务范围覆盖全国除港澳台、西藏外的其他所有地区。

产品开发方面，平安产险在于 2006 年推出国内首个个人融资性信用保证保险产品后，为社会各阶层提供普适性保证保险服务。同时，为响应国家关于普惠金融的战略方针，平安产险不断优化迭代，加大对社会群体的融资支持力度，包括新增经营区域、拓宽贷款用途、延长保险时限等，逐步成为行业标杆。

在风险管控上，平安产险坚持穿透式风险管理，秉承小额分散的经营理念，用服务个人的方式服务小微企业主、个体工商户，对每个客户均进行风险审批定价，确保保费覆盖风险。当前平安产险融资性信用保证保险业务可提供小微企业主、个体工商户最高 100 万元的纯信用增信支持和最高 1000 万元的抵押增信支持。

平安产险持续深化"科技＋金融"，运用大数据、人工智能等技术助力保证保险业务高效、稳健发展。业务全流程均采取系统自动化、可回溯的处理方式，无任何人工参与，不仅杜绝了欺诈风险，同时也极大提升了业务办理时效。目前，客户从投保开始，通常仅需要一天就能获得借款。

2019 年，平安产险为超过 75 万个小微企业主、个体工商户提供了贷款增信服务，累计帮助获得贷款 2113 亿元。2020 年，平安产险进一步加强小微企业支持力度，仅上半年，已服务超 62 万个小微企业主、个体工商户，累计帮助客户获得 1485 亿元贷款。

二 保险业围绕"六保"任务推进普惠金融

2020 年伊始，突如其来的新冠肺炎疫情严重冲击了中国经济社会运行，抗击疫情成为对国家治理体系和治理能力的一次大考。此背景下，保险业充分动员、迅速行动、持续发力，这与发达经济体的情况形成了显著反差。中国保险业发挥了重要而独特的普惠金融功能，突出表现在对"六保"的支持上。

（一）保居民就业

1. 保险业保居民就业的机理

保险业是兼具资本、技术和劳动密集型的行业，能通过多个机制促进居民就业。①保险业直接雇用劳动力，特别是吸纳了 1000 多万名展业人员，他们中的较大部分属于失业风险较高的群体。②保险业通过承保业务让投保企业更敢于扩大再生产，从而扩大对劳动力的需求。③保险资金具有规模大、期限长、成本较低的优势，能够与基础设施建设、长期生产性投资的需求较好匹配，进而缓解投资者的融资约束，扩大实体经济规模，从而拉动就业。保险机构越来越关注和承担了社会责任，并遵循 ESG（Environmental, Social, and Governance）责任原则，维护员工的利益。④带动产业链上下游的发展，从而间接促进就业。本章根据国家统计局编制的细分行业的投入产出表，计算了保险业对上下游领域的拉动作用，其中，向上拉动最强的领域依次是房地产业、住宿业、餐饮业、印刷业、电信业和公共服务业，向下拉动最强的领域依次是批发零售业、建筑业、公共服务业、城乡居民消费、公路货运业和金融业（去除保险业）。

2. 疫情下保险业保居民就业的作用

2020 年以来，我国保险业既增强自身对劳动力的吸纳，也促进了相关领域的就业。①处于中低端劳动力成本不断上升的环境中，保险业整体上没有用裁员和提高招聘门槛的策略。8 月，银保监会在前期几家保险公司试点运行的基础上，发布了《关于保险公司发展独立个人保险代理人有关事项的通知（征求意见稿）》，旨在激发有一定能力、有工作动力的个人代理人的积极性，允许他们在社区商圈等地开设门店，并聘请 5 人以内的辅助人员。考虑到中国存在大量低学历劳动力，对个人代理人的资质要求比较灵活：学历要求为大专以上，或者为通过保险基本理论和保险产品知识专门培训及测试、从事保险工作 5 年以上的高中学历人士。②保险监管部门和行业自律组织对互联网新经济继续保持开明的态度，如允许保险机构及其从业人员在互联网保险销售活动中，通过线下面对面、语音通话、电话销售、直播带货等方式进行营销宣传、销售咨询、产品推介等行为，并修订完善了《互联网保险业务监管办法》以及出台自律规范。这些措施提升了保险业在数字经济时代对社会就业的吸纳能力。③保险业积极开展营业中断和延迟取消类保险业务，为各类组织尤其是中小微企业和民营企业的生产经营缓释风险，促进它们吸纳就业。④出口信用保险加大了对纺织品、服装、家具、鞋靴、塑料制品、箱包、玩具、石材、农产品、消费电子类产品等劳动密集型产品出口企业的支持力度。

（二）保基本民生

1.保险业保基本民生的机理

保险在医疗、死亡和养老、灾害事故救助、扶贫特别是精准扶贫等民生领域具有重要作用。各类负面冲击会致使低收入家庭陷入贫困，甚至处于无力摆脱贫困的境地，我国有超过 40%的贫困人口属于因病致贫、返贫。保险是打破脆弱性和贫穷循环的有力工具，可以改善健康指标、增加生产性投资、减轻脆弱性和贫困等。①健康保险对被保险人因疾病或意外事故而受伤害时发生的医疗费用，或因此造成的收入损失、未来需要的长期护理费用等进行经济补偿。健康保险包括商业医疗保险、重疾险、护理保险、收入补偿保险等险种，可以对人们的重大疾病医疗费用、长期护理费、失能收入损失等予以经济补偿，从而分担居民的健康风险。②人寿保险以死亡为给付条件，能提升家庭保障水平，防止家庭经济支柱身故后家庭失去经济依靠。养老保险以满期给付和年金给付为特征，可以为家庭提供养老风险的保障。人寿和养老保险还可以与民生产业融合，有效支撑健康、养老等基础性建设。③农业保险承保种植业、林业、畜牧业和渔业等产业中的被保险人，在农业生产过程中因保险标的遭受自然灾害、意外事故、疫病或者疾病等事故而造成的财产损失。农业保险转移了农业风险，为农民撑起了"保护伞"，从而保障了农民收入。④保险业捐赠是指保险企业自愿将人、财、物赠送给与自己没有直接利益关系的受赠者，通过这种慈善公益事业行为帮扶了贫困群体。

2.疫情下保险业保基本民生的作用

疫情给人民群众的身体健康和生产生活造成了巨大威胁和冲击，人们调整原有的生产生活方式，如口罩出行、居家办公、分批开学、停工停产等。①尽管疫情影响了 2020 年健康保险的展业活动，但上半年，我国健康保险保费收入为 4760 亿元，较上年同期增长 19.7%，赔付支出为 1155 亿元，较上年同期增长 13.2%，增幅高于其他主要险种。保险公司逐步将医疗新技术、新药品、新器械应用纳入商业健康保险保障范围，并推进与基本医保、医疗救助和医疗机构信息系统实现共享。②2020 年上半年，寿险保费收入为 15619 亿元，同比增长 3.95%，保障金额为 190610 亿元。许多寿险公司为了避免客户奔波，提供寿险 App、微信理赔等线上理赔申请渠道，主动寻找、排查出险客户，并根据客户及家属的意愿，简化理赔手续，提供快速服务，有些公司 90% 以上的保单保全服务可以在线办理。③上半年，农业保险保费收入为 543 亿元，同比增长 21.7%，承保金额为 25170 亿元，截至 2020 年 4 月，已向 960.86 万户次农户支付赔款 147.82 亿元。"保价格、保收入"的农业保险在快速推广中，保险业在农业农村等部门的支持下，不断积累区域产量、价格、产量与价格相关性等数据，收入型保险已经成为我国农业保险的重要内容。④疫情初期保险业即展开积极捐赠，到 6 月中旬，保险业已为抗击疫情捐款捐物总额达 3.8 亿元，疫情专属理赔累计 20.76 万件，累计赔付金额 4.9 亿元。①

2020 年以来，全国多个城市的保险业联合当地的医保、银保监、民政等部门等推出了"普惠型"健康保险，本着"广覆盖、低成本"的原则，维护居民基本健康。截至 9 月末，已有 10 多个省区市的 40 多城市正式上线了此类保险。中国各地居民的医疗保障缺口很大，且呈现扩大趋势，中国医疗费用中居民自费部分的占比明显高于同等高收入国家。近些年，中国保险业探索出多种扶贫的模式，并考虑到近几年来网络互助为社会提供了大量的疾病和意外风险的保障，目前主要平台的运行比较稳健，因此，保险公司的普惠工作可以更加勇于"创新"。各地区开展的"普惠型"健康保险在保障范围上集中在两大方面——医保目录内的自费部分和医保目录外的特药，其中的有些产品只保障一个方面，有些产品保障两个方面。此类保险在年龄、职业、既往病史等身体状况方面的投保限制非常少，免赔额（率）一般也不高，能够为居民特别是低收入群体和高风险群体"低成本"地提高保障水平，并且保险业利用运行技术和人才人力能改善医疗保障制度的运行效率。地方政府希望给当地市民提供保障福利以及提升经济活力，而保险成为重要的抓手。

---

① 数据来自中国保险行业协会。

（三）保市场主体

1.保险业保市场主体的机理

保险业在保市场主体上可以发挥如下三方面功能。①风险保障。满足市场主体风险保障需求。对此，保险公司应当加强利用科技手段赋能各经营环节，发展"一揽子"产品服务，探索指数保险、相互保险等方式，建设针对巨灾风险的分保和共保机制。②信贷增信。信用保证保险业务一般是针对具体债项、事项发挥增信功能，能助力企业融资，其具体形态很多，如贷款保证保险、助农业保险保单质押、土地承包经营权抵押贷款保证保险、农户土地流转收益保证保险等。在这方面，保险公司合作最多的是商业银行和农信社，也与非银放贷机构、资本市场融资者和服务机构等合作，而在一些模式中，政府设立的机构会发挥共保、贴息、税收减免、信息中介等协同作用。

保市场主体主要是指支持小微企业，它们的保险参与程度低，有很大的风险保障缺口。相对而言，受教育程度高、收入高和有金融服务经验的小微企业经营者更会积极投保。保险业针对小微企业相对于大中企业的特点，应当做到"量体裁衣"的创新，并更加关注信息不对称带来的逆向选择和道德风险等问题。①立足小微企业已有的风险管理机制，提供互补性的产品服务，降低企业总的风险成本。②考虑到小微企业的"人合"性质强，为其管理者和普通员工定制团体健康和养老风险的保障产品。③与产业链供应链上的主导企业合作，降低承保小微企业风险的信息成本和营销成本。

2.疫情下保险业保市场主体的作用

此次疫情下，保险业从多个方面助力保市场主体。①面对企业停工停产停市停商的状况，一些保险公司探索开展营业中断险、展览会保险、失业补偿险等产品，力所能及地发挥了第二"失业保险"的功能。②农业保险在疫情期间服务不停摆，为遭受灾害的投保农户提供经济补偿，为农业生产者撑起"保护伞"。③此次疫情直接影响较大的是服务业，而服务业在中国经济中的占比在不断提高，保险业更多关注对各类"无形资产财富"的保险，如网络安全保险、各类公众责任保险。④在保险的投资端，保险资管部门修订债权投资计划、股权投资计划和组合类产品等产品政策，鼓励大力投资小微企业专项债券及相关金融产品，并且对受疫情影响较大地区的产品提高注册发行效率。

2020年6月17日的国务院常务会议提出"推动金融系统全年向企业合理让利1.5万亿元"，保险业的盈利状况和员工福利虽不太突出，也积极做出贡献。①考虑到部分小微企业的现金流转存在困难，保险公司普遍采取了延长保险期限、扩展保险责任、推迟保费缴纳、简化理赔流程等措施。②信用保证保险业务的承保亏损较为严重，但是保险公司仍然继续开展该业务、积累经验，发挥对市场主体融资的增信作用。对此，保险公司不断补齐"算力"和"算法"的短板，并加强信用风险相关的"数据"建设，改进风控来判断风险的真实情况、发现事故苗头、降低承保损失。③推动机动车险"综合改革"，调整交强险责任限额、整合商业车险承保责任并且剔除大量免赔责任条款。基于"价格基本上只降不升，保障基本上只增不减，服务基本上只优不差"的原则，实现向实体经济的直接大幅让利。④对小微企业进行快速理赔。例如，中国出口信用保险公司建立"简易勘察、快速理赔"的小微企业标准化理赔服务机制，让小微企业可以在线提交索赔申请、提交相关索赔单证并实时查看理赔进度，提高理赔速度。

专栏2　阳光财险多措并举抗疫助复产

疫情发生后，阳光保险集团迅速明确了"全力支持国家的抗疫行动，千方百计保证客户服务，不惜代价保护员工安全"三大核心任务，充分发挥保险主业、综合医院、机构网络等企业优势，全力以赴抗击疫情。在集团统一安排部署下，阳光财险（即阳光财产保险股份有限公司）围绕保险保障本源发力，不仅为全国医务人员赠险，而且开发了适应疫情形势的新产品；不仅免费扩展保险责任，而且简化理赔流程，加快保险赔付。切实以高度的使命感多方位支持疫情防控与企业复工复产，最大限度地保障了客户利益和确保了客户与员工的安全。

疫情之下，中小微企业扎堆的服务业"受创"最重，复工复产复业难度最大。针对这一需求，阳光财险推出的中小微企业专属保险产品——升级版"老板安心"保险产品火速上线，针对疫情之下中小微企业雇员染疫风险，"老板安心"保险在原有保障基础上，升级扩展承保因感染新冠肺炎及法定传染病导致的身故责任，为每家企业提供每人赔偿限额 10 万元、累计赔偿限额 100 万元的新冠肺炎及法定传染病责任保险。产品覆盖餐饮、美发、娱乐、中介、健身、旅馆、商超、家政服务、教育培训、汽车美容、汽车修理、短期活动/赛事等 13 个不同行业，这些行业正是受疫情影响最重、恢复难度最大的领域。产品一上市，立即受到中小微企业主的关注，自疫情发生以来，"老板安心"保险在全国 31 个省区市累计承保 4634 家企业，提供风险保障超 112 亿元。

除了迅速上线"老板安心"保险之外，结合中小微企业需求和员工保险负担能力，阳光财险推出了高性价比的"团体关爱保员工保险计划"这一专项保险产品，在团体意外伤害保险保障的基础上扩展提供新冠肺炎身故及全残保障。针对企业因疫情管控导致产品损失以及须承担雇员隔离费用，推出了"公共卫生突发事件复工专属保险"。针对中小微企业资金链薄弱以及被迫停业、营业中断等问题，推出"复工保"，提供停业损失、营业中断损失的风险保障。

（四）保粮食能源安全

1. 保险业保粮食能源安全的机理

（1）粮食安全

民以食为天，保险业对粮食安全的保障主要体现于农业保险对粮食供给端的保障，即农业保险对农民粮食生产起到收入保障和产量促进的作用。一方面，当出现灾害减产导致农民减收时，保险就会赔付，从而激励农户加大农业生产投入；另一方面，农业保险能够引导农民优化生产结构，即通过对不同农作物实施不同的保费补贴标准，促使农户将更多的土地用于种植粮食类作物。2007～2019 年，农业保险保费收入从 51 亿元增加到 672 亿元，服务农户从不足 5000 万户次增加到将近 2 亿户次；2008 年以来，农业保险已累计向 3.6 亿户次农户支付农业赔款 2400 多亿元①。近十几年来，农业保险在很多领域已经做到了应保尽保，目前正在围绕提升保障程度和降低运营成本而改进运营、创新产品服务。

（2）能源安全

能源是工业的食粮，保险业对能源安全的保障主要体现于对能源生产运输企业的损失补偿，以及为能源生产运输企业参与国际市场竞争提供保障。在经济补偿方面，工程保险可为能源生产运输企业提供自然灾害或意外事故造成的工程本身的损失保障，通过转移风险损失来促进企业稳定发展；责任保险提供因工程施工导致第三者财产损失及人身伤亡的责任保障。工程保险是国际工程项目风险管理中不可或缺的一部分。例如，1945 年，国际咨询师联合会（Fédération Internationale Des Ingénieurs Conseils，FIDIC）将工程保险列为合同条件。中国能源生产企业要想发展海外业务，增加中国在国际能源市场的话语权，工程保险是不可或缺的一项风险管理工具。

2. 疫情下保险业保粮食能源安全的作用

（1）粮食安全

新冠肺炎疫情对我国粮食安全的影响不宜高估，2020 年夏粮产量创历史新高，不过，全年粮食生产的大头在秋粮，还要过洪涝灾害、夏伏旱、"寒露风"、早霜、病虫害等多个关口。2020 年，农业保险将对我国粮食安全发挥如下作用：①为粮食安全"兜底"，对粮食供应发挥稳定预期的作用；②为涉农贷款增信，形成共同的风险分散机制，促进涉农信贷资金发放；③助力新型生产主体，如为一些种养集团和新型农业经营主体量身打造专属的农业保险产品。由于疫情原因，保险展业、查勘、定损以及理赔都无法实地进行，保险科技加快赋能保险经营。例如，很多保险公司采用农险移

---

① 数据来自中央农村工作领导小组。

动承保理赔 App 或者微信小程序进行线上投保来支持农户。又如，保险业加速了人工智能在农业保险领域的应用，采用高科技手段有针对性地优化承保验标、出险查勘等服务流程，进一步提高了经营水平。

（2）能源安全

充足稳定的电力供应是国家能源安全的重要表现。保险业支持电力行业抗击疫情和复工复产。例如，国家电网集团下的英大长安保险经纪公司发挥了实体风险管理专家的作用。①该公司扩展和创新保险供给，保障电力稳定供应：向坚守湖北一线的电网员工捐赠新冠肺炎保险 7.81 万份，北京新发地新冠肺炎疫情反复后向在京电网相关企业赠送新冠肺炎保险 5.5 万份；及时推出电网供应商履约保证保险，缓解中小电力设备供应商现金流压力。②该公司强化服务支撑，提升电网运作效率：推动属地化服务全面落地，将服务力量下沉至地市级供电单位，提升服务效率；启动南方洪水灾害应急响应，事前向供电企业推送灾害预警以控制损失，事后及时参与定损理赔工作，完成重庆綦江、江西上饶等大范围暴雨事故协助索赔工作，支援受损电力设施重建；面向电力行业员工，推出免费在线问诊咨询服务、新冠肺炎居家筛查服务、免费赠险、取消保险赔付用药限制、增加垫付医疗费保障、开通理赔绿色通道等服务举措。

疫情对全球能源消费的影响较大，2020 年，各品种的全球能源消费量下降了 2% ~8%。作为国家能源安全的重要内容，国内石油公司大力推动油气增储上产，加大勘探开发力度和加强天然气产供储销体系建设。保险业积极对接能源企业，承保能源集团车辆、大型工程、企业财产等，为能源生产企业的财产损失风险提供保障，以工程保险承保国家重点能源建设项目。

（五）保产业链供应链稳定

1. 保险业保产业链供应链稳定的机理

（1）保险业保产业链供应链稳定的一般机理

保产业链供应链稳定既要保"链"上的主体，特别是核心关键企业，也要保"链"本身。①保险业可以为骨干企业的风险管理需要提供多种财产损失保险、多种责任保险、应收账款保险等，并围绕一些核心企业"一企一策"开展服务，助力企业复工复产。②在交通运输方面，保险业开展了货运运输保险、物流险、海上保险、航空保险等业务。在网络安全和信息化方面，网络安全事件会对网络和信息系统或者其中的数据造成危害，对社会造成负面影响，而网络安全保险则可以用于应对数据泄露、网络攻击和病毒感染等风险事件。

（2）保险业稳外贸的机理

促进商业和贸易发展是保险的功能之一，早在1964年，联合国贸易与发展会议就提出"健全的保险和再保险市场是经济增长的一个基本特征"。稳外贸是保产业链供应链稳定的重要工作，2020年保险业在此领域的作用得到了中央政府的多次关注。3月的国务院常务会议提出，支持商业保险公司开展短期出口信用保险业务并降低费率。5月的政府工作报告提出"扩大出口信用保险覆盖面"。8月的《国务院办公厅关于进一步做好稳外贸稳外资工作的意见》要求：积极保障出运前订单被取消的风险，根据外贸企业申请，可合理变更短期险支付期限或延长付款宽限期、报损期限等；支持有条件的地方复制或扩大"信保＋担保"的融资模式。

2. 疫情下保险业保产业链供应链稳定的作用

保产业链供应链稳定是保险业的一项优先工作。①保险业支持产业链供应链上的核心企业复工复产。多家保险公司开发推广了多种符合保险原理的复工复产保障险，多个地区也推出了支持计划。例如，在山东省复工复产政策性保险中，保险责任涵盖企业的财产损失、因疫情停业导致营业中断的营业损失以及雇员工资支出，财政补贴比例为50%，企业仅需缴纳1000元，即可获得20万元全方位的保险保障。保险业通过保证保险让核心企业减少对上下游企业的资金占用，帮助上下游企业尤其是中小微企业解决流动资金紧张等问题。②2020年上半年，全国货物运输量明显减少，而货运险的保费收入为72.84亿元，实现同比增长5.52%，承保覆盖面明显扩大。为保障生产生活资料的运输，对于因疫情而无法缴纳保费的车险，保险业普遍推行了允许延迟缴纳保费、减免疫情期间的保费等措施。③疫情对航空运输活动的打击很大。作为服务国内运输航空、机场、空管系统等企事业单位的保险专家，航联保险经纪公司春节期间即设立了24小时服务热线，主动提示并及时联系各家承保公司进行报备，迅速完成了24家参与抗疫作业的航空企业及6家警航单位的投保工作，累计为抗疫企业员工提供身故或确诊赔偿金保险保障超2亿元，从而维护了抗疫作业时航空器及运输救援物资的安全。1月召开的中央政法工作会议提出，2020年要把防控新型网络安全风险摆在突出位置来抓。保险业加快供给各类网络安全保险，以建设网络风险管理综合服务体系。

世界贸易组织预测，2020年全球贸易或缩水13%～32%，贸易下滑的幅度可能超过金融危机期间，中美贸易摩擦升级，让稳外贸成为保产业链供应链稳定中的一项关键挑战。①出口信用保险加大了对外贸企业的风险保障支持。2020年上半年，中国出口信用保险公司累计服务小微企业客户96861家，同比增长27.7%；承保保额431.6亿美元，同比增长31.0%；赔款金额5961万美元，同比增长38.5%。在疫情期间，中国出口信用保险公司在承保、理赔、线上服务、简化操作等方面推出了多项措施。②利用出口信用保单支持小微企业获得融资。中国出口信用保险公司与商业银行加强在小微企业保单融资方面的合作，推出了依托中国国际贸易"单一窗口"的小微企业专属保单融资的纯信用快贷业务。③缓释关税税负带来的流动性压力。出口企业向海关缴纳保证金会占用企业资金，一般超过进口额的10%，占用周期一般为3～6个月，而开具关税保函需挤占银行授信额度，支付服务（手续）费、担保费。保险公司积极开展关税履约保证保险，让外贸企业仅支付相当于进口额3‰的保险费，便实现了先通关后缴税，缩短通关时间，避免箱使费、场站杂费等额外费用。

专栏3　中国建设银行、中国信保合作推出小微出口企业"信保贷"

2019年9月，中国建设银行联合国家口岸管理办公室和中国出口信用保险公司在北京召开发布会，宣布在中国国际贸易"单一窗口"推出"跨境快贷——信保贷"线上普惠金融服务。"信保贷"业务使用中国国际贸易"单一窗口"、中国出口信用保险公司等内外部数据对小微出口企业及企业主的资信进行大数据分析后为其核定信用额度，通过"单一窗口"线上调取贸易背景及保单数据，为投保短期出口信用保险的客户提供全流程线上化的出口信用保险融资服务。

针对小规模贸易企业抵押物相对缺乏，用电、纳税等数据体量较小的特点，该产品对企业出口信用保单、历史外贸数据、企业及企业主资信情况进行综合建模并测算信用额度，具有纯信用、保收汇、全线上、审批快、利率低、额度高等特点，目前最高额度200万元，单笔支用最长期限120天。

疫情发生以来，面对外贸企业出口受阻、现金流紧张的困境，中国建设银行和中国出口信用保险公司联合发布《关于做好疫情期间保单融资工作的通知》，共同实现保单融资支持功能。"信保贷"作为服务小微出口企业的融资产品，在疫情背景下继续发挥为小微企业输血输氧的作用。

截至2020年3月末，"信保贷"已在中国出口信用保险公司22家分公司实际开展了业务，累计授信企业227家，授信金额1.37亿元。

（六）保基层运转

1. 保险业保基层运转的机理

保障基层运转的范围很宽，保险业在这方面有如下比较突出的机制。①保险业对基层组织和服务人员的保障，例如针对社区、医疗机构、商业场所等的责任保险，又如对基层服务人员的传染病和意外伤害风险的保险。②中国有巨量的家庭财产风险敞口。疫情让居民较长时间隔离在家，而家居保险为家庭财产因火灾、爆炸等原因遭受的损失提供赔偿。③健康险基础上的"管理式"医疗服务，通过综合运用云技术、大数据、人工智能等技术手段，能够推动优质医疗资源下沉，助力居民缓解看病难问题。④基层运转具有公共服务属性，是财政支出的重要领域，是公共财政优先保障的内容之一。保险资金具有长期、量大、成本较低的性质，能够通过对财政融资的支持间接保障基层运转。

2.疫情下保险业保基层运转的作用

保险业在保基层运转上发挥了如下作用。①疫情发生以来，保险业重点向在全国各地抗击疫情一线的医护人员及其家属、新闻工作者、警察等公职人员、社区工作者、志愿者、电力和物流等保障生活正常运行行业的员工等，赠送保险保障产品。早在2020年1月下旬，一家著名的本地生活服务商联合保险业为骑手100%投保了专业保险，保障骑手可能遇到的意外等风险，并且为骑手定制了"关爱险"，覆盖重大疾病、因意外导致的身故、残疾等。②保险业积极承保因感染新冠肺炎或其他意外事故导致的身故、伤残和医疗费。保险公司纷纷在意外险中增添了新冠肺炎责任，如某些旅行意外险，附赠了较高额度的新冠肺炎保障金，使得被保险人可以安心出行。③2019年我国家庭财险保费收入不足百亿元，仅占财产险行业保费的1%，与发达国家差距较大。2020年以来，中国平安、华安保险等财产保险公司推广了家庭财产保险产品，覆盖家庭房屋损失、银行卡盗刷、交通意外、室内财产、房屋装修、出租人责任等多种风险。一些领先的保险公司正在针对用户需求，推出更多个性化定制的家庭财产保险产品以及人情化服务，更好地满足家庭财产保障需求。④疫情暴发后，基于避免病毒传染扩散、节省医疗资源等原因，公众对互联网医疗的需求明显上升。一些保险机构利用健康科技资源、医疗专家团队，为群众提供在线问诊服务，由专业医生团队轮流在线解答疑问，提供"一对一"在线问诊，避免病情延误。⑤疫情下，基层财政的运转压力进一步增大，保险机构加大了对政府债券的购买力度。第二季度末，保险机构持有的国债规模为25806亿元，国债投资在保险资金运用总额中的占比为12.82%，虽然国债投资的收益率并不突出，但这一占比较年初提高了1.66个百分点。①

---

① 数据来自银保监会。

三　保险业自身的运行与稳定

由于疫情存在恶化风险、导致保单风险敞口过大等原因，国外保险业对新冠肺炎普遍持有消极态度，相反，中国保险业则一直在积极应对。对此，保险业首先要实现自身的复工复产、有效运行和风险防控。

（一）保险业自身的复工复产

疫情期间，虽然保险机构的线下展业、客户维护、理赔等活动的难度加大，甚至不得不取消了晨会、夕会等，但是保险机构全员关注、全员参与，复工复产。①建立疫情报告机制，严格值班值守，妥善快速处理各类事故，保障各类保险业务稳定运行。例如，中国人寿等公司推出了覆盖新冠肺炎的员工福利保险套餐，提升企业和员工应对新冠肺炎和意外风险的保障能力，促进企业有条不紊地复工复产。②运用信息技术，加快线上线下融合发展。保险公司更新系统、平台等信息技术工具，提升保险业务可获得性和服务便利性，探索无接触式核保核赔。例如，多地保险公司运用互联网技术与村民进行农险业务上的沟通，在合法合规的条件下简化投保缴费流程。与此同时，保险业加强网络安全和运营连续性建设。例如，6月，中华联合保险与阿里云在全新保险核心系统建设等领域展开深度合作，合作金额近7亿元；中国人保在云建设项目上招标，腾讯云中标金额近10.66亿元；二者先后刷新中国金融云领域订单纪录。

2020年第二季度保险业务已经整体恢复。财产险保费收入为2962亿元，同比增长10.38%，增幅高于2019年第二季度7.26%的增幅，第二季度的增长部分是缘于第一季度业务的延后投保。寿险保费收入为10798亿元，同比增长15.80%，与2019年第二季度的增幅接近。健康险保费收入为2878亿元，同比仅增长4.27%，明显低于过去几年中各季度的增幅，这很大程度上是由于，新冠肺炎疫情暴发促进了居民的风险意识和健康险需求，一定程度上将原本属于第二季度的业务提前实现了。意外伤害险保费收入为306亿元，同比下降26.56%，不过，这主要是由于，一些意外伤害险所在的新经济场景（如 P2P 贷款）萎缩了，以及监管部门不断加强了对费率和销售的整治。进一步结合上市保险公司 7 月和 8 月的数据，承保业务基本克服了疫情的影响，开始步入常态。

（二）提供负责任的和保障型产品

中国保险业更加主动地提供负责任的保险产品，以保护消费者权益和服务实体经济。负责任的保险供给是一个过程，而非一个阶段性目标，构建负责任的保险价值链可以为客户和供给者带来长期利益。①合适性，即立足被保险人的实际需求，提供密切相关的、平价的保障及相关服务。②可及性，即让消费者易于获得、理解和使用，提升产品的便宜性。③透明性，杜绝产品设计、营销和各经营环节上的欺骗和误导，尽力清楚并全面地传递真实信息。④公平性，符合平等和正义的原则，做到风险承担与费率上的对等，相对提升弱势群体（如残疾人、退休待遇不足的老年人）的利益。⑤反应性，即对客户要求、投诉和抱怨做出迅速反应，并专注于解决问题。⑥尊重性，即关注并关心客户的隐私、权利、文化等内容。

保险业积极发挥风险保障功能，保障属性进一步增强。①前两个季度，保险业的保险金额为 4055.95 万亿元，同比增长 27.03%。其中：产险公司的保险金额为 3273.13 万亿元，同比增长 26.49%；人身险公司的保险金额为 782.83 万亿元，同比增长 29.32%。保险金额的增速明显高于保费收入的增幅，能粗略地反映出保险业最大限度地提供了风险保障。②在寿险业务结构中，前两个季度，保障性最强的普通寿险业务的保费收入为 7966.58 亿元，同比增长 22.28%，而分红寿险、万能寿险和投资连结寿险的保费收入的同比增速分别为下降 10.14%、增长 0.58% 和下降 4.51%。③万能保险的规模保费收入主要计入"保户投资款"，投资连结保险的规模保费收入主要计入"独立账户资产（及负债）"，前两个季度，人身险公司未计入合同核算的保户投资款和独立账户本年新增缴费 4521.25 亿元，同比下降 24.68%。①

---

① 数据来自银保监会。

（三）立足国内大循环、促进"双循环"

中国保险业的区域差距明显，双向对外开放还有较大空间，这也是保险业普惠金融的大背景。①中国不同地区的保险供给水平差异很大，中资公司应基于经济增长和保险发展的规律，加大布局开发西部内陆地区的市场。而考虑到外资公司的进入事实上扩大了中国保险业的地区差距，所以更应当鼓励外资公司在落后地区开始分支机构。②在一些政策性较强的保险业务承保、保险资金运用上，不断打破旧有市场机制、降低地域保护倾向，给所有中资以及外资保险公司更平等的市场拓展环境。③保险经营包括产品开发、销售、承保、分保、保费收取、理赔、客户投诉处理、投资、信息披露等环节，保险业通过市场化改革，利用科技赋能，丰富和扩展保险生态，更好地服务保险消费者。④疫情并没有打击外资进入中国保险市场的热情，外资公司的原保险保费收入的市场份额在 2019 年 12 月和 2020 年 5 月两次突破 10%，这也丰富了中国保险市场的供给。

（四）保险业自身的风险防控

2020 年是"三大攻坚战"的收官之年，而在抗击疫情和促进普惠金融的过程中，保险业承担了更多和更复杂的风险，而这些风险整体上得到了有效防控。①突发性传染病风险与巨灾风险有相似之处，由于缺少精算定价基础，无法确切了解所承保产品的风险，可能为保险公司埋下巨大风险隐患。对此，保险业通过限定保障时间、保险金额等内容，运行再保险和资本市场风险分散机制来缓释风险。②疫情导致全球资本市场动荡，利率进一步下行，保险业面临更大的资产负债错配和利差损的压力。保险业加强"回归保障"，优化保险业务结构，降低负债成本，从长期发展的视角进行资产配置。及时发现和应对潜在风险，例如，8 月，万能险结算利率高的一些人身险公司的相关负责人被监管部门约谈。③在加强运用数字技术的背景下，保险业加强了网络安全和运营连续管理。《互联网保险业务监管办法》的征求意见稿提出，保险机构应对互联网保险的业务中断事件，制订应急处置预案，以及对提供技术支持和客户服务的合作机构加强合规管理，确保服务质量、信息安全和系统安全，其相关信息系统至少应获得国家网络安全等级保护二级认证。

第四章
非银行机构的普惠金融实践

王雅俊　官　尧*

金融活，经济活。多层次的金融供给体系不仅是深化金融供给侧结构性改革的工作重点，而且是促进实体经济内循环、实现"六保""六稳"的必要基础。中央及金融监管部门多次提出，要以金融体系结构调整优化为重点，优化融资结构和金融机构体系、市场体系、产品体系，为实体经济发展提供更高质量、更有效率的金融服务。坚持以市场需求为导向，积极开发个性化、差异化、定制化金融产品。

2020年是我国《推进普惠金融发展规划（2016～2020年）》的收官之年。在政府多点施策和各机构大力推进下，我国普惠金融领域在近年取得显著成就：顶层设计逐步完善，市场化机制日臻成熟，金融基础设施和金融科技高速发展，并初步形成多元化、分层次、广覆盖的普惠金融供给体系，银行业机构、非银行机构和各类市场主体优势互补、差异竞争。大型银行主要服务于头部小微经济体，中小银行和非银行机构覆盖广大抵押物不足、收入不稳定的中长尾人群。以消费金融公司、小额贷款公司等为代表的非银行金融机构融资效率高、门槛低，有效提升长尾端人群的融资可得性，满足他们应急型、补充型资金需求；而保险公司、融资担保公司等增信机构则发挥融资增信功能，补齐中长尾人群抵押物不足的短板，显著缓解融资难问题，提升融资效率。

多元主体的参与，激发了市场活力，加速了新旧动能转换和科技创新，支持普惠金融领域贷款规模持续平稳增长。2020年第二季度末，普惠金融

---

* 王雅俊，平安普惠金融研究院高级研究员；官尧，平安普惠金融研究院研究员。

领域贷款余额 19.72 万亿元，同比增长 20.7%，增速比上个季度末高 3.0 个百分点；普惠小微贷款余额 13.55 万亿元，同比增长 26.5%，增速比上个季度末高 2.9 个百分点；住户经营性贷款余额 12.56 万亿元，同比增长 15.9%，增速比上个季度末高 2.9 个百分点，其中农户生产经营性贷款余额 5.80 万亿元，同比增长 9.6%，增速比上个季度末高 2.7 个百分点。

一 融资担保行业

自 2017 年 10 月《融资担保公司监督管理条例》实施以来，融资担保行业进入规范性、稳健性持续增强，普惠性定位日益明确的发展阶段。部分合规性不足、盈利能力弱的机构陆续退出，2018 年末全国融资担保机构 6053 家，较 2011 年 8000 余家的峰值大幅收缩，到 2019 年末又进一步减至 5562 家。同时，商业性融资担保机构中也涌现出一批业务实力强、在服务小微方面独具优势的中坚力量，比如重庆瀚华担保、黑龙江均信担保等；另外，以国家融资担保基金为中心的政策性融资担保体系和农业融资担保体系也逐渐发展壮大，支持行业规模保持稳定，供给总量未因行业出清受到显著影响，2019 年末融资担保行业在保余额达 2.7 万亿元。

我国融资担保机构包括政府性融资担保与商业性融资担保两类主体。二者基于业务属性和能力的不同，采取差异化的业务模式，逐步形成优势互补的供给结构，覆盖小微、"三农"等普惠金融重点人群的多样化融资增信需求。在部分地区的普惠金融创新试点中，两类机构通过合作丰富风险分担机制，形成互相赋能、互利共赢的新格局，为进一步缓解中长尾群体融资难、融资贵问题探索新路径。

（一）政府性融资担保机构的发展情况

政府性融资担保机构具有明显的公共属性，是国家落实普惠金融政策的重要抓手，通过发挥财政资金"四两拨千斤"的"放大器"作用，有效撬动并引导银行信贷流向小微企业、"三农"、创业创新企业、战略性新兴产业等普惠群体，实现融资供给面的扩大及供给结构的改善。

在政策指导下，政府性融资担保机构在客群定位、经营方式等方面体现了鲜明的普惠性和准公益性，同时通过财政支持、模式创新等方式实现商业可持续的基本要求。

第一，聚焦普惠人群，降低融资成本。2019 年 1 月，国务院办公厅在《关于有效发挥政府性融资担保基金作用切实支持小微企业和"三农"发展的指导意见》中明确要求，政府性融资担保在客群层面要聚焦支小支农主业，优先为信用记录或有效抵质押品不足但产品有市场、项目有前景、技术有竞争力的小微企业和"三农"主体融资提供担保增信，同时要求支小支农担保业务占比应达到 80% 以上，有效扩大普惠融资覆盖面；在经营层面，应坚持保本微利运行，通过降费让利、规范收费，切实降低小微和"三农"的融资成本。

新冠肺炎疫情以来，政府性融资担保在扩大小微、"三农"融资供给，落实"六保"任务方面展现了明显的体制机制优势。2020 年 8 月，银保监会等七部门联合下发《关于做好政府性融资担保机构监管工作的通知》（以下简称《通知》），对疫情冲击下进一步发挥政府性融资担保的社会价值做出部署。

一方面，融资担保机构自身要继续扩大服务范围、降低服务门槛，提高小微、"三农"的在保余额及其占比。面对内外部环境不确定加大的经济形势，融资担保机构要在服务对象上增强针对性，围绕战略性新兴产业集群，扩大对高成长性、知识密集型企业的融资担保规模，对暂时遇到资金困难的商贸流通、居民生活服务、外贸企业加大担保支持力度，积极为产业链供应链中的核心企业及上下游企业提供担保服务。

另一方面，为督促融资担保机构积极落实政策规定，《通知》也要求各地监管部门同步加强监管指导，统筹运用现场检查、非现场监管等手段对支小支农业务规模、担保费率等关键指标加强监控分析，对偏离支小支农定位、违规收费、拒绝履约等情况及时通报批评、敦促纠正。此外，商业银行与政府性融资担保机构的合作情况，也被作为单独考核指标纳入商业银行小微企业金融服务监管评价体系，以提升合作银行的业务积极性。

第二，加强财政支持，创新业务模式。为实现政府性融资担保机构持续提供普惠金融服务，政策从强化财政激励和鼓励模式创新两方面重点给予引导支持，加强融资担保机构的长期稳定经营能力，推动建立"能担、愿担、敢担"的长效机制。

财政激励主要包括三种方式。一是财政奖补，即有条件的地方可对担保业务给予担保费补贴，提升融资担保机构可持续经营能力。二是资本补充，其中，中央财政根据国家融资担保基金的经营情况适时对其进行资金补充，地方政府和合作银行也可根据当地融资担保机构的业务拓展情况，对其进行注资、捐资。三是风险补偿，由财政对支小支农担保业务占比较高，在保余额、户数增长较快，代偿率控制在合理区间的融资担保、再担保机构，给予一定比例的代偿补偿。

模式创新主要是在现有的"银担合作"基础上，在风险分担机制、业务流程和效率、绩效考核等方面，进一步探索适应各地特点、具备商业可持续性的合作新模式。例如，《通知》中提到，银行机构与政府性融资担保机构可探索开展并行审批模式，建立全流程限时制度，压减贷款审批时间，提高贷款发放效率。模式创新也包括产品创新，《通知》要求政府性融资担保机构积极运用大数据等现代信息技术手段，开发适合"首贷户"、知识产权质押融资、应收账款融资、中长期研发融资等的担保产品。

专栏1　国家融资担保基金"批量担保"模式

2020年4月，国家融资担保基金在总结国内各类银担合作经验的基础上，推出《银担"总对总"批量担保业务合作方案》。"批量担保"模式旨在充分发挥银行优势，简化担保流程，实现贷款、担保服务快速匹配，风险共担，有效扩大银担合作业务规模。

客群层面，"批量担保"的普惠金融定位明确，主要面向小微企业、"三农"、创业创新市场主体、战略性新兴产业企业等普惠对象，同时规定支小支农担保贷款金额占全部担保贷款金额的比例不得低于80%，且单户或单笔500万元及以下担保贷款金额占比不得低于50%。

该模式的主要创新在于建立了"一次审批、批量担保"的流程体系，针对符合条件的贷款业务，由银行按照规定的业务条件对担保贷款项目进行风险识别、评估和审批；政府性融资担保机构对担保贷款项目进行合规性审核确认，不再做重复性尽职调查，大大简化了申请流程。

风险分担比例方面，银担双方整体为"二八分担"模式，即银行和政府性融资担保体系分别承担担保贷款本息20%、80%的风险责任。在政府性融资担保体系内部，由国家融资担保基金与地方融资担保再担保机构按30%、50%的比例分担风险责任，其中省级再担保机构分担风险比例不低于贷款本息的20%。担保代偿率上限设为3%。

截至2020年8月，国家融资担保基金已经与工商银行、农业银行等12家全国性银行签订"银担批量"担保业务合同，业务已经在湖南、福建、天津、宁夏等19个省（区、市）实现落地。

（二）商业性融资担保机构的发展情况

商业性融资担保机构由民营资本参与设立，业务模式和运营机制更具灵活性，在金融科技创新和应用方面更具主观能动性。针对商业性融资担保机构，金融监管部门在划定合规边界的基础上，通过差异性监管，引导并激励商业性融资担保机构在市场机制下主动提高服务小微、"三农"的积极性，扩大对中长尾人群的服务覆盖面。

银保监会等七部委在2018年4月下发的《融资担保公司监督管理条例》四项配套制度中，对小微和"三农"担保的业务权重、杠杆要求等方面均给予更高的宽容度，其中对于单户在保余额500万元以下的小微企业和农户，担保业务权重设为75%；小微、农户融资担保业务在保余额占比50%以上且户数占比80%以上，融资担保杠杆可由10倍放宽至15倍。

在突出融资担保行业普惠定位的同时，金融监管部门还针对性提高了行业规范性和风险控制的要求，一方面完善融资担保机构的内控能力和风控体系建设，另一方面加大对违规经营的监督惩治力度，防止在扩大普惠担保供给的过程中积聚系统性风险。

对于政府性融资担保机构，政策重点在于加强能力建设，提升风控水平，以实现稳健可持续的经营。2020年5月财政部下发《政府性融资担保、再担保机构绩效评价指引》，在风险控制评分体系内纳入担保代偿率、拨备覆盖率等核心指标，整体得分情况将作为财政资金支持和国家融资担保基金优先开展业务合作的重要参考依据，以此约束政府性融资担保机构合理评估业务规模和业务质量。

对于商业性融资担保机构，监管主要通过加强牌照管理，清退无牌违规经营机构来实现市场秩序的规范。银保监会等于2019年10月下发《融资担保公司监督管理补充规定》，强调从严规范融资担保业务牌照管理，取缔无融资担保业务经营许可证但实际上经营融资担保业务的机构，包括为贷款机构提供客户推荐、信用评估服务的机构等。

（三）融资担保行业的业务创新

1. 担保合作模式的创新延展

2014年底，安徽省信用担保集团创新推出"4321"新型政银担合作模式，改变由融资担保公司承担全额代偿风险、政府补贴融资担保公司的传统模式，由市县融资担保公司、安徽省信用担保集团、银行、地方政府，按4∶3∶2∶1的比例共担风险责任。"4321"模式将传统的银担合作扩展为政银担三方合作，通过对担保体系的重构，增强了整个体系的风险分散能力，有助于提高银行的贷款积极性，推动融资成本持续降低。

2019年以来，随着政府性融资担保机构的规模不断扩大，"4321"模式先后在湖北、湖南、贵州、陕西等省份落地推广。以湖北为例，该省于2018年底落地首单"4321"模式贷款，至2019年6月已有34个市县区、19家银行、34家担保公司与湖北省融资再担保集团签署了合作协议，参与银行数量全国领先，荆州、咸宁等 9 个市州有实质性"4321"贷款落地，累计放款 192 笔、7.06 亿元。

广西首创"4222"银担合作模式。2019 年 6 月，广西壮族自治区政府办公厅发布《关于进一步加快广西融资担保行业发展的若干措施》，提出优化政府性融资担保业务模式，将符合国家融资担保基金支持条件的"4321"业务，调整为"4222"模式，即小微企业融资担保机构分担 40%、广西再担保有限公司分担 20%、合作金融机构分担 20%、国家融资担保基金分担 20%。地方财政原应承担的 10% 风险分担资金改为业务奖补，进一步丰富完善了小微融资担保的风险分担体制。

通过"4321""4222"模式的并行推广，广西政府性融资担保业务有效实现了"量增价降"。广西再担保有限公司公布的数据显示，截至 2020 年 7 月末，全区比例再担保在保余额为 194.63 亿元，较 2019 年末增长 76.82%。全区政府性融资担保体系代偿率为 0.79%，远低于监管要求的 5%，平均费率约为 0.8%，较上年同期下降 39%。

2020 年疫情发生以来，湘潭企业融资担保有限公司（简称"湘潭担保"）先后与交通银行、农业银行、邮储银行、中国银行等主要合作机构建立了新型业务合作关系，推出"二八分担"、免保证金等优惠政策。"二八分担"改变了以往银行与融资担保机构的"一九分担"模式，提高了银行的风险承担比例，是最终建立"4321"模式的中间阶段。相比于一步到位完成"4321"体系建设，"二八分担"体现了适应本地发展现状的灵活性，免保证金等配套措施有助于进一步压降小微企业融资成本。

哈尔滨均信融资担保股份有限公司（简称"均信担保"）与东北中小企业信用再担保股份有限公司开展"打包增信再担保"合作，属于再担保授信项下的批量化再担保业务，由担保公司、再担保公司、银行签订三方协议，由再担保公司对担保公司在银行的在保项目整体"打包增信"，提高担保效率。双方于 2009 年首次合作，截至 2018 年末累计完成"打包增信"24 次，内含担保项目 5962 笔，总打包金额 28.58 亿元，笔均担保金额 47.9 万元。

2020 年 7 月，瀚华担保股份有限公司陕西分公司（简称"瀚华担保"）与西安阎良国家航空高技术产业基地管理委员会（简称"西安航空基地管委会"）、西安银行签署三方合作协议，建立面向辖内航空小微企业的"政银担"合作机制。在该模式下，对西安航空基地管委会推荐、经瀚华担保和西安银行确认，符合准入和风控要求的小微企业，由瀚华担保和西安银行提供纯信用担保贷款，西安航空基地管委会提供一定比例的保费补贴和风险补偿，以纾解基地内小微企业融资难题。

2. 各地探索"担保＋"创新业务

在全面扩大小微、"三农"服务覆盖面的基础上，各地还通过不同方式探索针对性更强、效率更高的融资担保业务新模式。

一是由供应链融资衍生的"供应链＋担保"模式。传统供应链融资由核心企业为上下游企业提供担保，"供应链＋担保"则由担保公司为上下游的中小微企业提供融资担保，并以核心企业的应收账款作为质押反担保。

北京中关村科技融资担保有限公司（简称"中关村科技担保"）即采用该模式，为科技型中小微企业提供融资担保支持。科技型企业多为"轻资产"经营，形成的知识产权等无形资产缺乏流动性且难以估值，无法满足银行等金融机构对合格抵押品的要求。中关村科技担保根据科技行业供应链的具体风险特征，通过核心企业掌握其上下游中小微企业的资金流、物流和信息流，降低信息不对称，通过为供应链上企业提供融资担保，解决企业的融资难题。通过这一模式，中关村科技担保已与爱奇艺、字节跳动等核心企业合作，帮助其上游供应商或下游分销商获得银行融资。

二是基于数据共享的"大数据＋担保"模式。2020 年 3 月，上海市大数据中心、上海中小微企业政策性融资担保基金管理中心与当地 15 家银行开展合作，共同发布"大数据普惠金融担保合作方案"，通过"大数据＋担保"模式，为上线市大数据普惠金融应用的银行提供政策性融资担保增信。在该模式中，银行在企业授权后，通过市大数据中心的大数据普惠金融应用获取公共数据，经过运用金融科技手段综合评价后形成拟授信客户名单，再由市担保基金对名单中客户予以担保，支持银行加大信贷投放，特别是重点支持前期经营正常而受疫情影响遇到暂时困难的中小微企业。再结合降低担保费率、创新"无还本续贷"融资担保产品等配套措施，有效满足了相关企业的融资需求。

三是对科创企业定向输出的担保支持。同样是针对科技企业融资痛点，粤财普惠金融（惠州）融资担保股份有限公司通过对接惠州首个国家级科技企业孵化器"仲恺科技园"，并联合兴业银行惠州分行，创新推出"孵化器＋银行＋担保"融资模式，为园区内 200 余家在孵小微企业提供融资服务。该模式中，园区运营方投入原始资金，担保方进行聚集放大，批量撬动银行资金，为有技术、有订单、有前景的在孵小微企业提供融资支持。

专栏 2　平安普惠零售担保模式

平安普惠融资担保有限公司（以下简称"平安普惠"）是平安集团联营公司旗下企业，是一家聚焦小微企业主、个体工商户和自营就业者等小微群体融资需求的担保企业。在逾 15 年的小微融资业务经营中，该机构从小微人群的需求和信用特点出发，发展出与传统金融机构对公模式差异化的获客、服务和风控能力，以独特的"零售担保"模式服务中长尾小微经营人群，并整合在数据、场景、风险分担等方面具有优势能力的市场主体，通过资源共享、科技赋能、差异化优势协同，化解小微信贷获客难、服务难、风控难、商业可持续性弱等行业痛点。

平安普惠围绕小微群体的经营场景和生活场景，挖掘平台交易、支付、财税、金融等与信贷行为强相关的数据，形成多维数据深度交互的风险量化模型，对小微人群进行全方位的风险扫描。

通过多场景触达、多数据融合、多增信机制协同，平安普惠搭建起金融机构和小微群体之间的通道，助力信贷资源定向施力。平安普惠与银行、信托、小贷等多元资金方合作，根据借款人资质和需求、资金方的资产偏好进行智能匹配。一方面，向银行输出小额、分散的小微群体信贷资产，有效促进银行低成本资金的精准投放；另一方面，多元、灵活的资金供给能够高效支持不同资质人群的资金需求，降低资金面波动对小微企业主、个体工商户等人群资金服务获取的影响，为他们引入持续、稳定的金融"活水"。

截至2020年6月，平安普惠累计为超过1300万以小微经营者为主的普惠金融人群提供了借款服务，服务覆盖全国300多个城市，三线及以下城市渗透率达90%。在2019年的新增业务中，约70%的小微经营者（包括小微企业主、个体工商户以及自雇经营者）在通过平安普惠获得贷款服务之前，从未在银行获得过经营性贷款。

二　消费金融公司

自2010年3月国内第一家消费金融公司——北银消费金融公司成立以来，消费金融行业已经走过了十年历程。截至2020年6月末，消费金融公司已发展到26家，资产规模达4861.5亿元，服务客户数近1.4亿人。

2017年，多家消费金融公司规模增长大幅提速，包括捷信、招联、马上等头部企业的规模增速达30%～50%不等。业务拓展需求和市场新兴的双重驱动下，消费金融公司迎来一波增资潮，2018年和2019年分别各有10余家公司完成增资。

2020年，外部环境波动叠加新冠肺炎疫情冲击，居民消费意愿受到影响，消费金融规模增长遇到拐点，资产质量承压。多家消费金融公司ABS存续资产的逾期率在3月、4月均出现上扬现象。受此影响，全行业加大资产的管理与处置力度，主动增加拨备计提，积极化解风险。截至2020年6月，已有近半数的机构将资产划入不良的标准从逾期90天调整至60天，行业平均拨备覆盖率提升。

市场环境的变化和金融科技的逆势发展，推动全行业谋求业务模式升级和转型。2020年4月，捷信消费金融率先发布"2020～2023战略"，布局数字化业务升级。同时，不少科技企业以入股或新设的方式入局消费金融行业。例如，新浪微博入股包银消费金融、百度和玖富通过旗下金融科技公司分别入股哈银消费金融和湖北消费金融；中国平安集团、小米集团旗下的消费金融公司先后在2020年开业；蚂蚁集团、光大集团、建设银行等纷纷启动消费金融公司的筹建工作。

十年间，各家消费金融公司因股东背景、业务基因差异，业务模式呈现多元化发展，大致可归为四类：线下直营模式、线下代理模式、线上场景模式，以及综合生态模式。

（一）线下直营模式

这种模式出现在消费金融行业发展的早期。在消费金融行业起步的2010年，智能手机刚刚开始普及，移动电商、移动金融尚未发力，线下消费市场是消费金融公司的必争之地，从业机构与苏宁、国美等线下零售商家签署合作协议，在商家现场大量派驻办公人员，设立贷款服务点（Point-of-Sales），为有贷款需求的消费者提供分期付款服务。客户在商户购物时，只需现场提交申请即可获得贷款，用于商品购买支付。这种模式初期主要瞄准3C、家电、摩托车等刚需市场，后期逐渐拓展到教育、医美等其他消费场景。在为客户提供场景分期服务之后，通过客户积累、筛选，消费金融公司可以为他们提供大额现金贷，提高单客授信。

其中，捷信消费金融最为典型。捷信是首批四家拿到牌照的消费金融公司之一，受益于捷信集团在全球长期从事线下消费金融业务的模式与经验，捷信凭借先发优势，迅速以"驻店模式"占领了消费金融领域尚处于空白的中国市场。2018年，捷信消费金融营收185亿元，同比增长37%；贷款余额为898亿元，净利润为14亿元，成为国内资产规模和营收规模均居首位的消费金融公司。

随着消费金融公司的不断新增设立、贷款点的深耕细作，线下市场日趋成熟，在2016年之后逐渐进入饱和阶段，线下直营模式高投入、重资产经营的劣势逐渐显现。另外，移动互联网快速发展，线上消费场景异军突起，成为消费金融行业的新风口。为应对行业变革，捷信逐渐收缩其线下布局，贷款点由 2017 年的 23.7 万个缩减至 2020 年的 21 万个，全职雇员由 8.7 万人削减至 3.1 万人；2020 年更是发布了"2020～2023 战略"，打造"线上 + 线下"深度融合的创新型消费模式，启动向科技驱动型消费金融企业的转型道路。

（二）线下代理模式

与直营模式不同的是，线下代理模式主要采取发展区域性渠道代理的方式进行线下市场拓展。渠道布局一般采取"自建区域中心 + 渠道商"的模式，渠道商由地方性的贷款专营代理、汽车 4S 店、房地产销售公司、家电零售商等具备 C 端触达能力的贷款中介机构组成，负责向消费金融公司推荐客户，并做一定程度的初筛，由消费金融公司进行最终风控决策、授信和放款。

线下代理模式可以在短时间内快速打开市场，并且省去网点建设、业务员人力等运营成本等，减少企业投资风险。在此模式下，银行系消费金融公司往往还可以充分发挥与股东渠道资源的协同效应，因此这种模式获得了包括中银、湖北、兴业等多数银行系消费金融公司的青睐。以中银消费金融为例，依托中国银行的丰富渠道资源，中银消费金融实现快速成长，2017 年营业收入 40.1 亿元，净利润 13.8 亿元，业绩表现突出。

渠道代理模式仍然存在瓶颈，行业普遍采用的"保证金模式"，相当于将部分风险转移给渠道商，并不利于行业风险管理和消费金融公司自我风控能力的建设。在业务风险逐渐暴露的情况下，消费金融公司纷纷收紧线下代理渠道的贷款申请，调整业务模式。

（三）线上场景模式

线上消费金融市场依托互联网消费场景和移动支付场景，在 2015 年之后呈现井喷之势。采用这种模式的消费金融公司主要分为两种：一是由线下转型而来，以马上消费金融为例；二是依托股东资源发展线上业务，以招联消费金融为例。从获客渠道来看，又可以分为合作场景、自营场景两种。

马上消费金融于 2015 年成立，初期战略与捷信消费金融类似，瞄准线下小额市场,长期耕耘线下 3C 等场景分期。随着这一细分市场的竞争呈现红海态势,2017 年后马上消费金融逐渐转移业务重点,发力线上业务,一方面开始与蚂蚁集团、微众银行等科技型企业以联合贷款等形式合作,另一方面逐渐推出自有产品,主推马上贷、安逸花等多款线上现金贷产品,并逐步加大自有产品在业务中的比重。目前马上消费金融约 90% 的获客渠道来自线上。

招联消费金融作为招商银行和中国联通的联营消费金融公司,股东资源是其核心优势之一。中国联通掌握海量用户通信数据,能够作为客户精准营销和大数据风控的依据,而招商银行则拥有低成本的资金和强大的零售风控能力。2016 年招联消费金融和中国联通合作的沃信用分项目上线,招联消费金融从中国联通 3 亿个客户中筛选出近亿个白名单客户,推进话费白条分期等业务。同时,中国联通丰富的线下门店资源也成为招联消费金融业务的强大推动力,2017 年联通营业厅的 3C 分期营销活动力推招联消费金融的产品。另外,招联消费金融也通过自建商城构建自有生态,将金融服务嵌入交易场景。优渥的股东背景为招联消费金融带来了高速增长。2019 年其累计注册用户超过 1 亿人,营业收入达 107.40 亿元,同比增长约 54.4%。

(四)综合生态模式

2020 年可以说是消费金融行业的综合生态模式元年,中国平安集团、小米集团旗下的消费金融公司先后开业。与传统消费金融公司主要依托银行背景发展业务不同,科技型、生态型的消费金融公司将依托股东集团多元生态体系的场景、技术和数据融合优势,具备更大的业务想象空间。

2020 年 4 月,平安消费金融获银保监会批复消费金融牌照并正式开业,平安消费金融依托平安集团科技力量和五大生态圈,切入消费信贷场景,夯实全场景"智能 +"生态布局能力,构建以场景为主的服务生态,通过与平安集团旗下的"金融、医疗、汽车、房产、城市"五大生态场景深度耦合,创造出适合客户使用的多样化消费金融服务。平安消费金融也是首家定位于"科技 + 金融"的消费金融公司,通过运用大数据、云计算、人工智能等金融技术,为中国年轻消费者提供全线上的优质消费信贷体验。

2020 年 5 月，小米消费金融正式挂牌开业。小米集团以手机、智能硬件和 AIoT 平台为核心，已建成全球最大规模的消费级 AIoT 平台，连接设备2.52 亿台，手机 MIUI 月活用户 3.3 亿人，具备强大的互联网电子消费生态。小米集团在零售方面也具备全渠道的布局，除了自建线上商城和天猫、京东等电商平台之外，在全国布局超 1800 个线下体验店，520 多个售后网点。庞大的生态体系为小米集团开展金融业务提供了良好条件。通过小米金融 App、小米钱包 App、小米贷款 App 及官网的多层次运营，背靠"5G +AIoT"等新型基础设施，依托小米生态体系优势，未来可预期小米消费金融将利用"互联网 + 新零售"的线上线下渠道和场景，深耕各类消费场景。

纵观消费金融行业十年的历程，经历了从线下到线上、从单一金融到综合生态的发展趋势。未来，消费者需求越趋多元化、体验化、复合化，传统、单一形态的消费金融业务模式将难以适应市场需求，新兴的科技型、生态型业务形态将产生积极的"鲇鱼效应"，带动行业转型升级，引领消费金融的下一个十年。

三 小额贷款公司

2008 年，银监会印发《关于小额贷款公司试点的指导意见》，明确鼓励小额贷款公司承担起微型企业、农户等微弱经济体的金融服务使命。从开展试点至今，在中央及各地监管部门的引导下，已涌现一批业务实力过硬、科技应用具有示范效果的佼佼者，比如蚂蚁小贷、美兴小贷、瀚华小贷等，它们是我国现代金融供给侧改革、新旧动能转换的显著成果。为积极配合国务院稳金融、控风险的调控部署，小额贷款行业近年持续处于风险出清、规范治理阶段，公司数量和贷款余额经历"双降"。从公司数量来看，2020 年上半年末全国共有小额贷款公司 7333 家，相比 2017 年末下降了 1218 家；从行业贷款余额来看，2020 年 6 月末小额贷款公司贷款余额为 8841 亿元，相比 2017 年末下降了 958 亿元。同时，小贷行业运营情况得到一定改善，发展逐步趋于平稳。

当前，在实体经济逐步复苏的关键阶段，小额贷款公司重新发挥服务中长尾市场的独特价值，助力小微企业共度时艰。2月3日，中国小额贷款公司协会发出倡议，鼓励会员加强对疫情防控相关领域小微企业的信贷支持，积极扶持小微企业和个体工商业者复工复产。各地方金融监管部门也积极施策，按照分类指导、精准施策的要求，结合辖内小贷行业的难点痛点，有条件地放宽小贷杠杆、经营区域等限制，鼓励小贷公司更好地支持实体经济。

一是放宽融资限制。在融资杠杆方面，广东规定对各项监管指标优良、积极参与疫情防控的小贷公司，经省地方金融监管局批准，可在疫情期间融资余额放宽至不超过净资产的5倍，相比此前1倍的标准大大提高。河南明确指出，对于各项监管指标优良、因参与疫情防控和支持企业复工复产而需要提高融资杠杆的小额贷款公司，融资杠杆倍数最高可放宽至3倍。江苏将高评级小贷公司股东借款上限在原标准上提高一倍，鼓励小贷公司融入资金适度扩大经营规模。重庆允许小贷公司将各项融资拉通计算杠杆倍数，部分资质较好的小贷公司经审批可放大杠杆倍数。深圳金融部门创新多个渠道，便利小贷公司的融资，例如允许小贷公司通过深交所、上交所等证券交易平台融资，允许小贷公司从广东省小额再贷款公司融入资金，行业协会组织会员公司建立同业纾困资金池等。

二是放宽经营区域限制。江苏等地出台措施，支持高评级小贷公司跨区域开展业务。具体来说，小贷公司只要监管评级在A级及以上、净资产不低于2亿元，在保持注册地业务占比不低于50%的情况下，经地方金融监管局审批后，可面向全省开展业务。同时，小贷公司开展供应链金融业务的，根据核心企业真实的供销业务，经营区域可拓展至核心企业供应链上的省内企业。深圳还鼓励小贷公司采取灵活复工形式，允许线下经营小贷公司在线上开展辖区内业务经营活动。

三是鼓励降息让利。各地金融局还采取综合措施，鼓励小额贷款公司对疫情防控相关企业、受疫情影响较大企业和个人下调贷款利率。例如，深圳对在疫情防控期间做出积极贡献的小贷公司予以宣传报道或通报表扬；对于主动为客户减免利息的小贷公司，引导相关银行给予适当优惠政策。

监管层面对小贷公司的鼓励政策，一方面，缓解了小贷公司的资金、经营限制，有利于它们拓展业务范围和规模。另一方面，优惠政策通过间接方式传导至中小微企业，为复工复产、防疫防控的大局提供支持。中小微企业渡过难关并获得发展，反过来会为小额贷款公司的长期可持续发展模式奠定基础。

疫情期间各类小贷公司针对不同类别客户，围绕自身优势、行业特点，以不同模式支持中小微企业。

专栏3　美团发挥生态体系优势，扶持小店

美团针对其体系内商家推出"生意贷2.0"。生意贷2.0是纯线上申请的信用贷款，最快30秒审批、1分钟放款，无须抵押、担保。商户只要登录开店宝、外卖商家、点评管家、酒店商家等美团体系App即可在线完成申请、借款、还款操作，额度最高可以达到100万元，最长用款期限为12个月。

餐饮零售等服务行业的小微商户很难从传统金融渠道贷款，主要原因有三点。第一，经营风险大，行业主要以个体经营者为主，商家普遍抗风险能力薄弱。第二，数据收集困难，餐饮零售小店非常分散，单体经营规模小，经营数据化程度低。第三，抵押物缺乏、小微商户装修等前期投入大、折损高，缺少高价值固定资产。

美团生意贷通过科技赋能解决小微商户的融资难题。对于经营风险，美团通过生态赋能降低个体风险。一方面通过营销服务、IT服务、经营服务、供应链服务、物流服务等提升商户端效率，另一方面通过对客户端的流量、数据价值的挖掘，帮助商家了解客户偏好、服务质量等经营信息，从而提高商家经营能力，降低客群风险。对于数据收集，美团一方面在体系内天然留存外卖、团购、闪惠、点餐、排队、预订等交易数据，另一方面为了获得企业财务的"硬信息"，低价甚至免费为商家提供开店宝、外卖商家、点评管家、酒店管家等SaaS应用，沉淀更多商户端数据。这些数据从生态体系的高度提升了行业的认知，使得美团得以围绕商家主体，利用经营大数据建立模型，全面评估经营健康状况，衡量经营风险，大幅降低信息不对称，从而解

决了风控认知的问题，摆脱了传统金融业对小微的"抵押物崇拜"。从贷后角度来看，与传统金融业不同，商家高度依赖美团、大众点评等生态服务，一旦违约将面临整个生态体系的反制，增加商家的违约成本，有效约束逾期行为。

美团凭借在行业认知、数据积累等方面积累的丰富经验，已经累计发放生意贷超百亿元，户均放款额3.5万元，有效地缓解了小商户的融资需求；同时也保持了较好的资产质量，逾期率仅4%，贷款不良率不到1%。

专栏4　中和农信群策群力，抗疫助农

新冠肺炎疫情发生后，中和农信项目管理有限公司作为扎根农村的知名小微金融服务机构，第一时间做出反应，通过业务线上化、产品创新、防疫培训等方式全力支持"三农"抗疫。

业务线上化。为确保农户在抗疫期间有足够的资金备春耕、保生产，中和农信推出线上贷款"中和金服"业务，改进线上流程、增加授信额度，采取远程尽职调查，使农民能及时通过手机获得3万元以下的贷款支持，用于恢复生产。

产品创新。对种养殖客户特别推出"农资贷"，开启绿色快速通道，优先安排调查、提交、放款等，让客户快速投入农业生产，保障农民春耕正常进行。对于需要帮销的客户，利用公司中化农业平台，帮助客户解决销售难题。

防疫培训。联合中化农业开通"防疫情，保春耕"系列课程，通过线上直播为内蒙古地区的农民提供信贷服务及农业技术服务，帮助农民在疫情期间提高技能。

除此之外，中和农信还积极加强与客户之间的紧密联系，随时掌握客户需求与动态，及时提供帮助。比如对于因受疫情影响，封路封村等造成还款困难的客户，中和农信采取调整展期、重组贷款、简化操作流程等措施，使客户不出门即可办理业务，有效促进了农村金融普惠工作。

第五章
数字普惠金融的发展

燕　翔*

近年来金融科技的快速发展为普惠金融发展提供了新机遇。金融科技手段的运用，一方面能够大幅度降低金融服务的门槛和成本，突破金融服务"最后一公里"的制约，扩大普惠金融的覆盖范围和服务边界，实现对金融服务不足的群体（如小微企业、"三农"群体）更好的支持；另一方面有助于提高服务效率，优化服务体验，降低金融交易成本，进而提升普惠金融的商业可持续性。数字普惠金融已经成为普惠金融发展的重要途径，同时也为一直以来金融机构普惠金融服务过程中"义"（可负担）、"利"（商业可持续）难以兼得提供了可能。

数字普惠金融泛指一切可以通过数字科技手段来促进普惠金融的行动，曾被排斥或服务不足的群体以数字方式获得和使用各类金融产品与服务（如支付、转账、储蓄、信贷、保险、证券、财务规划和银行对账单服务等），通过数字化或电子化交易，如电子货币（通过线上或移动电话发起）、支付卡和常规银行账户，其核心内涵在于应用数字技术提高普惠金融水平。根据北京大学数字普惠金融指数报告，2011~2018年，我国数字普惠金融实现了跨越式发展，全国31个省（自治区、直辖市）数字普惠金融指数的中位数从2011年的33.6增长到2018年的294.3，年均增长36.4%[①]。

2020年新冠肺炎疫情的暴发对金融机构的传统金融服务造成了巨大冲击，

＊　燕翔，中国社会科学院金融研究所博士后。

①　郭峰等：《测度中国数字普惠金融发展：指数编制与空间特征》，《经济学》（季刊）2020年第4期。

但同时也加速了传统金融机构金融服务的数字化转型。据中国银行业协会统计，疫情期间银行机构线上业务的服务替代率平均水平高达96%。此次疫情对作为传统金融业态下"长尾客户"的中小微企业造成了巨大冲击，数字普惠金融的发展有效地为这一群体纾困，通过零接触的方式为其提供低价便捷的服务，特别是"无接触"的互联网贷款已成为当前支持小微企业的重要途径。

数字普惠金融的健康发展，需要一个完善健全的数字普惠金融生态体系。金融生态体系是指各种金融组织为了生存和发展，与其生存环境之间及金融组织内部之间在长期的密切联系和相互作用过程中，通过分工、合作所形成的具有一定结构的特征，执行一定功能作用的动态平衡系统①。对数字普惠金融生态体系而言，既包含数字普惠金融生态主体，也包括数字普惠金融生态环境，二者相互作用共同构成了具备其自身发展规律和内在逻辑的普惠金融生态体系。从目前来看，我国已基本形成了以商业银行、互联网银行、非银行金融机构以及大型金融科技企业为服务主体，以支付体系、信用体系、法律体系、政策体系为基础设施和制度保障，以"一委一行两会一局"为监管和调节主体的数字普惠金融生态系统（见图5-1）。

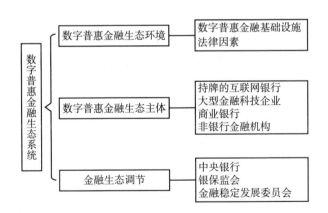

图5-1　数字普惠金融生态体系

资料来源：课题组整理。

---

① 徐诺金：《金融生态论——对传统金融理论的挑战》，中国金融出版社，2007。

一 普惠金融生态的主体

与传统金融相对单一的供给主体相比，数字普惠的参与者更趋多元化，服务对象的差异化也更加明显。具体而言，目前数字普惠创新的主要参与者，有持牌的互联网银行（如微众银行、网商银行和新网银行等），有大型的金融科技企业（如蚂蚁金服、京东金融、度小满等），还有各类商业银行和非银行金融机构（如消费金融公司、网络小贷公司等）。特别值得一提的是商业银行，在经历了互联网金融带来的冲击之后，商业银行纷纷加快了数字化转型的步伐，并积极将其运用于普惠金融业务的实践当中，取得了显著的效果。

（一）商业银行的数字普惠金融发展

商业银行作为我国金融体系的支柱，发展数字普惠金融既是其数字化转型的应有之义，也是其作为国有大行社会责任的体现与担当。2020 年初的新冠肺炎疫情更是加快了传统商业银行的数字化转型，对受到疫情影响较大的小微企业，银行业积极运用金融科技手段，创新服务渠道，拓展服务深度，降低服务成本，通过无接触服务，极大提升了普惠金融服务的便利性，满足这一群体的金融需求。

目前商业银行数字普惠金融的发展主要围绕四方面展开，一是积极发展"纯线上"的互联网贷款，在获客、审批、风控、催收等环节全部依靠数字化的手段完成；二是积极布局金融科技领域，加大相关领域的投入力度，探索底层技术与金融领域的融合，将其应用于金融产品的设计、金融业务流程和内部管理框架的改造、金融生态的建设、金融基础设施的完善和金融功能的改造[①]；三是积极探索开放银行模式，通过信息或服务共享，银行与第三方机构进行合作，拓展其服务范围；四是通过"线上＋线下"的模式，线

---

① 李广子：《金融与科技的融合：含义、动因与风险》，《国际经济评论》2020 年第 3 期。

上提高服务的效率和水平，线下则解决自身风控能力不足的问题。

1. 积极发展线上贷款

传统信贷主要是靠线下人工审批发放贷款，普遍存在两个问题：首先是物理网点限制了其服务范围；其次是单笔贷款的成本较高，特别是对小微企业贷款。随着互联网技术的快速发展，数字金融打破了物理空间的限制，同时也降低了银行的服务成本，因此近年来商业银行一直进行数字化转型。在获客方面，商业银行通过与政府部门合作，依靠"外部公共信息＋银行信息"的模式，通过大数据分析手段，实现批量化获客。在风险控制方面，线上贷款能够借助大数据、云计算、人工智能等手段，在贷前、贷中、贷后的不同阶段，实现对整个信贷风险进行把控。

以建设银行为例，2018 年 5 月建设银行将金融科技作为该行的三大战略之一，举全行之力，协同推进创新，加速完善普惠金融服务体系。通过借助金融科技、运用市场化的手段，创新打造了普惠金融服务的"建行模式"，构建以"批量化获客、精准化画像、自动化审批、智能化风控、综合化服务"为内容的"五化"数字普惠金融服务模式，通过数字经营、平台经营、生态经营的方式，实现"一分钟融资、一站式服务、一价式收费"的"三一"信贷体验，切实提升金融服务质量，助力金融供给侧结构性改革。在此基础上推出了一系列线上贷款产品，其中以"小微快贷"为代表的新模式信贷产品截至 2020 年 6 月末累计发放 2.6 万亿元，服务小微客户 143 万户，其中信用贷款客户占比 70% 以上，首贷客户近半数。

2. 加大布局金融科技

2019 年 8 月，中国人民银行印发了《金融科技（FinTech）发展规划（2019～2021 年）》，明确提出到 2021 年，建立健全我国金融科技发展的"四梁八柱"，进一步增强金融科技的应用能力，实现金融与科技深度融合、协调发展。根据"陀螺"评价结果，2019 年全国性商业银行、城市商业银行（资产规模≥2000 亿元）、城市商业银行（资产规模＜2000 亿元）、城区农村商业银行四类机构的金融科技收入占营收比例分别为 2.46%、2.58%、

3.56%、2.46%，增速达到两位数①，这足以看出无论是大型商业银行还是中小银行业机构发展数字普惠金融的决心。

目前国有六大行中除了中国邮政储蓄银行外，全部建立或拟建立自己的金融科技子公司，其中建设银行于 2018 年 4 月在上海成立了建信金融科技公司，是国内第一家国有商业银行成立的金融科技公司，注册资本（16 亿元）最高，经营范围包括软件科技、平台运营等服务；工商银行于 2019 年 3 月在雄安成立了工银科技公司，同年中国银行也在上海成立了自己的金融科技公司——中银金融科技；2020 年 1 月，交通银行发布公告，拟成立交银金融科技公司。2020 年 7 月，农业银行也发布公告，其附属机构设立的农银金融科技公司已在北京通州完成注册。中国邮政储蓄银行虽然未成立金融科技公司，但是专门设立了金融科技创新部以及管理信息部，以此提升自己的金融科技实力（见表 5－1）。还有部分银行通过事业部、研究院的形式成立了金融科技相关部门，实现自身的数字化转型发展，例如浙商银行、渤海银行、恒丰银行、温州银行分别成立了金融科技部，杭州银行与阿里云合作成立了金融科技创新实验室。

表 5－1　银行业机构金融科技公司（部门）的成立情况

银行机构	金融科技公司（部门）	成立日期	注册资本	注册地
中国建设银行	建信金融科技公司	2018 年 4 月	16 亿元	上海
中国工商银行	工银科技公司	2019 年 3 月	6 亿元	雄安
中国农业银行	农银金融科技公司	2020 年 7 月	6 亿元	北京通州
中国银行	中银金融科技	2019 年 6 月	6 亿元	上海
中国邮政储蓄银行	金融科技创新部、管理信息部	2019 年中期	—	—
交通银行	交银金融科技公司	2020 年 8 月	6 亿元	上海
平安银行	平安科技	2008 年 5 月	29.25 亿元	深圳
	金融壹账通	2017 年 9 月	12 亿元	深圳
兴业银行	兴业数字金融服务公司	2015 年 11 月	5 亿元	上海
光大银行	光大科技公司	2016 年 12 月	2 亿元	北京

---

① 《中华合作时报》（农村金融版）2020 年 8 月 3 日，https：//www.sohu.com/a/411192925_120051007。

续表

银行机构	金融科技公司（部门）	成立日期	注册资本	注册地
民生银行	民生科技公司	2018 年 4 月	2 亿元	北京
招商银行	招商云创信息科技公司	2019 年 2 月	0.5 亿元	深圳
华夏银行	龙盈智达科技公司	2018 年 5 月	0.21 亿元	深圳

资料来源：课题组整理。

3. 探索开放银行模式

近年来无论是大型商业银行还是中小型商业银行都在积极探索开放银行模式。开放银行模式，指的是一种开放化的商业模式，通过与第三方开发者、金融科技公司、供应商等其他合作伙伴共享数据、算法、交易、流程及其他业务功能，重构金融生态系统，从而创造出新的价值[1]。大中型商业银行，通过联合金融科技公司与金融同业，使生态系统的任何一个节点都能够同时提供多家其他金融机构的产品，令客户享受一站式服务的便捷；而中小型商业银行，由于资源禀赋的限制，普遍难以大而全地覆盖所有价值网络，因而专注于价值链中某一环节，打造特色功能。[2]

我国银行业机构对开放银行的探索起步较晚，2018 年 7 月浦发银行推出国内首个开放银行（API Bank），涉及直销银行开户、网贷、出国金融、跨境电商、缴费支付等领域，也包括合作营销、资产能力证明等场景。此后建设银行、招商银行、工商银行也均公布了数字化转型、开放生态的战略思路，同时也催生了第三方开放银行平台。与国外开放银行主要进行数据开放共享的模式不同，国内开放银行模式并不开放银行的核心数据，而是通过金融科技手段，将金融产品和服务嵌入合作方的应用程序和场景中，再基于合作场景，拓展金融服务渠道，输出金融服务能力，更直接地触达更广大的人群，实现获客目的。

4. 通过"线上 + 线下"服务模式

一些规模较小的城商行和农信机构也在积极寻求和探索数字化转型，受

---

[1] 曾刚：《开放银行革新》，《中国外汇》2020 年第 4 期。

[2] 曾刚：《商业银行数字化转型的难点与路径》，《企业观察家》2020 年第 7 期。

制于自身缺乏相关的金融科技人才以及数据治理能力，考虑到金融科技往往需要较大的投入，目前这部分机构的数字化转型基本上是通过数字化手段对传统经营模式进行改造。例如在贷前对小微企业、农户信息采集的阶段，将深入田间地头的信贷员获得的信息数字化、线上化。另外，其还利用自身的网点优势，通过"线上＋线下"相结合的方式发放贷款。前期通过信贷员对农户的信用状况进行考察和评估，授信给农户一定的额度，再借助当地省联社统一开发的 App 进行贷款的线上发放，农户通过手机端的操作便可获取贷款、偿还贷款，实现授信额度内的随借随还、循环使用。

（二）互联网银行的数字普惠金融发展

1.互联网银行的发展现状

我国持牌的互联网银行有微众银行、网商银行、新网银行、亿联银行、苏宁银行等民营银行，这些银行的大股东均包含互联网企业，例如微众银行的大股东为腾讯，网商银行的大股东为蚂蚁金服，新网银行的第二大股东为小米科技，亿联银行的第二大股东为美团，苏宁银行的大股东为苏宁。目前从资产规模、服务客户数量、经营状况来看，微众银行和网商银行无疑是当前的头部互联网银行。

从资产规模来看，微众银行资产规模最大，截至 2019 年末，其总资产达 2912.36 亿元，约占全部民营银行资产总额的 1/3，排名第二的为网商银行，资产规模达 1395.53 亿元，其余互联网银行资产规模全部在 700 亿元以下，规模普遍较小。

从经营状况来看，截至 2019 年末，以上互联网银行均实现了盈利，其中微众银行净利润最高，为 39.5 亿元，新网银行、网商银行分列第二、三位，净利润分别为 11.33 亿元和 6.71 亿元，亿联银行和苏宁银行排名靠后，净利润分别为 1.53 亿元和 0.76 亿元。根据微众银行的 2019 年度报告，截至 2019 年末，微众银行各项贷款余额为 1630 亿元，同比增长 36%；存款余额为 2363 亿元，较年初增长 53%。截至 2020 年 10 月，微众银行服务个人客户已突破 2.5 亿人，个人经营户超过 2000 万，企业法人客户超过 150 万

家，累计发放了超过 3200 亿元的贷款。这些客户全部为民营企业，分布在
27 个省（区、市）的 200 余座城市，其中，约 2/3 的企业客户和 37% 的个
人经营贷款客户属首次获得银行贷款，微众银行支持就业人口超过 400 万。

相较于传统商业银行，互联网银行最明显的特征在于均采用轻资产的运
营模式，没有物理网点，所有的服务全部在线上完成，但这也对其风控能力
提出了很高的要求。当前互联网银行基本通过金融科技和从母公司抓取数据
的方式，运用数据模型自动评估技术以及视频/电话资信调查相结合的方式
完成客户识别和评价，运用大数据和数据模型进行风险管理。以网商银行为
例，其依靠互联网运营的模式，能够实现三分钟申贷、一秒钟放款、零人工
介入的"310"贷款模式，累计发放贷款 5395 亿元。随着"随借随还、按
日计息"贷款产品的增加，客户能根据实际需求灵活安排借款、还款，借
款成本有效降低。

2. 互联网银行数字普惠金融服务的特点

相对于传统商业银行机构，互联网银行的数字普惠金融服务具有以下几
方面特点。

（1）贷款额度方面

互联网银行贷款额度普遍偏低。对于大多数的互联网银行来说，由于其
对客户风险的审查完全依靠各类数据纯线上进行，贷款普遍是不需要客户提
供抵质押物的纯信用贷款，因此贷款的额度非常有限，大多在 5 万元到 30 万
元之间。例如网商银行针对小微企业、个体工商户推出的"网商贷"产品，
其最高的贷款额度为 30 万元，这对于一些资金流水较大的小微企业、部分新
型农业经营主体而言，贷款额度偏低，仍然需要向传统金融机构申请贷款。

（2）服务客群方面

互联网银行服务客群主要定位于"长尾"客户。对互联网银行而言，
由于其纯线上的特点，金融服务的覆盖性和渗透性都明显优于传统金融机
构，能够有效解决由地理排斥所造成的金融抑制问题；此外，线上经营的模
式能够有效降低金融服务的成本，使得互联网银行能够进一步下沉服务，将
更多的"长尾"客户纳入普惠金融服务体系中，其中不乏大量的"首贷客

户"以及"信用白户"。

（3）贷款利率方面

互联网银行的贷款利率普遍高于传统银行业金融机构。根据中国人民银行的数据，截至2019年5月末，商业银行普惠型小微贷款利率已降至5.2%，而互联网银行的贷款利率普遍为10%~12%。由于互联网银行的负债成本本身高于传统银行业机构，而且发放贷款普遍属于信用贷款，服务对象主要是小微企业等群体，风险较高，所以其发放贷款利率相对较高。

（4）服务模式方面

互联网银行的贷款完全依靠线上进行，缺少线下网点的支撑。线上模式带来的好处显而易见，既能为客户提供7×24小时便捷、安全的金融服务，同时还改善了客户在获取金融服务过程中的用户体验。但纯线上模式也容易导致"数字鸿沟"的问题，对于那些年纪较大、缺乏互联网金融知识、数字金融基础设施较为落后地区的群体来说，可能无法获得金融服务。

3.互联网银行的数字普惠金融业务

在推进普惠金融方面，互联网银行充分依托互联网模式下的流量、大数据和金融服务场景优势，大力开展小微企业贷款、消费金融业务，充分服务长尾市场。具体业务方面主要包括三大类：个人消费贷和小微企业贷（包括联合贷款）、供应链金融、网贷资金存管业务。其中个人消费贷和小微企业贷是互联网银行最主要的业务，有效补充了传统银行不能覆盖的主体的贷款服务。

在服务小微企业方面，微众银行从2017年开始，针对小微企业，推出了全线上、纯信用、随借随还的"微业贷"，截至2020年10月，"微业贷"已触达超150万家小微民营企业，其中授信企业近50万家，这些企业提供就业岗位超过400万个。另一家互联网银行网商银行截至2019年末累计服务小微企业和小微经营者2087万户，同比增长70%，户均余额仅3.1万元。

在服务"三农"方面，网商银行通过加强与各地政府的合作，发展农村数字普惠金融业务。借助"大数据+互联网"技术，结合政府在行政和公共服务过程中产生的数据，协同各地政府建立区域专属授信模型，为农户提供无抵押、免担保的纯信用贷款。截至 2019 年末，网商银行已经与全国 497 个县（其中贫困县 146 个）签署了合作协议，目前已服务客户 344 万。

在服务个人客户方面，微众银行推出的"微粒贷"产品，截至 2019 年末服务客户数 2800 万，累计发放贷款 4.6 亿笔，覆盖全国 31 个省（自治区、直辖市）近 600 座城市；授信的个人客户中，约 80% 为大专及以下学历，约 77% 为非白领从业者。同时，超过七成的个人客户单笔借款成本不足 100 元，约 20% 的客户为首次获得银行授信，充分体现了微众银行的普惠金融定位和特色。

专栏 1　微众银行供应链金融服务平台

微众银行自主研发的供应链金融服务平台是针对供应链链条各相关方设计，以核心企业为中心，以真实贸易背景为基础而设定的一种应收账款债权融资平台。微众银行供应链金融服务平台基于供应链上下游真实贸易背景，以商业银行保理服务作为法律依据，实现供应链多级链属企业之间应收账款的债权融资，在盘活存量资产的同时，解决链属小微企业融资难、融资贵的窘境。其纯线上的金融服务模式，在 ABCD 领域（人工智能、区块链、云计算、大数据）前沿金融科技能力的支持下，得以将供应链金融服务的线上化运转能力大幅提升。在新冠肺炎疫情期间更是帮助供应链金融服务从线下转移到线上，加大对中小微企业的融资供给，帮助其渡过难关。

微众银行供应链金融服务平台已经在房地产、建工制造、医药、电商、农业、物流、家电、餐饮、商超、服装等多个行业落地应用。目前，微众银行供应链金融服务平台单日新增超 100 家核心企业供应链线上注册，单日新增放款超 300 笔。客户范围不断延伸，核心企业平均授信 5000 万元，平台单笔融资金额 20 万元。微众银行供应链金融服务平台已处理 10 万件贸易背景资料，资产处理规模达 200 亿元，累计放款超百亿元，通过供应链金融服务渗透至上万家企业，覆盖全国 30 个省（自治区、直辖市）200 个城市。

（三）金融科技企业的数字普惠金融发展

金融科技企业是数字普惠金融的重要参与主体之一，以阿里巴巴、百度、京东、腾讯为首的大型互联网企业一直以来都在积极布局金融业务，目前已几乎涵盖了所有类型金融业务，包括支付、信贷、理财、资产管理、征信、保险等。金融科技企业的数字普惠金融业务主要包括两类：一类是金融科技企业利用自身技术优势，为金融机构进行科技赋能，单纯提供风险评估、反欺诈等服务，不参与信贷发放环节，也不与银行分担信贷风险；另一类则是金融科技企业通过与银行合作，以助贷或联合贷款的方式，不仅为金融机构提供风控等技术支持，还参与到获客、放贷、贷后管理等环节中，与银行共担风险、共享收益。其中助贷模式下，资金主要是由银行提供，金融科技企业输出技术，并共担信贷的风险和收益，代表企业为乐信、信也科技等；联合贷款模式则是金融科技企业与银行按照一定比例共出资金，按照约定的比例分担风险和利润，代表产品为蚂蚁金服的借呗、花呗、度小满的有钱花等。

近年来，在严监管和金融去杠杆的背景下，一些互联网企业普遍开始剥离自身金融业务，向金融科技企业转型，通过金融科技底层技术连接金融业务，利用科技赋能金融服务，突破监管所带来的业务限制，以科技优势塑造金融优势[1]。从公司名称来看，目前已有不少互联网金融机构进行更名，例如京东金融改名为京东数科、小米支付更名为小米数科、拍拍贷改名为信也科技等。工商数据显示，2020 年 6 月，蚂蚁金服正式更名，由原先的浙江蚂蚁小微金融服务集团股份有限公司改为蚂蚁科技集团股份有限公司，同时经营范围也进行了调整，不再包括接受金融机构委托从事金融信息技术服务外包，金融业务流程外包，金融知识流程外包，投资管理，投资咨询等业务，新增了工程和技术研究及试验发展、企业总部管理、控股公司服务、以自有资金从事投资活动等。

---

[1] 中关村互联网金融研究院：《中国金融科技和数字普惠金融发展报告（2019）》，2020 年 3 月。

（四）非银行金融机构的数字普惠金融发展

1. 消费金融公司

近年来，为促进经济结构转型升级，发挥消费对促进经济增长的基础性引导作用，国家在政策层面上不断加大对消费金融的支持力度。2009 年，银监会颁布《消费金融公司试点管理办法》，我国消费金融领域市场改革就此开始。从市场定位上来看，消费金融公司的市场定位为传统银行的补充，主要针对中低收入及新兴客户群，依托不同场景和金融科技，通过提供宽泛灵活的信贷产品、广泛的地区覆盖和快速的市场来提供金融服务。

根据《中国消费金融公司发展报告（2020）》，截至 2020 年 6 月末，消费金融公司已发展到 26 家，贷款余额 4686.1 亿元，服务客户 1.4 亿人，其中超过 50% 的消费金融公司 2019 年新增客户贷款余额占全部贷款余额的六成以上。在数字普惠金融快速发展的背景下，以招联消费金融、马上消费金融为代表的互联网消费金融公司发展迅速，为用户提供纯线上、免担保的普惠消费信贷服务。

2. 互联网小贷公司

互联网小贷公司是指公司通过互联网技术在互联网平台上获取借款客户，综合运用互联网平台积累的客户经营、网络消费、网络交易等行为内生数据信息、即时场景信息以及通过合法渠道获取的其他数据信息，分析评定借款客户信用风险，确定贷款方式和额度，并在线上完成贷款申请、风险审核、贷款审批、贷款发放和贷款回收等全流程的网络小额贷款业务。2010年 3 月 25 日，全国第一家互联网小贷公司阿里巴巴小额贷款股份有限公司正式成立，由此，网络小贷快速发展。根据零壹财经的数据，截至 2018 年6 月，全国共发放 280 个网络小贷的牌照。

相较于传统小贷公司，互联网小贷公司最大的优势在于其通过互联网能够实现跨区域经营和获客，但对其自身的风控能力也提出了较高的要求。特别受此前"现金贷"的影响，互联网小贷发展一度停滞，2017 年 11 月 21日，互联网金融风险专项工作领导小组办公室发布《关于立即暂停批设网络小贷公司的通知》，决定各级小额贷款公司监管部门一律不得新批设网络（互联网）小贷公司，禁止新增批小贷公司跨省（区、市）开展小额贷款业务。

2018 年 12 月，互联网金融风险专项工作领导小组和网贷整治办联合发布《关于做好网贷机构分类处置和风险防范工作的意见》，提出应积极引导部分机构转型为网络小贷公司、助贷机构或为持牌资产管理机构导流；2019 年 11 月，互金整治办和网贷整治办发布了《关于网络借贷信息中介机构转型为小额贷款公司试点的指导意见》，开展网贷中介转型小贷公司试点工作。

近年来，互联网小贷公司积极投身农村金融市场，通过数字技术致力于普惠金融的发展。目前，蚂蚁金服、京东金融都有设计自己农村小额信贷产品，并且取得了不错的效果。如蚂蚁微贷就利用互联网技术，将小微企业在网络平台上产生的现金流、信用记录、交易状况等指标信息与外部数据加以匹配，通过大数据信用评估模型最终形成贷款的评价标准，实现了纯信用贷款、全程零人工接入，最快 1 秒钟就可获得贷款。

二 数字普惠金融生态环境

良好的数字普惠金融生态环境是数字普惠金融健康发展的重要保障。数字普惠金融生态环境包括金融运行的硬件设施和制度安排，具体涵盖支付体系、信用体系、法律环境、公司治理、会计准则以及由金融监管、投资者保护制度组成的金融安全网等。近年来，我国数字普惠金融生态环境不断优化，特别是在数字金融基础设施方面，发展迅速，城乡之间的差距不断缩小。

（一）数字普惠金融基础设施

金融基础设施是指为各类金融活动提供基础性公共服务的系统及制度安排。具体来说，金融基础设施包括一系列由公共和私人部门提供的金融业支持机制，即金融业（包括信用局、评级机构和审计部门等）可获得的信息基础设施，支付、清算和结算系统，以及公认的标准体系，还可以进一步延伸到法律系统、规章制度以及强调创新的国际金融体系和基础设施。

《G20 数字普惠金融高级原则》给出了数字普惠金融发展的 8 条建议，其中扩展数字金融服务基础设施是其中重要的一项内容，并且较为完整地提出了数字普惠金融基础设施建设的概念，包括电力电信互联网的全面覆盖、现代化和开放的安全高效支付平台、政府和服务商的渠道支持、抵押物登记系统优化、保护消费者隐私前提下的信用数据高效支持等，并鼓励探索区块链技术在该方面的应用[1]。

1. 信用基础设施

征信业务是指对企业和个人的信用信息进行采集、整理、保存、加工，并向信息使用者提供的活动。对于金融部门，征信体系是其重要的基础设施，也是数字普惠金融赖以发展的重要条件，完善的征信体系能够给普惠信贷机构提供重要的客户信用信息，降低获客成本；同时征信体系的数据还可以进一步支持信贷资产标准化、证券化的发展。党的十六大报告提出要健全现代市场经济的社会信用体系。2014 年，国务院印发了《社会信用体系建设规划纲要（2014～2020 年）》，提出"到 2020 年，社会信用基础性法律法规和标准体系基本建立、以信用信息资源共享为基础的覆盖全社会的征信系统基本建成、信用监管体制基本健全、信用服务市场体系比较完善"的目标，并指出"社会信用体系是社会主义市场经济体制和社会治理体制的重要组成部分"。

对数字普惠金融发展而言，有效识别客户风险、对客户进行风险定价是其发展的前提，考虑到普惠金融服务的客户通常是缺乏抵质押物的小微企业和"三农"群体，因此信用贷款是其获取信贷的主要方式，因此客户信用信息的获取对金融机构而言至关重要，可以说是金融机构进行风险定价的基础和核心。另外，相较于网商银行、微众银行这类互联网银行，传统的银行

---

[1] 林胜等：《数字普惠金融政策框架国内外比较研究》，《征信》2020 年第 1 期。

业机构面临更加严重的信息不对称问题。互联网银行可以借助平台优势，掌握客户的日常履约情况、收入状况和消费状况，间接获取客户的信用状况，传统银行业机构缺少相应的渠道获取这些数据，只能依靠政务数据、征信情况了解客户信用水平，因此征信信息对于传统银行业机构更为重要。《2020年政府工作报告》提出，鼓励银行大幅增加小微企业信用贷、首贷、无还本续贷，完善的信用基础设施是普惠信贷发放的数据基石。

截至目前，我国已建立以中国人民银行征信中心为核心、地方信用信息共享交换平台和市场化第三方征信机构为补充的金融征信体系。

（1）中国人民银行征信中心——金融信用信息基础数据库

中国人民银行征信中心成立于2006年3月，专门负责企业和个人征信系统的管理、运行，还负责维护全国统一的征信系统——金融信用信息基础数据库，又称"企业和个人信用信息基础数据库"，并于2010年正式对外提供服务。此后，中国人民银行先后发布了《征信业管理条例》、《征信机构管理办法》及《征信机构信息安全规范》等一系列管理条例。金融信用信息基础数据库全面收集企业和个人的信息，以银行和金融机构的信贷信息为核心，接入了商业银行、农村信用社、信托公司、财务公司、汽车金融公司、小额贷款公司等各类放贷机构，也包括社保、公积金、环保、欠税、民事裁决与执行等公共信息。2020年7月，花呗数据重新接入央行征信系统，此前借呗、分期乐、京东白条也早已接入央行征信系统，至此各大互联网巨头支付贷款体系中的主流借贷产品均完成与央行征信系统的对接。

截至2019年末，央行征信系统已采集9.9亿自然人、2591.8万户企业和其他组织的信息，年度查询量分别达到17.6亿次和1.1亿次；近1亿小微企业的基本信息已纳入征信系统中，累计为各类信息使用者提供服务3.7亿次，有效化解了小微民营企业金融服务中的信息不对称问题。

（2）地方征信平台——地方信用信息共享交换平台

地方信用信息共享交换平台建设是《社会信用体系建设规划纲要（2014~2020年)》的重要内容之一，各地政府部门相互协调，也建立各省（区、市）的地方征信平台。目前，地方征信平台建设主要有政府主导运营、市场化运营等投资运营模式和省级统一、省市两级、省市县三级等数据征集模式。近年来，地方征信平台建设取得了一定成效，将征信平台建设与缓解企业"融资难、融资贵"的政策措施有效结合起来，让征信与金融共振，帮助信用评级良好的中小微企业提高融资可得性和便利性。

2019年12月，中国人民银行成都分行联合四川省发改委等8个部门建立了"天府信用通"信用平台，通过金融机构与政府各部门的合作，实现企业基础信息、不动产、公积金、电力、银联支付、法院判决、纳税信息等超过10亿条数据的信息共享，助力金融服务与金融科技的融合，构建以信用为核心的金融服务生态圈，为小微企业、"三农"群体提供全方位金融服务，最终形成以"专注实体、资金融通、精准对接、稳健运行"为目标的小微金融服务"四川模式"①，目前四川省21个市州的1.8万家银行网点全部接入该系统。

（3）市场化第三方征信机构

中国人民银行印发的《金融科技（FinTech）发展规划（2019～2021年)》提到，要引导市场化第三方征信机构依法合规开展征信业务，扩大征信覆盖范围，打造具有较高公信力和较大影响力的信用评级机构，满足社会多层次、全方位和专业化的征信需求，促进信用信息共享与应用。

目前市场化第三方征信机构主要分为两部分：一部分是针对企业的第三方征信机构，另一部分是针对个人的第三方征信机构。前者采取备案制，目前机构数量较多，根据第一消费金融的统计，截至2019年1月，共有151家企业征信机构备案；其中，已经有21家注销，当前通过备案并实际运行的企业征信机构为132家。个人征信机构采取核准制，审查较为严格，因此市场主体相对较少，2015年中国人民银行印发了《关于做好个人征信业务准备工作的通知》，并公布了名单，共有8家企业（腾讯征信有限公司、芝麻信用管理有限公司、拉卡拉信用管理有限公司、深圳前海征信中心股份有

① 《促进信用信息共享 服务小微企业融资》，中国人民银行网站，http://www.pbc.gov.cn/zhengxinguanliju/128332/128352/3952370/index.html，2019年12月31日。

限公司、鹏元征信有限公司、中诚信征信有限公司、中智诚征信有限公司、北京华道征信有限公司）获得可能开展个人征信业务的资格，但最终均未获得正式牌照。2018 年 2 月 22 日，中国人民银行官网发布的公告信息显示，百行征信有限公司的个人征信业务申请已获央行许可，个人征信牌照有效期为 3 年，有效期到 2021 年 1 月 31 日。目前，仅此一家公司获得了个人征信牌照。2018 年 5 月，百行征信有限公司正式挂牌，其主要业务是在传统金融机构以外的网络借贷等领域开展个人征信活动，弥补央行征信中心在个人信用信息领域的欠缺，截至 2020 年 5 月末，百行征信有限公司共收录个人征信主体8500 万人，信贷数据 22 亿条，个人征信累计查询量超过 1.2 亿次①。

（4）农村信用基础设施建设

农村信用体系建设是推动地方信用体系建设的重要组成部分，对于农村普惠金融发展、农村信用环境改善以及"三农"融资发展具有重要意义。2014 年，中国人民银行印发《关于加快小微企业和农村信用体系建设的意见》（银发〔2014〕37 号），提出建立包括地方政府及各相关部门、金融机构、中介机构等的信用评定组织与工作机制，健全适合当地特点的指标体系和信用评定制度，大力推进"信用户""信用村""信用乡镇"的评定与创建。

此外，持续推进农村征信系统、动产融资统一登记系统等基础设施建设。2015 年，中国人民银行印发《关于全面推进中小企业和农村信用体系建设的意见》（银发〔2015〕280 号），在试点试验的基础上，以信用信息服务平台建设为核心，建立健全信息征集、信用评价和应用制度，不断总结经验，逐步明确了"政府领导、人行推动、多方参与、服务社会"的工作原则，提出"数据库 + 网络"平台建设、推进信用评价和信用培育、加强信息服务与应用、构建信用激励约束机制等工作任务，形成了较为完善的制度体系。2019 年，中国人民银行等五部门印发的《关于金融服务乡村振兴的指导意见》也提出了持续推进农村信用体系建设，农户及新型农业经营

---

① 《4000 余万 P2P 借款人信息已被收录！百行征信已收录个人信息主体超 8500 万人》，每日经济新闻，http：//finance. sina. com. cn/roll/2020 – 05 – 25/doc – iirczymk3447804. shtml。

主体的融资增信机制显著改善的工作目标。一方面，不断提高农村各类涉农经营主体的信用意识，优化金融生态环境；另一方面，通过建立电子信用档案，多渠道整合信用信息，促进农村地区信息、信用、信贷联动。

农村信用体系建设有效缓解了信息不对称的问题，同时为农村信贷风险防范提供了有力支持。截至 2018 年末，已收录在征信系统的各类涉农经营主体中，有 9467.5 万人办理过农户贷款，56.6 万户农村企业及其他组织办理过农林牧渔业贷款。

2. 支付清算基础设施

（1）数字支付业务高速发展

支付服务是数字普惠金融服务中的重要组成部分。相较于传统的现金支付方式，数字支付更加方便快捷、成本更低、覆盖范围也更加广阔。因此，数字支付极大地方便了居民、中小商户和小微企业。从支付中介机构看，中国的数字支付分为银行支付和非银行支付。非银行支付是指非银行机构作为收、付款人的支付中介所提供的网络支付、预付卡、银行卡收单以及中国人民银行确定的其他支付服务。非银行支付机构并不涉及资金的所有权，而只是起到资金中转作用。近年来我国数字支付特别是非银行支付快速发展，根据中国人民银行《2019 年支付体系运行总体情况》的统计，2019 年银行共处理数字支付业务 2233.88 亿笔，金额 2607.04 万亿元；非银行支付机构共发生数字支付 7199.98 亿笔，金额 249.88 万亿元，同比分别增长 35.69% 和 20.10%（见表 5 - 2）。

表 5 - 2　银行和非银行机构数字支付的发展情况

年份	银行数字支付笔数（亿笔）	银行数字支付金额（万亿元）	非银行机构数字支付笔数（亿笔）	非银行机构数字支付金额（万亿元）
2016	1395.61	2494.45	1639.02	99.27
2017	1525.8	2419.20	2867.47	143.26
2018	1751.92	2539.70	5306.10	208.07
2019	2233.88	2607.04	7199.98	249.88

资料来源：课题组整理。

当前数字支付存在以下几个特点。第一，从线上扩展至线下，场景不断丰富。数字支付最初在各大电商平台使用较多，随着第三方支付和移动技术的快速发展，数字支付向线下延伸，向打车、外卖等线下个人消费场景渗透，目前还扩展至公共交通、医疗等一些公共服务场景。第二，支付方式更加多元。随着生物识别技术的发展，数字支付从最初的密码支付发展到现在的指纹支付、扫脸支付，便利性大幅提高。第三，从城市向农村地区蔓延。截至 2017 年末，农村地区网民网上支付比例已达 47.1%。第四，竞争更加激烈。越来越多的机构在支付领域发力，银联和许多商业银行都推出了自己的电子钱包，与支付宝、腾讯展开竞争。

（2）数字支付基础设施

数字支付业务的发展需要完善的支付基础设施，目前支付基础设施包括银行卡、POS 机、ATM 机等设备和各类支付清算与结算系统。中国人民银行的数据显示，截至 2020 年第二季度末，全国共发放银行卡 86.58 亿张，其中借记卡 79.02 亿张，信用卡 7.56 亿张，人均卡量 6.18 张；全国联网机具 3331.28 万台，平均每万人互联网机具数量 237.94 台；全国ATM 机具 105.21 万台，较上季度减少 3.09 万台，平均每万人 ATM 数量7.52 台。

在支付系统方面，近年来城乡支付服务差距正在缩小，农村金融机构加速接入大小额支付系统、农信银支付清算系统。根据《中国农村金融服务报告（2018）》，截至 2018 年末，农村地区直接接入中国人民银行支付系统的银行网点 12.29 万个，接入率为 97.05%，基本实现农村银行网点的全覆盖；接入中国人民银行大小额支付系统的银行网点 9.58 万个，接入农信银支付清算系统的银行网点 4.48 万个，分别较 2015 年增长 15.28% 和9.07%。

3. **数字通信基础设施**

通信基础设施是数字普惠金融发展的硬件条件，也是数字普惠金融发展的前提。《亚洲金融发展报告》也指出，金融科技的发展依赖国家的信息和通信技术的发展，信息和通信技术（Information and Communication

Technology，ICT）已成为制约数字普惠金融发展的关键因素。

目前我国已建成全球最大4G网络，2019年新建4G基站172万个，总数达到544万个，4G基站数量占全部基站总数的64.7%，4G网络覆盖率进一步提升，特别是对于农村地区的网络盲点问题进行了进一步改善和优化。截至2019年末，4G用户总数达到12.8亿户，全年净增1.17亿户，占全部移动网络用户的80.1%，远高于全球平均水平。随着5G商业化使用，5G网络基站和用户数量都有明显的增长，其中5G基站数量13万个，用户数量每月以百万人增长。

（二）数字普惠金融的法律体系

与传统信贷由单一机构完成不同，在数字普惠金融的不同节点上，往往有多家不同类型的机构参与。从金融功能的角度来看，不同机构各自发挥专业作用，共同实现了数字普惠金融的创新。但从风险分担角度来看，一旦发生风险损失，各自应该承担什么样的法律责任，现有的数字普惠金融实践并未形成统一的规范。实践中也有多种不同的模式，权责承担各不相同，存在风险责任不清的隐患。对此，监管部门应规范实践中不同模式的法律关系，并按照实际的权责分担关系，制定与之相适应的监管规则。需要指出的是，厘清参与各方的法律责任，并不是要限制合作，事实上，权责的清晰，为专业化分工与合作提供了更为坚实的制度基础，这将为数字普惠金融的创新和可持续发展提供更大的空间。

2020年3月，中国人民银行、国家发展改革委、财政部、银保监会、证监会、国家外汇局等六部门联合印发了《统筹监管金融基础设施工作方案》，其中提到随着金融市场快速发展，金融基础设施的安全和效率也面临一定挑战，在法制建设、管理统筹、规划建设等方面还有待加强。

三　数字普惠金融监管

对数字普惠金融而言，其本质仍然是金融，考虑到金融风险的扩散性和传染性，且具有很强的负外部性，需要对其发展进行监管。在金融科技快速发展的背景下，科技不断向金融行业渗透，传统金融业务加上了互联网，使其金融风险的特征进一步放大，一方面科技模糊了金融业务的边界、加快了金融风险的传播速度并扩大了影响范围，另一方面科技本身带来了更强的操作风险和技术风险，因此数字普惠金融风险具有更强的隐蔽性、传染性和广泛性。面对可能存在的金融风险，李克强总理在全国第五次金融工作会议上指出，在推进金融监管体制改革过程中，需要增强金融监管协调的权威性、有效性，强化金融监管的专业性、统一性和穿透性，将所有金融业务纳入监管，及时有效地识别和化解风险。

（一）数字普惠金融的监管体系

目前而言，我国数字普惠金融监管属于"多头分业"的机构监管模式与行业自律相结合的混合监管模式，监管主体包括国务院金融稳定发展委员会（金委会）、中国人民银行、银保监会、地方金融办以及各类自律性的行业监管机构。其中国务院金融稳定发展委员会作为主要负责的协调机构；中国人民银行则主要针对第三方支付平台以及融资平台的信贷利率进行监管；银保监会主要针对从事数字普惠金融业务的银行、互联网信托公司、消费金融公司、互联网保险进行监管；地方金融办则针对互联网小贷公司等机构进行监管。

在现有监管模式下，监管机构能够通过现场和非现场检查以及金融机构的常规报告对传统金融机构实现较好的监管，但是对于数字普惠金融的监管存在弊端。一方面，数字普惠金融的发展促进了大量金融产品的创新，这些数字金融产品普遍经过了复杂的结构化处理和技术编程，这对金融监管提出了更高的要求，监管机构需要及时、准确地判断风险的来源、强度及其传导网络，同时具备采取合理有效措施化解金融风险的能力[1]。另一方面，与传

---

① 黄益平、陶坤玉：《中国的数字金融革命：发展、影响与监管启示》，《国际经济评论》2019年第6期。

统信贷由一家机构完成主要的业务流程不同，当前数字普惠金融发展过程中，不同类型的机构通过发挥各自的专业能力，并聚合形成更为高效的金融产品和服务，其中每个节点上可以存在多个不同的机构同时独立提供服务，并且不同的节点之间既可能有信息的流动，也可能有金融资源的互通，这些节点被连接起来，共同组成了信贷业务的全流程。这种新的发展模式使得不同金融机构和金融业务交叉在一起，传统监管模式难以对其进行全方位的监管。此外，数字普惠金融服务的客群主要是小微企业、贫困与弱势群体，相对其他群体，此类群体具有较低的风险抵御能力，这对保护消费者权益提出挑战，因此对于数字普惠金融的监管更需重视和强化。总体而言，在数字金融业务全方位渗透金融行业的大背景之下，要全面提高金融市场风险监测水平，有效防范发生系统性风险的可能。

（二）监管科技的发展

数字普惠金融的快速发展造成金融风险和技术风险叠加，很容易引发风险的扩散，形成系统性风险。这对金融监管机构提出了更高的要求。目前越来越多的国家提出，把新科技如 AI、大数据、云计算、区块链等应用于监管领域，更好地防范风险，也就是推行"监管科技"，从而提升跨行业、跨市场交叉性金融风险的甄别、防范和化解能力[1]，提高监管的有效性，同时减少监管对于市场的扰动。2019 年 8 月，中国人民银行印发了《金融科技（FinTech）发展规划（2019～2021 年)》，其中也提出要运用现代科技手段适时动态监管线上线下、国际国内的资金流向流量，探索金融科技创新管理机制，服务金融业综合统计，增强金融监管的专业性、统一性和穿透性。金融监管科技的运用为当前数字普惠金融的监管提供了新的路径。

监管科技（RegTech）这个概念最早于 2015 年由英国金融行为监管局（Financial Conduct Authority，FCA）提出，即利用最新技术手段，以促进金

---

[1] 蔡鹏程：《被央行点名的 Regtech，可能是一个千亿新市场》，钛媒体，https：//www.tmtpost.com/2612256.html，2017 年 6 月 2 日。

融机构更有效地达到监管要求，其后这一概念在世界范围内得到认可。狭义的监管科技是指利用信息科技手段提高审慎监管的运转效率以及优化其合规流程，目的是降低监管当局的监管成本和金融机构的合规成本；广义的监管科技意味着通过新科技驱动金融监管方式的创新，可以提高宏观审慎监管的精准性和有效性，扩大行为监管的金融业务范围，真正地实现穿透式监管①。

在数字普惠金融发展过程中，需要考虑监管与金融创新之间的关系。过于严厉的准入限制和微观干预会提高金融机构的合规成本，抑制发展的动力和积极性，不利于数字普惠金融的创新发展；监管过松又容易增加金融市场的风险，进而损害金融消费者的权益。基于此，各国开始通过监管沙盒（Regulatory Sandbox）的方式实现金融稳定与金融创新之间的平衡。同监管科技的概念一样，监管沙盒最早也是由英国金融行为监管局提出，本质是一种通过隔离实现的安全机制。根据其概念，监管机构为金融科技企业在现实中提供一个缩小版的创新空间，在保证消费者权益的前提下，给予该空间一个较为宽松的监管环境，使空间内部的企业能够对其创新的金融产品、服务、商业模式进行测试，较少受到监管规则的干扰。在该模式下，能够保证有效防止风险外溢的同时，允许金融科技企业在现实生活场景中对其产品进行测试。监管者最重要的职责是对消费者和整个金融系统进行保护，但是中国此前对于数字金融创新采取的思路是"先发展后监管"，发生了一些损害金融消费者权益的事件，例如P2P平台跑路。因此，监管沙盒的引入对于未来数字普惠金融的健康发展具有重要的意义，在平衡风险的同时鼓励创新。

我国金融监管机构非常重视监管科技的发展。2017年5月，中国人民银行成立了金融科技（FinTech）委员会，在其介绍中，"强化监管科技（RegTech）应用实践，积极利用大数据、人工智能、云计算等技术丰富金融监管手段，提升跨行业、跨市场交叉性金融风险的甄别、防范和化解能

---

① 陈萌：《金融监管科技的国际实践与启示》，《银行家》2020年第8期。

力"作为其重要职能之一。2019 年 12 月，中国人民银行率先在北京展开金融科技创新监管试点工作。2020 年 4 月，又将试点范围进一步扩大至上海、重庆、深圳、河北雄安新区、杭州、苏州等六地，引导持牌金融机构、科技公司申请创新测试，在依法合规、保护消费者权益的前提下探索运用现代信息技术手段赋能金融"惠民利企"，纾解小微和民营企业融资难融资贵、普惠金融"最后一公里"等痛点难点，助力疫情防控和复工复产①。

（三）互联网贷款的监管

互联网贷款是目前数字普惠金融发展的重要模式之一。相较于客户营销、贷前、贷中、贷后完全由单一银行业机构完成的传统信贷模式，互联网贷款更多地依赖不同机构间的合作，通过发挥各自的比较优势，以协同方式消除业务短板，产生规模经济效应，从而为小微企业和"三农"群体提供多元化、价格可承担、体验便捷的信贷解决方案，开放、聚合是互联网贷款的主要特征。

2020 年 7 月，银保监会印发了《商业银行互联网贷款管理暂行办法》，对互联网贷款的范围进行了明确，并在风险管理、风险数据、风险模型、信息科技、合作管理和监督管理等方面进行了详细的规定。其中将贷款合作作为未来监管的一个重点，并设计了较为严格和完整的框架，保障业务的长期健康发展，包括在总行层面统一准入和名单制管理，从经营状况、管理能力以及风控水平等多方面强化对合作机构的评估，按照收益和风险相匹配的原则进行分工，不得接受无担保资质和信用保险、保证保险资质合作机构的增信。同时坚持自主风控的原则，避免成为单纯的资金供给者，禁止商业银行向合作机构及其关联方直接或变相进行融资放贷，加强限额管理和集中度管理，不得开展暴力催收，建立持续管理和退出机制。

---

① 《央行在上海等 6 地扩大金融科技创新监管试点》，中国政府网，http：//www.gov.cn/xinwen/2020 – 04/27/content_ 5506796. htm，2020 年 4 月 27 日。

第六章
普惠金融服务中的金融消费者
权益保护

刘 伟[*]

随着我国金融市场改革发展不断深化，金融产品与服务日趋丰富，其复杂性也不断增强；在为金融消费者带来便利的同时，也存在提供金融产品与服务的行为不规范，加之金融消费者在资金实力、专业知识以及对风险的辨识上均处于弱势地位，金融消费者权益保护意识不强、识别风险能力亟待提高，导致金融消费纠纷频发。金融机构与金融消费者的信息不对称情况不断加剧，金融消费者权益保护问题日益突出。因此，金融消费者权益保护成为普惠金融的核心内容之一，加强金融消费者权益保护能够让更多的消费者享受现代金融服务所带来的便利和好处。

一　金融消费者权益保护的法律框架

2008 年金融危机后，加强金融消费者权益保护已成为国际共识，也成为我国金融业改革的重要内容之一。加强金融消费者权益保护，对维护金融稳定、提升金融服务功能、保证金融业稳健经营、促进社会和谐起着至关重要的作用。2012 年全国金融工作会议明确指出，要 "把金融消费者权益保护放在更加突出位置，加强制度和组织机构建设，加强金融消费者教育"。

---

* 刘伟，国家金融与发展实验室银行研究中心研究员。

（一）金融消费者权益保护的基本规定

1.金融消费者的概念

近年来，"金融消费者"这一概念目前在我国立法层面尚无明确的定义，对于"金融消费者"概念及内涵的界定，主要由行政机关及金融监管部门做出。2015年，国务院办公厅发布的《关于加强金融消费者权益保护工作的指导意见》是我国在金融消费者保护方面首个纲领性文件，也是目前该领域层级最高的文件，但其并未能明确金融消费者的定义及内涵。随后，2016年12月，中国人民银行在其发布的规范性文件《金融消费者权益保护实施办法》（简称《实施办法》）中，将金融消费者定义为"购买、使用金融机构提供的金融产品和服务的自然人"，从该定义可以看出，我国的金融消费者特指自然人，并未涵盖中小企业等主体。

2020年9月，中国人民银行将原有《实施办法》升格为部门规章，发布《金融消费者权益保护实施办法》（简称"2020年《实施办法》"）。2020年《实施办法》沿用了2016年《实施办法》对"金融消费者"的定义，但在某些用词中淡化了"个人"的概念，转而使用"消费者"这一统一提法，如将原有"个人金融信息保护机制"改称为"消费者金融信息保护制度"；将第三章标题"个人金融信息保护"改称为"消费者金融信息保护"，并对原"个人金融信息"的定义以及相关规定（2016年《实施办法》中第二十七条至三十四条）均进行了更新，统称为"消费者金融信息"。

2.金融消费者权益的内涵

国务院在2015年印发的《关于加强金融消费者权益保护工作的指导意见》中首次提出金融消费者所具有的八大权益，即财产安全权、知情权、自主选择权、公平交易权、依法求偿权、受教育权、受尊重权及信息安全权。八大权益的具体内涵如下。

一是金融消费者具有财产安全权。金融机构应当坚持审慎合规经营，采取严格的内控措施和科学的技术监控手段，严格区分机构自身资产与客户资产，不得挪用、占用客户资金，依法保障金融消费者在购买金融产品和接受金融服务过程中的财产安全。

二是金融消费者具有知情权。金融机构在提供产品及服务的过程中应当以通俗易懂的语言，及时、真实、准确、全面地向金融消费者披露信息，充分揭示风险，不得发布夸大产品收益、掩饰产品风险等欺诈性的信息，不得进行虚假或引人误解的宣传。

三是金融消费者具有自主选择权。金融机构应当在法律法规和监管规定允许范围内，充分尊重金融消费者意愿，由消费者自主选择、自行决定是否购买金融产品或接受金融服务，不得强买强卖，不得违背金融消费者意愿搭售产品和服务，不得附加其他不合理条件，不得采用引人误解的手段诱使金融消费者购买其他产品。

四是金融消费者具有公平交易权。金融机构不得设置违反公平原则的交易条件，在格式合同中不得加重金融消费者责任、限制或者排除金融消费者合法权利，不得限制金融消费者寻求法律救济途径，不得减轻、免除本机构损害金融消费者合法权益应当承担的民事责任。

五是金融消费者具有依法求偿权。金融机构应当切实履行金融消费者投诉处理主体责任，在机构内部建立多层级投诉处理机制，完善投诉处理程序，建立投诉办理情况查询系统，提高金融消费者投诉处理质量和效率，接受社会监督。

六是金融消费者具有受教育权。金融机构应当进一步强化金融消费者教育，积极组织或参与金融知识普及活动，开展广泛、持续的日常性金融消费者教育，帮助金融消费者提高对金融产品和服务的认知能力及自我保护能力，提升金融消费者金融素养和诚实守信意识。

七是金融消费者具有受尊重权。金融机构应当尊重金融消费者的人格尊严和民族风俗习惯，不得因金融消费者性别、年龄、种族、民族或国籍等不同进行歧视性差别对待。

八是金融消费者具有信息安全权。金融机构应当采取有效措施加强对第三方合作机构的管理，明确双方权利义务关系，严格防控金融消费者信息泄露风险，保障金融消费者信息安全。

（二）金融消费者权益保护的法律规范

1.金融消费者权益保护的法律体系

自 1994 年我国颁布首部消费者权益保护法以来，国内针对金融消费者的权益保护工作也愈加重视。经过近年来的发展，我国已初步建立了金融消费者权益保护相关的法律规范和技术标准，并在金融供给侧改革的背景下，结合新形势、新情况，在实践中不断丰富并日臻完善。根据法律规范制定层级及法律约束力的差异，我国金融消费者权益保护的法律体系可划分为以下几个层次；同时，在每个层次中，既包括专项的金融消费者权益保护法律规范，也包括涉及消费者权益保护内容的基础性法律规范。本章分析研究的重点，更侧重于专项的金融消费者权益保护法律规范。

第一，国家法律。即《中华人民共和国消费者权益保护法》《中华人民共和国中国人民银行法》《中华人民共和国银行业监督管理法》《中华人民共和国商业银行法》《中华人民共和国保险法》《中华人民共和国证券法》《中华人民共和国网络安全法》《中华人民共和国电子商务法》。此外，最新的《中华人民共和国民法典》（2020 年 5 月通过，2021 年 1 月实施）也就金融消费者权益及保护的内容给出了基本性的法律界定。

其中，《中华人民共和国消费者权益保护法》是专门保护消费者权益的基本法律，但它并没有金融消费者保护、金融服务质量方面的规定，只适用于一般消费者，难以解决专业性比较强的金融消费者保护问题。《中华人民共和国中国人民银行法》《中华人民共和国银行业监督管理法》《中华人民共和国商业银行法》《中华人民共和国保险法》《中华人民共和国证券法》则是基础性的金融法律，虽规定了金融监管机构或金融机构对应的金融监管、金融产品业务与服务、金融客户（存款人、借款人、投资者等）的相关职责，涉及在金融监管和产品提供过程中对金融客户的权利保护，但并未从"供给与消费"的商业视角提出金融监管机构及金融机构的相应职能，也未将金融客户（存款人、借款人、其他客户，投保人、被保险人、受益人等保险活动当事人，投资者等）视为"金融消费者"统一去规范机构行为和保护义务。《中华人民共和国网络安全法》《中华人民共和国电子商务法》是网络信息行业及电子商务领域的基础性法律，涉及网络与在线交易消费者权益保护的相关内容，但也并未专门针对金融消费者的权益保护工作进行管辖及规范。

第二，纲领性文件。即国务院办公厅《关于加强金融消费者权益保护工作的指导意见》，该意见明确了"一行三会"的监管职责以及金融消费者的八项权利。

第三，各金融监管部门、金融机构出台的部门规章与规范性文件等。其中，专项的部门规章、规范性文件包括中国人民银行颁布的《金融消费者权益保护实施办法》，银监会发布的《银行业消费者权益保护工作指引》，保监会发布的《关于加强保险消费风险提示工作的意见》等。而基本的金融体系部门规章与文件则包括中国人民银行颁布的《银行卡业务管理办法》，银监会颁布的《商业银行服务价格管理暂行办法》《商业银行个人理财业务暂行办法》《商业银行信息披露办法》《商业银行信用卡业务监督管理办法》等，证监会发布的《期货交易管理条例》《证券公司风险处置条例》《证券公司监督管理条例》《证券、期货投资咨询管理暂行办法》《证券市场禁入暂行规定》《上市公司信息披露管理办法》《证券投资者保护基金管理办法》《关于进一步加强投资者教育、强化市场监管有关工作的通知》等。

第四，金融消费者保护相关的技术规范与金融服务国家标准。其中，金融消费者保护相关的技术规范包括《数据安全管理办法（征求意见稿）》《个人信息安全规范》《关于增强个人信息保护意识依法开展业务的通知》《个人金融信息保护技术规范》《移动互联网应用程序（App）收集个人信息基本规范》等。而金融服务国家标准则是中国人民银行联合国家质检总局和国家标准委于2016年1月5日发布的《银行营业网点服务基本要求》《银行营业网点服务评价准则》《银行业产品说明书描述规范》《银行业客户服务中心基本要求》《银行业客户服务中心服务评价指标规范》《商业银行客户服务中心服务外包管理规范》《商业银行个人理财服务规范》《商业银

行个人理财客户风险承受能力测评规范》《金融租赁服务流程规范》9 项金
融服务国家标准，于 2016 年 6 月 1 日起实施，是金融行业规范相关金融服
务、金融消费者保护权益方面的国家标准。

第五，涉及金融消费者权益保护行政性规定及司法解释。其也是金
融消费者权益保护法律体系的有机组成部分，例如最高人民法院发布的
《最高人民法院关于适用〈中华人民共和国保险法〉若干问题的解释》
《最高人民法院关于审理民间借贷案件适用法律若干问题的规定》《关于
进一步加强金融审判工作的若干意见》《关于审理证券市场因虚假陈述
行为引发的民事赔偿案件的若干规定》《全国法院民商事审判工作会议
纪要》等。

2. 专项法律及政策发文的历史沿袭

在结合国际先进经验及我国金融发展实践的基础上，包括国务院、中国
人民银行、原银监会、原保监会、合并后的银保监会等部门和机构在内的国
家机构及金融监管部门陆续出台了多部针对金融消费者权益保护的法律法规
和监管发文，主要包括如下。

2013 年 5 月，中国人民银行首次出台《金融消费权益保护工作管理办
法（试行）》，用于推进我国金融消费者权益保护工作。其主要内容包括总
则、组织机构与职责分工、金融消费者投诉的受理与处理、监督管理、统计
监测、金融消费者教育、附则，共七章共计 50 条内容，初步建立了我国金
融体系消费者权益保护的监管框架。

2013 年 8 月，银监会发布了《银行业消费者权益保护工作指引》，是在
银行业中消费者权益保护的基本操作手册，标志着我国银行业消费者权益保
护工作体系逐步趋于成熟。该指引分为 5 章共计 43 条，涵盖银行业消费者
权益保护内容、银行业金融机构责任和监管部门作用的描述，体现了"预
防为先、教育为主、依法维权、协调处置"的银行业消费者权益保护工作
原则，解决了广大银行业消费者十分关切的权益保护规制缺失问题，填补了
国内银行业消费者权益保护制度方面的空白，是我国银行业消费者权益保护
领域的一项重要突破。

2014 年，保监会发布了《关于加强保险消费者权益保护工作的意见》，对保险金融机构在从事保险业务中应负有的提示义务进行了具体规定。其中提出了强化保险公司主体责任、加强信息披露、完善消费者维权机制、提高消费者保险知识水平和风险意识、发挥社会组织协同作用、加强考核监督等要求。

2014 年，新修订的《中华人民共和国消费者权益保护法》实施。在 1994 年颁布及 2009 年、2013 年修订的基础上，首次明确提出银行、证券、保险等金融机构在收费信息公示、安全保障和风险提示等方面的义务，并且增加了与消费者息息相关的个人信息保护、格式合同条款和其他与金融行业相关的规定。

2015 年，国务院办公厅发布了《关于加强金融消费者权益保护工作的指导意见》，是我国在金融消费者保护方面首个纲领性文件，同样也是目前该领域最高层级的文件，主要包括以下内容：①对金融消费者的财产安全权、知情权、自主选择权、公平交易权、依法求偿权、受教育权、受尊重权、信息安全权进行了详细解释；②明确了政府部门、金融机构和社会组织在金融消费者保护领域的工作要求；③提出了建立金融知识普及长效机制、金融消费纠纷多元化解决机制等六项保障机制；④明确提出了金融管理部门和金融机构在推进普惠金融发展方面的工作目标和任务。

2016 年 12 月，中国人民银行发布《金融消费者权益保护实施办法》，共 6 章 50 条，规定了经营者的经营行为规范、消费者信息保护、投诉与受理以及监管制度等内容，包括：①金融机构的行为规范；②个人金融信息保护的专门规定；③金融机构和中国人民银行的投诉受理、处理机制；④金融机构提供赔偿的机制；⑤监督与管理机制。该办法适用于所有受中国人民银行监管的金融机构，包括商业银行和非银行支付机构。

2019 年 12 月，中国人民银行基于原规范性文件《金融消费者权益保护实施办法》，结合履职过程中的新需求、新情况、新问题和中央编办的《中国人民银行职能配置、内设机构和人员编制规定》，在充分借鉴国内外立法经验、吸收相关意见建议的基础上，发布《金融消费者权益保护实施办法（征求意见稿）》，修订增补相关条款，使之不断修改完善。2020 年 9 月的正式发文，标志着我国金融消费者权益保护工作进入全新的发展阶段。其主要内容包括总则、金融机构行为规范、消费者金融信息保护、金融消费争议解决、监督与管理机制、法律责任、附则，共七章68条。

从以上可以看出，金融监管部门对金融领域的消费者权益保护工作历来都相当重视，且在制度建设方面已经积累了不少丰富的经验，自2013年银监会发布的《银行业消费者权益保护工作指引》开始，银行业金融机构的消费者权益保护工作机制框架已基本确立，到2020年中国人民银行发布的《金融消费者权益保护实施办法》中规定的工作机制和保障措施基本保持延续；仅在一些具体规定及文字叙述方面有所细化和调整。例如，在2013年具体工作机制基础上，2016年增加了个人金融信息保护机制、产品和服务信息查询机制、消费者风险等级评估机制、责任追究机制的要求，2020年又补充了金融营销宣传管理制度，以及"中国人民银行明确规定应当建立的其他金融消费者权益保护工作制度"。又如，由2013年的"事前协调与管控机制"，调整为2016年的"事前协调、事中管控、事后监督机制"，2020年继续演变为"事前审查机制"、"事中管控机制"及"事后监督机制"在内的"全流程管控机制"等。

二　普惠金融与金融消费者权益保护

（一）普惠金融与金融消费者权益保护的关系

虽然普惠金融与金融消费者权益保护在内涵、外延及作用等方面并不完全相同，但二者有着内在的高度一致性和极强的互补性，普惠金融离不开金融消费者权益保护的支撑，而金融消费者权益保护也需要以普惠金融的发展为本源，因此实现二者的协同发展具有重要的现实意义。

首先，普惠金融和金融消费者权益保护具有一致的基础，即均以金融消费者权利为出发点。

二者在本质上均注重对金融消费者权利的保护，要求实现在获取金融产品及服务方面的公平。通过消除行业垄断、地区壁垒、条块割裂等问题，实现金融市场的统一及开放，促进金融资源及要素全方位地自由流动，从而使社会各阶层均能便捷、平等地获取自身所需的金融产品及服务，并在金融交易过程中充分享有自由选择、公平缔约等合法权利，有效缓解金融排斥、服务歧视或霸王条款等问题。

其次，普惠金融和金融消费者权益保护具有一致的目标，均追求实现健康、均衡和可持续的发展。

第一，在实现发展目标过程中必须重视对各方利益尤其是金融消费者的保护，以实现和谐的行业环境及氛围，促进行业健康发展。第二，致力于消除不同地区之间金融资源禀赋的差异，为贫困及偏远地区的消费者群体提供均等的金融服务，实现金融均衡发展。第三，普惠金融的发展必须注重商业可持续原则，坚持紧紧围绕金融消费者的真实需求来进行产品和服务开发，在兼顾双方利益的基础上要更加注重对金融消费者利益的保护，从而实现可持续发展。

再次，金融消费者权益保护是普惠金融的主要特征及重要内容。

普惠金融具有业务的全面性、服务的公平性、参与的广泛性、服务的便捷性、发展的可持续性、低收入群体的侧重性、内涵的动态性，以及消费者权益的保护等主要特征，可以说，对金融消费者的权益保护，贯穿普惠金融工作的始终，是其不可忽视的重要特征；同时，金融产品及服务的种类繁多，有的还比较复杂，此外，涉及金融业务的纠纷案件也较多，而金融消费者要清楚地知道自己的权益，比如知情权、公平交易权、依法求偿权等基本权利，以及在自身权益受到侵害时如何进行维权，就必须提高自身的金融素养，加强合法权益保护意识，因此，普及金融知识、进行金融消费者权益保护，也是普惠金融的重要内容。

最后，金融消费者权益保护也是普惠金融发展"保驾护航"的重要手段。

普惠金融的发展必然会引入更多经验不足和财务脆弱的弱势消费者。与金融服务提供者相比，该群体金融素养不高，风险承受能力较弱，难以对金融产品的适当性、成本和风险做出正确的评估，在信息和资源方面不对等，特别是当那些过去无法获得金融服务或服务不足的消费者第一次获得正规金融服务时，这些不对等尤为明显。而金融消费者权益保护框架正是要解决这些不对等问题，保护消费者权益，从而确保普惠金融能够真正惠及消费者，同时也能使整个金融体系更加安全和稳健。

（二）普惠金融服务中的金融消费者权益保护

1. 国际金融消费者权益保护实践与经验

（1）美国的监管创新

立法保护与行为监管。2010年，美国立法通过《多德－弗兰克华尔街改革和消费者保护法案》，并在美联储内部新设了独立的消费者金融保护局（Consumer Financial Protection Bureau，CFPB），将原来分散于7个部门的金融消费者保护职能进行了整合。CFPB负责监管多种类型的金融机构，主要包括资产规模在100亿以上的银行、储贷机构、信用社以及非存款类的金融服务机构，例如抵押贷款公司及中介商、发薪日贷款公司、债务催收组织等，以保证美国金融消费者在购买使用住房按揭贷款、信用卡和其他金融产品时，可获得全面清晰的信息披露，免受不公平交易、掠夺性条款及金融欺诈等不当行为的侵害。CFPB具有五大核心职能，其监管具有较强的独立性：①制定关于金融消费者保护的监管要求，并进行后续监督及执法；②处理金融消费者投诉及咨询；③促进金融教育的开展，提升公众金融素养；④研究金融消费者行为；⑤对金融市场进行监测，及时识别可能对金融消费者造成侵害的潜在风险。

以"社区事务项目"联结企业、居民与金融机构。为维护社区居民和中小微企业获取各项金融服务的正当权益，增强民众对金融体系的信心，进而促进金融体系的安全和稳健，美国联邦存款保险公司（FDIC）设立了"社区消费者管理部"。该部门联合当地金融机构、社区居民和企业、社区事务办公室，并在地方政府组织领导下建立"经济包容联盟"，发起一系列"社区事务项目"，具体负责消费者保护相关活动，包括：①促进社区居民与辖区金融机构的各种金融事务联系；②通过资本运作和投融资活动，推动社区建设和开发；③组织各行业企业与社区居民联合会议，提供金融咨询，以便加强企业与居民对美国《社区再投资法案》的了解和认知；④向当地金融机构及员工提供合规工作的业务指导与技术支持；⑤向居民传授金融产品设计和运行知识，开展金融教育培训工作等。

创建消费者授权的金融数据共享和聚合规范。2017 年，CFPB 发布《消费者授权的金融数据共享和聚合原则》（以下简称《原则》），旨在创新和金融消费者权益保护之间积极寻求平衡。《原则》可归纳为九项，包括金融数据获取、共享数据范围和提供、控制和同意、授权支付、安全性、获取的透明性、准确性、对非授权获取数据提出异议和解决争议、高效和有效的问责机制。《原则》制定前，数据持有方（主要是银行）、数据聚合方（主要是金融科技企业）和消费者保护团体已就是否需要消费者权益保护达成共识，主要分歧则在于数据资源的提供和共享方面。针对此类争议，CFPB 通过《原则》的制定，为市场参与者提供指引，采取既尊重消费者自主选择权利、支持数据共享，又强调数据共享安全的态度，均衡考虑银行、消费者和金融科技企业多方利益，并持续观察市场动向，以期实现数据安全和资源共享、创新和风控等关系的平衡。

将金融知识普及纳入国民教育体系。2019 年 1 月，美国联邦储备委员会发布一款名为"货币冒险"（Money Adventure）的移动 App，并专门编制《"货币冒险"教育者参考指南》（以下简称《指南》）作为配套教学指引。一方面，将金融基础知识纳入国民教育体系，希望借助数字技术，提升货币知识教育趣味性和互动性；另一方面，旨在根据年龄段科学设置教学目标和特点，因材施教，提升金融知识普及教育实效。"货币冒险"可在苹果应用商店下载，并内嵌"纸币正面探索"和"纸币背面探索"两个互动小游戏；而《指南》则在课程计划部分为小学生课堂教学提供示范场景，详细介绍教学目的和重点等，指导老师通过 App 开展课堂教学；并引导学生借助"货币冒险"App 的 VR 技术进行沉浸式学习，通过触觉、听觉和视觉体验，加深对金融知识的了解；此外，《指南》还配套教学测试与答案，测试与考查学生对金融知识的掌握情况。

（2）韩国的保护措施

全面的立法保护。韩国政府将普惠金融作为四大金融改革战略之一，大力推行面向民众的金融支援，同时高度重视金融消费者保护。

1980年1月，韩国首次制定了专门以保护消费者为目的的《消费者基本法》。此法共8章32条，包含消费者权利的主要规定、经营者的义务、消费者团体、消费者保护院的设立以及争议解决途径等内容。后经多次修订，其中主要的修改内容包括：①《消费者基本法》与韩国消费者保护院的名称与立法目的的更改；②规定消费者的基本责任与关于保护消费者个人信息的内容；③在消费者政策委员会干事内增加一名属于公平交易委员会的公务员以及增设有关财政经济部的资料提交要求权的规定；④将关于韩国消费者保护院的管辖权以及对于消费者团体的注册审查与取消权限移交给公平交易委员会；⑤加强有关消费者安全的规定；⑥鼓励经营者建立消费者咨询机构；⑦增加关于消费者争端调解委员会的争端调解的规定；⑧引进消费者团体诉讼制度。

2009年，韩国国会通过的《资本市场整合法》正式实施，结束了二元式监管的模式，确立了功能性监管的一元式。具体体现在：一是实现了资本市场领域的统一立法，二是在实践中将三个金融交易机构合并为一个证券期货交易所。该法案中，与金融消费者权益保护相关的制度包括：①根据投资者的能力不同，适用差别的保护制度；②构建利益冲突预防体系；③对投资咨询行为的规范；④对投资广告行为的规范，等等。

2020年3月，为加强金融消费者权益保护，维护金融产品销售和咨询行业的市场秩序，韩国政府颁布《金融消费者保护法》，形成综合性的金融消费者保护体系，解决了之前监管空白和监管套利并存的问题，有效保障了处于弱势的金融消费者权益。其主要内容包括：①规定一般性原则；②细化金融产品类别，规定销售行为遵守事项；③强调金融消费者教育的重要性；④在救济损失、减少亏损方面保障金融消费者权益。

除前述的法律外，韩国还制定并出台了一系列通过对经营者经营行为规制，以期达到金融消费者权益保护目的的立法，包括《银行法》《保险业法》《存款保护法》，以及金融委员会设立的法律，资本市场和金融投资业相关法律等。

普惠性质的产品及政策措施。有别于中低收入国家的普惠金融受惠对象，韩国普惠金融服务对象不仅包括不能享受中低利息优惠政策的没有信用或信用等级处于中低等级的人群、被排斥在数字金融以外的残疾人和老年人，还将利用高息贷款的人群、逾期债务人、信用记录不良人员等考虑在内。近年来，为保障民众可以获取质优价廉的金融产品与金融服务，韩国政府推行了一系列具有针对性的政策，主要包括：一是保障高龄老人完全理解并选择适当的金融产品；二是扩大针对特殊群体的贷款资金供应；三是通过降低法定最高利率来减轻利率负担；四是降低信用卡手续费；五是向长期延期债务人提供财源支持，以激发其劳动意愿；六是提高残疾人利用金融服务的便利性等。

广泛的金融教育项目及法律保障。自2002年开始，为提高大众金融素养，实现消费者权益保护，韩国金融监督院开展了广泛的金融教育项目，包括向大学生、朝鲜难民、有外国人配偶的多文化家庭、老年人、监狱犯人、失业者和军人等广泛人群提供个人理财等方面的金融基础知识教育。2009年2月，韩国政府结合以往金融知识的教育实践，发布《经济教育支援法》，以期提高消费者对金融产品的判断能力，进一步加强金融消费者教育，使之更好地行使合法权益。

三 我国金融消费者权益保护现状与发展

次贷危机以来，全世界的政策制定者高度重视金融消费者权益保护，中国也不例外。近年来，中国的监管部门与政策制定者迈出了重要步伐，为强化金融消费者权益保护体系奠定了基础。

（一）我国金融消费者权益保护工作现状

1.管理部门职责

在金融监管部门、行业自律协会、金融机构、第三方平台等多元化主体的共同努力下，我国也设立了相应的金融消费者权益保护部门，以及配套的金融消费纠纷解决渠道。其中，中国人民银行于 2012 年设置"金融消费权益保护局"，根据银办发〔2012〕146 号文规定，负责中国人民银行职责范围内的消费者权益保护工作，综合研究中国金融消费者权益保护的重大问题，协调处理交叉性金融产品的消费者权益保护工作等。银保监会内设"消费者权益保护局"，一是负责研究拟订银行业和保险业消费者权益保护的总体规划和实施办法；二是负责调查处理损害消费者权益案件，组织办理消费者投诉；三是负责开展宣传教育工作。证监会设置"投资者保护局"，其职责包括：负责投资者保护工作的统筹规划、组织指导、监督检查、考核评估；推动建立健全投资者保护相关法规政策体系；统筹协调各方力量，推动完善投资者保护的体制机制建设；督导促进派出机构、交易所、协会以及市场各经营主体在风险提示、教育服务、咨询建议、民事纠纷多元化解等方面，提高服务投资者的水平；推动投资者受侵害权益的依法救济；组织和参与监管机构间投资者保护的国内国际交流与合作。

2. 监督管理机制

近年来，通过金融监管部门与银行、保险等金融机构的共同努力，我国已经初步建立起金融消费者权益保护的监督管理机制，并使之持续完善。具体措施如下。一是通过现场检查、非现场监管等手段，先后针对银行卡、信贷、理财、代销、存款纠纷、收费、个人信息保护、保险误导销售和理赔、互联网保险、资本市场中小投资者保护等领域开展专项检查；充分运用"柔性"监管手段，如约谈高管等，督促金融机构提高金融服务水平。二是为提高社会公众和金融市场参与主体的认知，建立典型案例库与监管信息披露制度，选取金融消费者权益保护典型案例汇编成册并出版发行；建立了损害消费者合法权益典型案例公开披露制度，向社会公开披露涉及保险销售承保、理赔给付等方面的典型案例。三是持续开展金融消费者权益保护机构评估和环境评估。引导银行业金融机构将消费者权益保护要求纳入业务管理和综合绩效考评，确保金融消费者权益保护理念像"公平对待客户"理念一样贯穿银行各业务条线；建立了保险公司服务评价体系，并完善了该体系的基本框架，构建了相应的指标体系。

3.信息披露制度

目前，我国与金融消费者权益保护相关的信息披露制度建设情况，主要体现在以下几个方面：一是定期披露普惠金融与金融消费者权益保护相关数据，及时披露监管信息，加强部门间信息共享；二是引导金融机构及时披露产品服务信息，并推动相关披露管理办法的建立与修订；三是组织金融机构消费者权益保护工作年度考核评价，按季度发布消费投诉情况通报，加大金融服务监测力度；四是将电子化回访作为与电话回访同等的首选回访方式，利用创新手段与技术为金融监管消除障碍。

4.纠纷解决机制

我国已初步建立了行之有效的金融消费者权益保护的纠纷解决和处理机制，由此有效加强了金融消费者的权益保护，促进了违法违规行为的快速解决和处置，进而构造了稳定良好的金融消费环境。其中，纠纷解决的途径包括：与该金融机构协商解决；向该金融机构或其上级机构投诉；请求依法设立的第三方机构调解；向该金融机构所在地的金融消费者权益保护机构投诉；根据与该金融机构达成的仲裁协议提请仲裁；向人民法院提起诉讼等。纠纷解决的措施包括：一是建立金融消费者权益保护信息管理系统，由中国人民银行直接受理消费者投诉，并跟踪金融机构对金融投诉的处理流程；二是加强金融监管与司法、仲裁部门的合作与协调，推动建立金融消费纠纷诉调对接机制以及非诉第三方调解试点，确保纠纷得到公正、及时、高效、适当的解决；三是开通金融消费者权益保护及投资者保护的咨询投诉热线，受理金融消费者的投诉、咨询，强化金融机构处理消费者投诉的主体责任；四是制定相关标准和考核指标，开展投诉分类标准应用的试点工作。

5.金融消费者教育

金融监管机构与银行、保险、证券等金融机构对金融消费者教育工作极为重视，相关措施如下。一是定期、不定期地开展金融消费者权益保护与投资者教育相关的宣传教育活动，普及金融知识，倡导健康、理性的金融消费观念。二是组织编写、出版和发行各类金融知识普及读本；通过网上教育平台、微博、微信和公众媒体等多种渠道开辟金融消费者教育专栏；推出面向各类群体的读本、动漫画和手机软件等金融知识普及工具。三是推动金融消费者权益保护和投资者教育的常态化基地建设，让金融消费者与投资者拥有一站式的教育服务场所，使其能够集中、系统、便利地获得公平、优质的教育和服务。四是大力推进金融知识纳入国民教育体系，面向学生开展"金融知识进校园"活动，组织编写中学生金融知识普及读本，建设金融基础知识类开放课。五是积极探索并开展对金融消费者能力和素养的调查与评估。

（二）目前存在的问题

自 2013 年我国最新一次对《中华人民共和国消费者权益保护法》进行修订，以及中国人民银行首次出台《金融消费权益保护工作管理办法（试行）》以来，经过近几年的发展，在我国金融消费者权益保护领域，已经初步建立起符合国际法律框架及发展趋势的法律保护与监管体系，并形成符合我国发展实践的普惠金融产品和金融科技标准与规范，对金融消费者的合法权益起到一定的保障和促进作用。但是，我国金融消费者权益保护工作与国际领先经验与实践仍存在较大差距，在某些领域和具体环节仍存在诸多问题，特别是在普惠金融领域，金融消费者权益保护工作还相对薄弱和落后，亟待解决与不断完善，具体体现在以下几个方面。

在法律法规建设方面，我国尚无高级别、专项的金融消费者权益保护法律。其中，2013 年最新修订的《中华人民共和国消费者权益保护法》只是针对普通商品的消费者权益保护进行了基础性、普遍性的规定，并未针对金融产品特性提出金融领域针对性的保护规定；金融监管部门制定和发布的一系列专项金融消费者权益保护政策规范一般均为部门规章或规范性文件，在立法层级和约束效力方面有所欠缺；2015 年国务院颁布的纲领性文件则更多的是指导性原则，难以作为具体的行为衡量准则与执行标准；2020 年中国人民银行最新发布的《办法》上升为部门规章，虽较之前的规范性文件提升了法律层级，增加细化了对违法违规行为的罚则，但在立法层级和约束效力方面仍显不足。此外，随着互联网金融与金融科技的迅速发展，针对普惠金融领域特殊群体保护，以及金融信息和隐私保护方面的措施，也亟须纳入全面的金融消费者权益保护法律框架下。

在监管考核方面，"一行两会"各金融监管部门分别制定了针对各自监管框架下金融产品与服务的规章规范，并各自承担相应的监管职责，但在跨产品、跨市场领域的监管标准统一性和监管协调性方面仍有待加强；关于营销宣传、资金安全、信息披露以及纠纷解决等方面的金融消费者权益保护规则也应进一步扩展，以全面覆盖包括金融科技企业在内的多元化主体，从而适应金融数字化发展的需要；监管活动的预见性尚需提高，相比金融业务实践的创新与发展，在监管科技方面仍有待深入探索和持续提升；缺乏强有力的监管手段，对违规行为的处罚力度也较为薄弱；在长效工作机制方面仍有所欠缺，需进一步提升金融消费者权益保护工作的有效性。

在产品服务方面，作为金融产品与服务提供者的传统金融机构，其消费者权益保护理念还有待提升，表现在金融产品设计与服务提供过程中未能全面、充分考虑金融消费者权益，而是以自身利益出发，夸大产品盈利能力、强制捆绑销售、掩盖业务风险，以及产品合同与信息披露不规范、投诉通道和纠纷解决机制不健全等一系列行为，有意无意中对金融消费者权益产生侵害，同时也违反了金融监管在金融消费者权益保护方面的相关规定；新型的互联网金融机构和金融科技企业等非金融机构的消费者权益保护意识不强和保护措施落实不到位，甚至存在为谋机构私利，恣意盗取金融消费者信息、破坏消费者账户资金安全、高利贷、暴力催收、金融诈骗等违法违规行为，对金融消费者权益保护和金融市场稳定造成极为不利的影响；此外，信息不对称及自身保护意识薄弱、金融素养不足，也容易造成金融消费者自身权益受损。

在宣传教育方面，根据央行2017年及2019年两次的消费者金融素养调查，我国金融消费者的金融素养还较低，而且发展不均衡；我国金融宣传教育的针对性和有效性有所欠缺，尤其是对基础设施匮乏的贫困地区普惠人群及老年人、残疾人等特殊群体，需要结合产品、地区、人群差异，进行更具针对性的金融知识宣传教育；金融宣传教育的普及性和长期性有待加强，相比国际先进经验，我国金融知识普及尚未纳入基础性的国民教育体系；金融消费者权益保护宣传教育的手段和方法有待创新，如何利用先进的数字技术有效地为消费者提供金融教育，是需要创新探索的领域。

（三）我国金融消费者权益保护工作措施和建议

普惠金融与金融消费者权益保护相辅相成，相互促进，因此，必须持续推动并完善我国包括普惠金融领域在内的金融消费者权益保护工作。同时，结合前述国际经验，我们也可以看到，金融消费者权益保护工作涉及立法、司法、监管、行政、市场、教育等多个环节和领域，并非单一部门或市场主体可以毕其功于一役而完成；作为金融产品、业务与服务的提供者，金融机构需积极作为，主动承担起金融消费者权益保护工作责任主体的职能与作用；与此同时，其他相关部门，包括立法、司法、监管、财政、教育、媒体宣传部门，作为市场多元化主体的企业等机构，金融消费者自身以及其他社会大众均应提升保护意识和责任感，认清自身角色和职责，充分发挥各自在金融消费者权益保护，特别是普惠金融领域权益保护中的作用。

2020 年 9 月 15 日，中国人民银行正式发布《金融消费者权益保护实施办法》（中国人民银行令〔2020〕第 5 号，以下简称《办法》），自 2020 年11 月 1 日起施行，标志着我国金融消费者权益保护进入一个崭新的阶段。

此次《办法》充分贯彻和体现国家关于"建立健全金融消费者保护基本制度"的决策部署，是对国务院相关要求的细化和落地；同时，《办法》针对金融消费领域的新情况、新问题，与时俱进地提出了新的监管策略与手段，并配套以相应的罚则，因而具有更广泛优越的适应性，以及更为有力有效的措施和手段。可以预见，未来，《办法》的正式实施将进一步加快建立完善有利于保护金融消费者权益的金融监管体系，保护金融消费者长远和根本利益，并发挥更为积极和愈加重要的作用。在《办法》颁行的基础上，未来可以从以下几个方面继续推进金融消费者权益保护工作。

在法律建设方面，一是相关部门应围绕中国人民银行最新发布的《实施办法》，建立配套的实施细则以及相应的监管规则，完善法律法规体系，特别是涉及普惠金融领域的法律法规体系；同时明确和加强对金融消费过程中违法行为的惩戒力度。二是社会公众需对我国现有的权益保护体系有所了解，自觉提升作为金融消费者的法律保护和维权意识；通过法律途径在内的多种手段，坚决抵制损害自身正当金融消费权益的违法行为。

在监管考核方面，一是金融监管及有关部门需借鉴国际经验，持续完善我国行为监管框架，加强监管体系内外部的沟通协调；利用金融科技手段，提升监管科技水平与能力，加强金融领域，特别是普惠金融业务中金融消费者权益保护的监管；促进征信体系的建立与完善，加快金融消费者权益保护相关的技术标准等金融基础设施的建设；制定有针对性的消费者权益保护倾斜政策和业务标准，并建立与之配套的普惠金融领域考核评价体系。二是金融机构、金融科技企业等市场主体按照法律和金融监管要求，完善金融消费者权益保护的组织架构、公司治理体系以及内控管理制度，建立行之有效的考核激励机制，逐步形成有利于金融消费者保护的企业文化。三是社会公众需充分了解并合理行使作为金融消费者的各项权益；有效利用纠纷解决机制，维护自身合法权益。

在产品服务方面，一是金融机构、金融科技企业等市场主体需针对金融消费者权益保护目标，完善金融普惠型产品、业务与服务，确保金融消费者权益保护工作贯穿客群定位、产品设计、营销推广等的各个环节；利用数字普惠金融的良好契机，借助金融科技手段，丰富金融消费者权益保护措施；依照金融消费者保护相关的法律和监管要求，做好产品、业务、服务的信息披露。二是金融消费者应通过正规渠道了解、认识和购买金融产品与服务，深入了解金融产品与业务风险；选择匹配自身收入水平和风险承受能力的金融产品与业务；保护好个人隐私和金融信息，不听信虚假宣传，不过度消费，确保自身资金、账户安全。

在宣传教育方面，一是国家有关部门可借鉴国际领先经验，推动将金融素质教育纳入国民教育体系；同时加大金融知识普及宣传的资金、资源和人员支持力度，建议监管部门或行业组织牵头，建立常规性、系统性、多元化和广覆盖的金融消费者教育机制，持续、广泛地开展相关的教育活动。二是金融监管与自律机构做好对金融机构金融消费者权益保护的宣传、引导、监督，建立和完善长效工作机制。三是金融机构与金融科技企业等市场主体应充分履行金融消费者权益保护的主体责任，对内做好员工的金融消费者权益保护业务培训；对外加强金融消费者权益保护的宣传教育，推动金融消费者的金融知识普及、金融素养提升，培育良好的金融消费环境；加大对普惠金融消费者权益保护的人才、资金投入及宣传力度，践行普惠金融社会责任。四是社会公众作为金融消费者，需主动增强自身作为金融消费者的金融素养、风险意识和维权意识。五是媒体及社会公众加强社会监督和舆论引导，推广金融消费者权益保护的良好做法，宣传对金融消费者权益保护的典型案例和良好行为；通过舆论压力，声讨消费者保护领域的违法乱象及不良行为。

第七章
普惠金融助力脱贫攻坚

任梦杰*

一 金融扶贫概述

（一）普惠金融与金融扶贫

金融扶贫是普惠金融在扶贫领域的创新性运用，二者既有区别也有联系。普惠金融强调金融机构的财务可持续性，推动市场在金融资源配置中发挥决定性作用。金融扶贫强调发挥政府的作用，以政策为引导，通过合理设计的金融工具和金融机制来引导金融产品和服务流向欠发达地区、弱势群体和低收入人群。在当前扶贫攻坚的关键时期，金融扶贫是党中央、国务院做出的重大决策部署，是更加有针对性的普惠性乃至特惠性金融，需要从金融市场、金融机构、金融产品等不同层面和角度不断创新，依托不同发展平台，将金融资源服务于脱贫攻坚。

加大金融扶贫力度，需要持续推进普惠金融，提供金融服务的覆盖面和深度，创新面向贫困地区的金融产品和服务。从短期来看，金融扶贫是普惠金融的特殊应用，更多体现了政策在资源配置中的引导和扶持作用；从长期来看，在巩固脱贫成果和建立解决相对贫困的长效机制过程中，金融扶贫必然要遵循市场化原则，兼顾政府和市场在资源配置中的作用，使金融扶贫机构的社会性和商业性有机结合，在惠及贫困地区和贫困群体的同时，实现可持续发展。

---

* 任梦杰，中国社会科学院金融研究所博士后，国务院扶贫办信息中心。

具体而言，金融扶贫是指金融系统开展的与扶贫开发相关的诸多行为措施，是通过运用各种金融工具，满足贫困地区金融需求，支持贫困人口脱贫致富和贫困地区经济社会发展。改革开放后的经济转轨过程中，金融扶贫是政府扶贫政策的一个重要组成部分，是提高低收入群体生活质量、实现社会和谐发展的政策工具。在当前脱贫攻坚背景下，金融扶贫具有了更加丰富的内涵，是按照精准扶贫精准脱贫基本方略要求，整个金融行业共同履行社会责任、共同参与的扶贫行动。现阶段的金融扶贫从制度设计到产品开发，都体现了金融改革创新和扶贫改革创新的融合，是整个金融系统共同践行的金融扶贫顶层设计及具体实施。

（二）金融扶贫的逻辑基础

我国贫困问题的形成，与资源环境、体制机制、政策差异等多种因素有关。从客观条件上来看，我国人口多、地域广，区域发展不平衡，贫困地区资源匮乏、交通不便，导致了贫困地区教育、产业、经济的不发达。从制度政策层面来看，新中国成立初期政治经济制度安排带来了城乡"二元"社会经济结构，区域经济发展政策导致了区域性差异和经济、社会发展的不平衡。

贫困是一个世界性问题，西方的减贫经验主要有慈善式、救济式扶贫和商业化扶贫，但这些方式只是缓解了贫困，不能从根本上解决贫困问题，而过度商业化的扶贫则可能使贫困人口永久性地处在贫困阶层。我国自改革开放以来，实施了有计划、大规模的扶贫开发，7亿多贫困人口脱贫，成功走出了一条中国特色的扶贫开发道路。当前，我国扶贫脱贫已进入攻坚克难重要阶段，"大水漫灌"式扶贫已经很难渗透深度贫困地区，必须采取更精细化的扶贫方式。

精准扶贫，就是以"造血式"扶贫替代"灌水式""输血式"扶贫，是推动区域协调发展、协同发展、共同发展的大战略，是实现先富帮后富、最终实现共同富裕目标的大举措。而金融扶贫正是精准扶贫的利器，通过向贫困地区提供资金支持，带动产业培育和发展，促进就业和贫困人口增收，逐步消除贫困地区的致贫因素，用市场机制激发贫困地区的内生发展动力，支持引导有劳动能力的贫困人口依靠双手，实现有尊严、可持续的脱贫致富。

（三）金融扶贫的优势及必要性

一是以金融资源供给促进贫困地区经济发展。根据戈尔史密斯（Goldsmith）和帕特里克（Patrick）的金融发展理论，经济欠发达的国家和地区通常采用金融优先的金融资源供给带动政策，以刺激储蓄和投资，能够对经济发展起到较明显的促进作用。贫困地区经济发展落后，通过金融扶贫，增加金融资源的投放力度，加大金融基础设施建设，可以助力提高贫困地区金融发展水平，促进贫困地区经济发展。

二是以金融资源配置带动贫困地区产业发展。金融扶贫通过发挥金融资源配置的核心作用，发挥金融资本的杠杆作用，以产业帮扶为重点，以资金带动产业发展，完善贫困地区产业链，培育贫困地区有前景的企业，拉动贫困地区人口就业。通过促进产业发展这一实现脱贫的根本之策，带动扶贫脱贫，带动致富，实现短期快速脱贫和长效稳定脱贫的有机统一。

三是以金融机构履行社会责任促进社会更加和谐。助力脱贫攻坚战是金融机构履行社会责任、承担经济社会发展义务的具体体现。履行社会责任、遵守契约精神不仅是应有之义，更是促进社会财富合理配置的有效途径。以金融资源助力脱贫攻坚，是金融机构参与构建和谐社会的必然要求。

（四）金融扶贫的整体状况

从金融基础设施上来看，通过开发性金融机构、政策性金融机构、商业性金融机构、合作性金融机构的共同努力，金融基础设施不断夯实，面向基层、面向贫困地区和贫困人口的普惠金融服务体系不断完善。贫困地区信用体系初步构建。近年来，各地加强贫困人口信用信息征集和评价，建立新型农村经营主体信用档案，健全信用评价体系，为金融扶贫的正常运行提供了基础保障，降低了金融机构在开展信贷业务中面临的信息不对称，降低了交易成本，规避了道德风险，贫困地区金融生态环境不断优化。支付体系建设快速完善。农村地区结算账户、支付工具和支付清算网络等基础设施快速发展。同时，随着互联网技术、移动终端、大数据等科技的发展，商业银行线上业务和第三方支付机构迅猛发展，贫困地区贫困人口对数字化金融服务的接受度越来越高，支付体系不断完善，更加经济、便捷、高效。

从金融服务体系上来看，目前，我国已经构建和形成了多元化的贫困地区金融服务组织体系，包括以银行为主导的信贷支持体系，有效提高了贫困地区贫困企业和贫困农户的贷款覆盖率；以保险为主导的"农业保险＋大病保险"体系，一方面为农产品提供市场化的风险管理手段，另一方面为贫困人口提供民生兜底保障；以资本市场为主导的直接融资支持体系，通过首次公开募股、发行债券、新三板市场挂牌、"保险＋期货"等多种手段提高融资效率，促进贫困地区产业发展。贫困地区的金融服务体系日益完善，有效解决了贫困地区发展中的资金短缺问题。

从金融产品和工具上来看，改革开放40多年以来，我国金融扶贫工具不断创新演进，为不同时期的扶贫开发事业发挥了积极作用，至今已形成了包括信贷、保险、证券产品在内的多元化、较为完备的金融扶贫工具体系。金融扶贫工具从单一到多元、从政策主导到政府市场双轮驱动、从产业带动到针对个体实现精准扶贫。

从金融扶贫成效上来看，普惠金融服务扶贫开发取得了显著成效，贫困地区金融服务水平明显提升，增强了贫困地区经济发展活力，促进了贫困地区产业发展，扶贫带贫成效显著。信贷扶贫方面，针对贫困农户的扶贫小额贷款，放款效率高，扶贫效果好，目前已累计发放超过4000亿元，惠及1000多万建档立卡户。重点支持易地扶贫搬迁的专项贷款，重点支持扶贫龙头企业、新型生产经营主体的扶贫再贷款，也有效降低了贫困地区企业和农户的融资成本。保险扶贫方面，推出了精准施策的生产生活、养老医疗、融资增信等保险产品，聚焦贫困地区贫困人口，有效支持了贫困地区产业发展，防范了贫困农户因病因灾因市场风险等致贫返贫问题。资本市场扶贫方面，通过融资引资投资平台，发挥金融资源配置优势，为贫困地区企业直接融资提供了绿色通道支持。

二 金融扶贫的措施及手段

20 世纪 80 年代初期，国家对贫困地区的资金支持主要依靠财政资金。1980 年，国务院提出，中央财政对老少边穷地区要设立支援经济不发达地区的发展资金，占国家财政支出总额的比例应当逐步达到 2%。1982 年，国民经济"六五"计划进一步明确扶贫专项资金制度，"每年拨专款 5 亿元，作为支援经济发展的资金"。改革开放以来，随着我国金融体系的逐步发展完善，金融在扶贫开发领域的运用也越来越广泛，金融扶贫的措施及手段不断完善，金融扶贫工具从无到有，从单一到多元，目前已初步形成包括信贷、保险、证券的多层次、立体化的金融扶贫工具体系。

（一）信贷类金融扶贫工具

1. 专项低息贷款

改革开放初期，我国农村扶贫开发所需资金主要来源于中央专项财政扶贫资金"支援经济不发达地区发展资金"和金融系统的专项低息贷款。1983 年的"老少边穷地区发展经济贷款"，是扶贫专项低息贷款的具体形式，通过信贷工具向贫困地区输送资金和提供服务，是对财政扶贫资金的重要补充。这一时期，可供查询的最早涉及金融扶贫的政策文件是 1982 年底九部门联合下发的《关于认真做好扶助农村贫困户工作的通知》。该通知指出，农村金融部门要"对缺乏农副业生产资金的贫困户积极给以贷款支持"。

1983 年、1984 年，中国人民银行每年安排发放 3 亿元"发展少数民族地区经济贷款"的专项低息贷款，专门用于扶持西部 9 个省（区、市）边远贫困地区的经济发展。1985 年后，该贷款变更为"老少边穷地区发展经济贷款"，增资至 10 亿元，开始覆盖全国所有经国务院和省级地方政府确认的贫困县。20 世纪 80 年代后期，老少边穷地区发展经济贷款对贫困地区经济发展、脱贫致富起到了积极作用。1988 年后，中国人民银行开始设立贫困县县办企业扶贫贷款，是中国人民银行系统直接管理的扶贫专项低息贷款。截至 1992 年底，两项贷款累计支出贷款项目 28712 个，贷款项目总投资 244.3 亿元，每年新增产值 179.1 亿元。这些扶贫贷款盘活了当地经济资源，解决了大量贫困人口的劳动就业。

2. 扶贫专项贴息贷款

自 1986 年起，中国人民银行设立扶贫专项贴息贷款，并提供绝大多数信贷资金，由中央财政补贴大部分利息。贷款的重点是贫困地区投资少、见效快、解决温饱的生产项目，不用于赈灾救济和无偿还能力的项目。此后，经过不断创新和拓展投放领域，设立了牧区扶贫专项贴息贷款、贫困地区国营农场扶贫贴息贷款、治理沙漠专项贴息贷款、康复扶贫专项贴息贷款等。

但是，在 20 世纪 90 年代中后期国有银行改制以前，扶贫信贷资金质量明显偏低，大量信贷资金不能滚动使用。例如，1994 年，中国人民银行对浙江省五个贫困县（景宁县、泰顺县、文成县、云和县、磐安县）的调查显示，在总额为 24886 万元的扶贫贷款中，低质量贷款占比达到 37.4%。从全国范围看，1998 年，扶贫专项贴息贷款在由农发行划归农业银行时，不良率高达 70%。

进入 21 世纪以来，扶贫专项贴息贷款不断发挥在服务贫困地区产业和企业发展上的积极作用。2008 年后，扶贫专项贴息贷款的运作模式发生了明显变化：一是管理权限下放至地方政府，二是信贷发放机构由农业银行一家负责改为商业银行自愿参加、公平竞争，三是发放对象为贫困户、贫困地区企业和中小型基建项目并重。2004 年，扶贫专项贴息贷款中的到户贷款占比 15.6%，到 2013 年到户贷款占比达到 49.7%。项目贷款涵盖产业化贷款、企业贷款、农村基础设施和生态保护贷款等。2013 年扶贫专项贴息贷款总额超过 900 亿元。

3. 小额信贷

小额信贷最早始于 20 世纪 70 年代孟加拉国格莱珉银行在乡村地区的"五户联保"小额信贷。这种模式取得成功后，小额信贷在世界范围内的发展中国家快速得到应用。1993 年以后，国际援助机构和国内 NGO 合作将小额信贷引入中国，对农村贫困地区开展公益性信贷服务，形成了对由财政资金补贴的农村扶贫贴息贷款的补充。

2001 年，《中国农村扶贫开发纲要（2001～2010 年)》开始强调信贷扶贫工具在宏观、微观领域的互补运用，开始推广扶贫贫困农户的小额信贷。20 世纪 90 年代，我国贫困农户由于受生产项目和经营主体等条件约束，无法获得政策性扶贫贷款，而小额信贷对此不做过多限制，因此迅速得到了广泛肯定。

目前还在运营的小贷机构中转型较为成功的是中和农信项目管理有限公司。其前身是 1996 年世界银行贷款秦巴山区扶贫项目中创设的小额信贷项目试点，后来由中国扶贫基金会于 2000 年全面接管该项目，并组建了小额信贷项目部。2008 年 11 月，中和农信项目管理有限公司（简称"中和农信"）成立，小额信贷项目部开始了公司化运营。2010 年之后，中和农信不断创新发展，先后引进了红杉资本、世界银行集团国际金融公司（IFC）、蚂蚁金服、天天向上基金、TPG、仁达普惠等机构入股，在继续秉承中国扶贫基金会小额信贷项目的目标和宗旨的基础上，不断完善管理体制和运作模式，成为一家专注于服务贫困人群的小微金融服务机构。2019 年报数据显示，中和农信的在贷客户中 79.68% 为农户，46.63% 为妇女，78.45% 为初中及以下文化水平，17.93% 为少数民族，40.48% 通过中和金服 App 线上申请并获得贷款。2019 年，中和农信更深入地为农村贫困地区和贫困群体服务，贷款笔均额度下降至 1.8 万元。截至 2019 年末，中和农信在全国 20 个省（区、市）共有 345 家分支机构，贷款余额超过 112 亿元，在贷客户 42 万户，户均余额 2.6 万余元。中和农信小额信贷业务累计放款 341.6 万笔 571.8 亿元，超过 600 万农村百姓从中受益。

（1）非正规金融的小额信贷

近 20 年来，我国商业化经营小贷公司快速崛起。2005 年后，中国人民银行牵头在山西、四川、贵州、内蒙古、陕西五省区各选一个县开展小贷公司试点。2006 年后，中国人民银行和银监会出台一系列文件规范小贷公司的设立和发展。2013 年，商业化小贷公司进入高速发展的黄金期。此后，受市场竞争等因素影响开始进入转型调整时期，逐步由线下转为线上，成为网贷借贷 P2P，同时其服务对象也逐步偏离了支农支小的最初目标。2014年12月，国务院扶贫办等五部门联合印发《关于创新发展扶贫小额信贷的指导意见》，要求"引导金融机构扩大对建档立卡贫困户的信贷投放"。2017年，国务院扶贫办等五部门印发《关于促进扶贫小额信贷健康发展的通知》，提出"扶贫小额信贷要始终精准瞄准建档立卡贫困户"。截至2017年底，我国小贷公司有 8551 家，贷款余额近 1 万亿元，维持了机构数量略减、贷款金额略增的发展态势。

（2）正规金融的小额信贷

由政府和监管机构主导的小额信贷也在不断推广。1997 年，政府主导试点和推广的小额贷款在全国 10 余个省（区、市）100 余个县迅速铺开，覆盖了多数中西部贫困地区，农业银行和农信社等传统正规金融机构逐步成为小额信贷的发放主体。自 1997 年起，中国人民银行多次要求全国农信社运用小额贷款工具加强支农服务。1999 年，中央扶贫开发工作会议进一步提出"各地要把小额信贷作为保证信贷资金扶贫到户的重要措施"。中国农业银行于 1999 年直接开展小额信贷，不再由中介组织转贷。2004 年后，历年中央一号文件都提出支持小额信贷积极稳妥发展。2014 年后，政府又推出了针对建档立卡贫困户的免担保、免抵押、基准利率放贷、财政全额贴息的扶贫小额贷款，并在实践中不断优化完善，探索出一条中国特色的金融扶贫制度创新之路。

4. 扶贫再贷款

扶贫再贷款是一种数量型货币政策工具。2016 年，为进一步加大对扶贫攻坚战的信贷支持力度，中国人民银行正式设立扶贫再贷款，对贫困地区农商行、农合行、农信社和村镇银行等四类地方法人金融机构发放涉农贷款提供支持。运用扶贫再贷款的小额信贷利率低于基准利率，能够有效降低贫困地区企业和农户的融资成本，对支持贫困地区特色产业的居民就业创业发挥了积极作用。此外，中国人民银行还持续灵活运用差别化准备金率、再贴现、抵押补充贷款等货币政策工具，结合宏观审慎评估参数的动态调整，引导金融机构扩大对深度贫困地区的信贷投放，降低深度贫困地区的融资成本。2017 年，贫困人口较为集中或连片特困地区的扶贫再贷款得到快速投放，其中贵州扶贫再贷款余额 240.6 亿元，四川、河南、陕西等省份的扶贫再贷款余额分别达到 135.2 亿元、125.7 亿元、104.4 亿元。截至 2018 年末，全国扶贫再贷款余额 1822 亿元，同比增长 12.7%。截至 2019 年末，全国再贷款再贴现余额 10148 亿元中，包含扶贫再贷款 1642 亿元。

5. 扶贫小额信贷

2014 年以来，财政部、中国人民银行、国务院扶贫办等部门联合推出专门为贫困户量身定制的扶贫小额信贷，其政策要点是"5 万元以下、3 年期以内、免担保免抵押、基准利率放贷、财政贴息、县建风险补偿金"，精准用于建档立卡贫困户发展生产、持续增收，切实增强贫困户脱贫致富内生动力。

扶贫小额信贷是专门面向建档立卡贫困户的信贷产品，具有以下几方面的特点。一是贷款精准性高。扶贫小额信贷遵循户借、户用、户还原则，准确投放给贫困户个人，用于发展生产、实现脱贫致富。二是贷款可获得性强。银行对符合信贷条件的贫困户做到"应贷尽贷"，贫困户不用向银行提供抵押或担保即可申请，贷款办理手续十分简便。三是贷款成本低。银行按照基准利率放贷，大部分地区由财政资金进行全额贴息，贫困户只需偿还贷款本金。四是贷款期限长。根据贫困户发展生产需要，合理确定贷款期限，最长可达 3 年。

扶贫小额信贷体现了金融政策与财政政策的创新。货币政策方面，扶贫小额信贷按照基准利率发放，以缓解贫困户融资贵问题。2020 年以来，按照贷款市场报价利率（LPR）改革要求，扶贫小额信贷利率参照 LPR 发放，利率水平进一步下行。信贷政策方面，为降低银行资金成本，允许发放扶贫小额信贷的银行申请扶贫再贷款来进行支持，其利率水平较支农支小再贷款更为优惠。财政政策方面，各地安排财政资金对扶贫小额信贷贴息，进一步减轻了贫困户的还款压力，也提高了银行放贷的积极性。此外，由于扶贫小额信贷免抵押免担保，虽然降低了贫困农户贷款的门槛，提高了贷款的便利性，但银行却承担了较高的风险。为分担银行的风险，由县级财政出资设立风险补偿金，对无法偿还的扶贫小额贷款予以代偿。县建风险补偿金是免抵押免担保的配套措施，是一种风险补偿和分担机制。目前，全国已有 2000 多个县设立了风险补偿金，余额 300 多亿元。

扶贫小额信贷直面贫困农户贷款难、贷款贵的问题，将市场手段与政府调节相结合，通过一系列制度创新，破解了贫困农户贷款难的世界性难题。一是创新了免抵押免担保的信用贷款制度，开创了贫困农户贷款"零担保制度"，降低了贫困农户贷款难的门槛，覆盖了传统金融体系覆盖不足的群体，丰富了普惠金融的内涵和实践。二是创新了基准利率贷款和财政贴息制度，解决了贫困农户贷款贵问题。大大降低了贷款成本，多数贫困农户可以"零成本"使用贷款资金，激发了贫困群众的内生动力。三是创新了风险补偿制度，消除了银行不愿贷、不敢贷的顾虑。通常银行放贷，要通过抵押担保条件在贷款损失发生之前防范风险；而扶贫小额信贷免抵押免担保，作为其配套政策的县建风险补偿金制度，是对银行风险的一种共担机制，当实际发生贷款损失时，由风险补偿金按比例承担风险，补偿银行损失。县建风险补偿金制度通过投入少量财政资金，发挥杠杆效应，撬动了金融资金投入扶贫事业。四是创新了差别化的监管制度，保障扶贫小额信贷健康发展。监管机构对扶贫小额信贷的不良贷款率实行差异化监管，明确对扶贫小额信贷不良贷款率高出银行各项贷款不良率年度目标 3 个百分点以内的，可不作为监管部门监管评价和银行内部考核评价的扣分因素。同时，在银行经办人员责任追究方面，建立了扶贫小额信贷尽职免责制度，将尽职免责要求嵌入内部工作流程，在无违法违规行为的前提下，不追究贷款经办人员责任。

截至 2020 年第一季度末，全国扶贫小额信贷累计发放 4443.5 亿元，累计支持建档立卡贫困户 1067.81 万户次，超过全部建档立卡贫困户的 1/3；扶贫小额信贷余额 1795.25 亿元，覆盖户数 449.71 万户；累计续贷金额 402.85 亿元，累计续贷户数 96.71 万户；累计展期金额 98.77 亿元，累计展期户数 24.81 万户。国务院扶贫办委托的第三方机构调查显示，扶贫小额信贷对贫困户增收的贡献率达 12.4%。

（二）保险类金融扶贫工具

我国于 1980 年恢复保险业务，1982 年恢复农业保险，至今已形成包含农业保险、大病保险、增信融资等多元化、广覆盖的保险扶贫工具体系。保险工具为化解乡村产业的生产风险、保障农民收入稳定，以及发挥保险增信和提高资金融通能力，促进农村保险市场繁荣、推动贫困地区的经济发展都起到了积极作用。

1. 农业保险扶贫

农村财产险包括对农户家庭和生产经营两大类财产承保，是预防和应对农民因灾致贫的有效工具，也是我国保险扶贫运用最早的工具。20 世纪 80 年代初，中国人民保险公司开始开展多种种植业和养殖业保险。1985～1992 年，保险公司受政府政策鼓励和财政支持，我国农业保险业务迅速开展，在扶贫开发领域发挥了一定的积极作用。1992 年后，随着农业保险商业化经营的导向，我国农业保险业务进入萎缩阶段。2003 年后，政府开始调整农业保险的发展思路，将农业保险商业化路径转变为政策主导路径，成立了上海安信等专业股份制农业保险公司，试点"财政补贴，商业运作"模式。同时引入法国安盟等外资机构涉足农业保险业务，推进农业保险经营主体的多元化。2007 年至今，我国农业保险的覆盖面积和参保农户数量迅速增长，总体规模已居全球第二。

专栏 1　中航安盟财产保险有限公司"红原模式"助力藏区农牧业发展

在以农牧业为主要生活来源，群众增收单一，富民产业培育进展较慢的三州藏区，中航安盟财产保险有限公司（简称"中航安盟"）不断适应新形势下精准扶贫的需求，务实创新，打破常规，形成一整套适用于整个藏区的新型保险模式，积极帮助贫困群众防范和化解风险，提高了贫困地区自我发展的能力。

中航安盟从 2013 年起率先在阿坝州红原县启动牦牛养殖保险试点工作，后逐步在以阿坝州红原县、若尔盖县为代表的藏区大力发展和推广。至 2019 年，累计承保牦牛 406.7 万头，为 43166 户次牧民提供风险保障 81.6 亿元，出险赔付 3.47 亿元，参保牧民户均赔款达到 8041 元。为牧民户均减损近 6 万元，远远超过了中央确定的脱贫标准。中航安盟坚持创造出的"红原、若尔盖模式"，为现代草原畜牧业发展提供了坚实保障，这项工程已成为数十万牧民脱贫增收的"加速器"，现代草原牧业发展的"助推器"，维护民族团结社会和谐的"稳定器"。

在若尔盖县，部分贫困牧民想购买农业保险，但无钱交自缴保费部分。中航安盟打造了"政府＋保险＋类金融机构＋企业＋专业合作社（牧民）"五方协作的精准扶贫新模式。具体做法是：以政府出面为贫困牧民自缴保费贷款提供信誉担保；中航安盟提供保险服务；类金融机构按保单提供贷款；牦牛乳业企业补贴牧民定向贷款利息，实现"无息贷款"；中航安盟提供贷款保证保险，牧民牦牛出险后优先偿还贷款，如出现牧民无力偿还贷款的情况，由中航安盟赔付贷款公司贷款。2017～2019 年，小贷公司共为若尔盖 8342 户困难牧民提供贷款 2301 万元，顺利为 85 万余头牦牛买上了保险，中航安盟提供风险保障 17.17 亿元。"惠牧贷"模式，既为农业企业（合作社）和农户提供农业保险，又直接对农业企业（合作社）和农户进行融资支持，降低了融资成本，充分发挥了保险经济补偿和资金融通的功能，形成了比较完整的金融扶贫服务链。

----

2. 大病保险扶贫

农业保险与大病保险是我国保险扶贫体系中的核心工具，对防控因灾因病致贫起到了保障性作用。在我国建档立卡的贫困人口中，因病致贫是贫困的主要因素之一，这也凸显了大病保险扶贫的重要性。

2003 年，国家第三次卫生服务调查结果显示，全国 86.7% 的农村居民尚没有任何医疗保障。2002年底，中央提出要采取个人缴费、集体扶持和政府资助的方式，积极引导农户建立以大病统筹为主的新型农村合作医疗制度（新农合）。但由于新农合基础薄弱、保障范围小、报销比例低，对因病致贫的防控作用较为有限。2012年，国家通过引入商业保险机构，建立大病保险制度，农村医疗保险重点开始向大病保险转移。2016年，保险业已在全国31个省（区、市）开展大病保险业务，覆盖超过10亿城乡居民。一般贫困户保费自担比例在10%～20%，最大医疗费赔付比例可达90%。

中和农信致力于推动农村市场的保险普惠工作，为农村客户提供小额、便捷的保险产品和服务，满足客户意外、医疗等方面的保险需求，解决广大老百姓因病因灾返贫的问题。截至2019年末，中和农信已协助保险公司向广大农村中低收入家庭送去了120万份保障，为3458个农户获得了近1986万元的保险保障。

3. 银保联动与小额贷款保证保险

由于贫困农户的资信状况整体不佳，扶贫小额贷款存在较高的风险，同时贫困农户普遍缺乏银行可以接受的抵押物，农户又受限于自身生产技能，担心不能按时偿还本息，也会抑制自身的金融需求。保险机构与银行联合开展扶贫业务，通过银保联动，创新运用小额贷款保证保险、农险保单质押等金融工具，有效为扶贫贷款增信。20世纪90年代中后期，江苏吴江曾尝试"小额贷款－财政贴息－保险承保"三方联动的扶贫模式，其本质是信贷机构、政府和保险机构共同分担风险。近年来，银保联动的扶贫模式不断创新，开始向贷款保证保险演化。例如，2015～2016年，湖南省在51个贫困县实施"扶贫财银保"（精准扶贫新型农业经营主体贷款保证保险）试点，由政府牵头设立贷款保证保险专项风险补偿金，鼓励新型农业经营主体通过质押农业保单向银行贷款，撬动银行信贷资金参与精准扶贫，最终带动10万贫困户增收。

小额贷款保证保险的投保标的范围较广，涵盖农户无法偿还贷款的相关风险。2008年，华安保险推出"政府－担保－保险"的小额农贷信用保险，截至2016年，小额贷款保证保险已在全国26个省（区、市）广泛开展试点，保险金额达到 348.6 亿元，为贫困地区农户和小微企业提供了有力的增信融资支持。2017 年以来，以河北沽源县为代表的诸多贫困县设立了金融扶贫平台，按照"政府注资、市场化引资、保险兜底"的方式运营，创新推出以小额贷款保证保险为基础的"政府与银行双审、担保中心与保险公司双保"的新型金融扶贫模式。

（三）证券期货类金融扶贫工具

继信贷和保险之后，证券期货类金融工具开始运用于扶贫开发领域。2014 年，深交所发行的扶贫小额贷款资产支持证券，是证券类金融工具的一个较早应用。2016 年，证监会发布《关于发挥资本市场作用服务国家脱贫攻坚战略的意见》，推动了多层次资本市场服务国家扶贫事业，在贫困地区企业首次公开募股、发行公司债融资、新三板市场挂牌等方面都加大了支持力度。此后证券期货类金融工具开始广泛应用于扶贫领域。

1. 上市/挂牌发行股票融资

通过上市或挂牌发行股票，可以帮助企业获得资金，带动企业和当地经济发展。但贫困地区经济不发达，市场环境不完善，符合上市条件的企业少，加之较高的上市培育成本和较长的 IPO 审批时间等因素制约，贫困地区企业很少有机会发行股票融资。2016 年，证监会加大金融扶贫力度，对贫困地区企业开通绿色通道，对首次公开发行、新三板市场挂牌、发行公司债券、并购重组审核等环节实行"即报即审、审过即发"，大大降低了贫困地区企业从资本市场获得资金的时间成本。根据证监会的规定，对两类贫困地区企业 IPO 实行"即报即审、审过即发"的绿色通道政策，一是注册地和主要生产经营地均在贫困地区且开展生产经营满三年、缴纳所得税满三年的企业；二是注册地在贫困地区、最近一年在贫困地区缴纳所得税不低于2000 万元且承诺上市后三年内不变更注册地的企业。

为确保贫困地区企业的上市质量，证监会在审核过程中坚持发行上市条件不降低、审核标准不降低、审核环节不减少、审核程序不压缩，只是在同等条件下在审核进度方面给予优先权。此外，证监会对贫困地区企业 IPO 实行 100% 现场检查，而对普通企业 IPO 则是抽查。2017～2018 年，贫困地区企业的过会率为 50% 左右，低于普通企业 80% 左右的过会率。

2017 年 1 月 24 日，贫困县太湖县企业集友股份在上海证券交易所实现 IPO 首发上市，成为全国第一家全流程使用绿色通道上市审批政策的企业。2017 年 11 月，陕西商洛市柞水县盘龙药业在深交所上市，成为全国首家深度贫困地区登陆中小板的企业。盘龙药业发行股票 2167 万股，发行市盈率 22.98 倍，成功募集资金 2.17 亿元。上市后盘龙药业经营稳步增长，2016 年至 2019 年营业总收入翻番，带动了当地经济发展和当地贫困人口脱贫致富。

截至 2019 年末，全国已有 14 家扶贫地区企业通过"绿色通道"实现 IPO，累计融资 79.8 亿元，还有近 70 家贫困地区企业正在筹备上市。316 家贫困地区企业在新三板挂牌，通过绿色通道融资 200.5 亿元。2016 年至今，贫困地区企业通过公司债券、并购重组、新三板股权融资、产业基金等多种方式，累计融资超过 2500 亿元，促进了贫困地区产业发展和经济发展。贫困地区企业通过发行股票融资，既可以撬动银行配套贷款资金，又可以带来当地就业、税收等的增长，扶贫带动效果明显。

2. 扶贫债券和扶贫资产支持证券

2016 年以来，债券类金融产品开始在扶贫领域得到应用，主要是为支持异地扶贫搬迁、棚户区改造、农村基础设施建设和公益性建设项目等。扶贫债券以政策性金融债为主，扶贫票据、企业债、公司债和私募债等为辅。

第一，异地扶贫搬迁项目收益债券。该债券是通过贫困地区居民搬迁项目设立公司来发行债券，是企业债的一种形式。2015 年 9 月，国家发改委确定四川省苍溪县先行先试，发行了异地扶贫搬迁项目收益债券。第二，扶贫专项金融债。2016 年 4 月和 7 月，农发行与国开行分别首次于银行间市场发行扶贫专项金融债 100 亿元和 50 亿元，用于贫困地区异地扶贫搬迁项目。农发行还设计发行了深度扶贫债券、精准扶贫债券、普通扶贫债券等金融工具。第三，扶贫票据。2017 年 3 月，首单扶贫超短融与扶贫中期票据于银行间市场发行，分别融资 2 亿元和 10 亿元，前者用于重庆"黔江区易地扶贫搬迁项目"建设，后者用于精准扶贫贵州贫困县的公路交通建设。第四，扶贫专项公司债。首单扶贫专项公司债于 2017 年 11 月在上交所挂牌，发行规模 3 亿元，惠及湖北五峰县 12132 名建档立卡贫困居民。

2014 年以来，资产证券化业务开始应用于金融扶贫领域。资产支持证券（ABS）可以帮助贫困地区有稳定未来现金流的企业和项目盘活存量资源，获得所需资金。2014 年 12 月，中和农信第一期 5 亿元公益小额贷款资产支持专项计划证券发行，用于贫困县发放农户小额贷款，这是证监会公布资产证券化新规后的首单产品。

2017 年 2 月，机构间私募产品报价与服务系统发行了"新水源 PPP 资产支持专项计划"（污水处理收费收益权 ABS），是证券业服务边疆经济发展的重要金融创新，也是国内首单 PPP－ABS 产品。2018 年 1 月，广西融水县的尧弄和响水洞两个水电站开展收益权资产证券化设计。2018 年华西证券发起设立广西首单扶贫资产证券化项目"润银－华西通商小贷一期（扶贫）资产支持专项计划"，发行规模 1.8 亿元，募集资金重点用于百色市及其周边贫困地区优质企业及项目的建设。

通过债券类业务，拓宽了扶贫脱贫的资金来源。据不完全统计，2018 ~ 2019 年，贫困地区企业发行企业债、公司债和资产支持证券融资 454.26 亿元，覆盖贵州、四川、广西、云南等多个经济欠发达地区，募集资金用途涵盖异地扶贫搬迁、产业扶贫、生态扶贫等，有力支持了贫困地区发展。资产支持证券工具的运用，进一步提高了金融扶贫工具的灵活性。

3. "保险 + 期货"扶贫

由于农产品期货门槛较高，在农户特别是贫困地区农户中的应用较少，贫困农户农产品的价格风险得不到有效规避。2015 年以来，国内期货公司与保险公司合作，探索出"保险 + 期货"的新模式。"保险 + 期货"是对农产品期货价格的保险，利用期货市场价格发现和风险对冲机制，对冲农产品价格风险，实现了风险分散的规模化，有效弥补了传统金融工具的内生缺陷，保障了农民收入的稳定。2016 ~ 2018 年，中央一号文件连续三年明确提出"稳步扩大'保险＋期货'试点范围"。

"保险＋期货"是一种整合金融资源、可持续性较强的模式。首先由保险公司为农民提供价格类保险产品，承接农民价格波动风险，实现风险的第一次转移；再由期货公司为保险公司提供类似"再保险"的风险转移服务，实现风险的第二次转移。在这个过程中，保险公司基于期货市场价格来确定保险中的预期价格和理赔价格。经过这样的设计，将农民面临的价格波动风险，通过保险公司和期货公司，转移到了期货市场。

2015年8月，人保财险与新湖期货及相关农企在大连商品交易所签订了首单"保险＋期货"合约，利用期货市场规避大幅价格波动引致的赔付风险。此后，该形式的金融扶贫工具开始逐步运用于贫困地区的农业生产领域。2019年，"保险＋期货"工具对贫困地区给予了特别倾斜，大力支持脱贫攻坚。以大连商品交易所为例，2019年26家期货公司、6家保险公司在24个国家级、7个省级贫困县开展31项试点，为5.6万建档立卡贫困户提供保障。截至目前，参与"保险＋期货"的保险公司共计12家，期货公司61家，共计开展397个项目，国内3家期货交易所均提供了大量的资金支持，累计保障了玉米、大豆等主粮作物620.13万吨，投保土地1762.67万亩，涉及全国23个省（区、市），为近70万农户提供了收入保障，在全国范围内形成了良好的典型示范效应，并呈现良好的发展势头。

随着"保险＋期货"模式的不断推广，保费也从最初由交易所单一承担，到目前由多方共担。一方面，中央和地方政府以财政资金补贴保费，将政府补贴以市场化的方式进行运作；另一方面，农户和龙头企业也主动承担了部分保费。2019年大连商品交易所的县域覆盖项目中，保费由交易所支付占比为40.31％，政府补贴占比37.40％，农民自缴占比18.60％，龙头企业等市场主体支付占比3.69％，形成了多元主体共担保费的局面。

三 金融扶贫长效机制构建

金融扶贫工作是长期持续的，需要建立长效机制，进一步提高普惠金融助力扶贫脱贫的可持续发展，增强贫困地区经济发展活力，为解决相对贫困和实现乡村振兴发挥金融资源的优势作用。

（一）加强金融基础设施建设

第一，扩大金融基础设施覆盖面，普遍惠及广大农村地区和欠发达地区。第二，推动农村金融机构的数字化转型，建立多层次、广覆盖的农村金融服务体系。近年来，有关部门加大了对贫困地区、农村地区网络通信基础设施建设力度，农村智能化手机的普及率已经很高，农民对数字化服务的接受程度越来越高。应当发挥数字技术在提高效率、降低成本、扩展服务范围和深度方面的巨大潜力，让更多原本无法享受传统金融服务的农村中低收入群体可以得到更加方便快捷、经济实惠的服务。第三，加强金融知识普及教育。帮助贫困地区群众、贫困地区干部树立正确的金融理念，强化金融安全意识。帮助贫困地区农户了解金融扶贫的措施和工具，宣传介绍金融扶贫的成功经验，促进贫困农户积极主动利用多种金融扶贫工具满足其生产发展的资金需求。进一步加强风险意识和信用意识，优化贫困地区金融生态和信用环境。

（二）加强信用体系建设

第一，完善贫困地区信用评价体系，加快建立农户信用信息数据库，充分利用大数据、人工智能及时更新信息，实现动态化管理，解决金融精准扶贫工作中信息不对称问题，降低银行信贷调查成本，增加信贷扶贫工具风险与收益的匹配，提升商业银行和小贷公司持续开展扶贫事业的内在动力。第二，建立完善信用信息整合机制。打破信息壁垒，整合农业农村、市场监管、税务、国土等部门和金融机构的涉农信用信息。实施"信用＋信贷""信用＋社会管理"等工作机制，促进农村经济和社会管理发展。

（三）完善相关制度和政策

第一，支持大中型商业银行发展普惠型涉农金融服务、扶贫金融业务，在内部资金转移定价、考核激励制度等方面予以政策倾斜，形成专业化助力脱贫攻坚和服务乡村振兴的金融服务供给机制。提高对贫困地区不良贷款的容忍度，完善尽职免责制度，激励金融机构一线人员参与扶贫工作的积极性。第二，完善农村产权制度体系。加快农村产权的确权，推动农村产权抵押制度改革。完善法律顶层设计，研究建立农村产权评估机制、处置机制、仲裁机制及相关配套措施。

（四）推动金融产品创新

建立和推出符合市场机制的金融扶贫产品。加强金融各部门协作，合力开发金融扶贫产品，发挥行业联动效应，引导资金、人才、技术流向贫困地区。第一，结合农户信贷需求特点，创新机制，提供与农户生产周期匹配、信用抵质押方式灵活的信贷产品。第二，创新资本市场参与扶贫的方式方法，吸引金融行业资金广泛参与扶贫工作，推动脱贫攻坚资金多渠道多样化投入，促进贫困地区产业优化升级。第三，发掘贫困地区资源优势，开发有针对性的期货品种，通过市场机制延长产业链，扶持产业发展。

（五）建立风险分担机制

进一步促进和加强银行与担保公司、保险公司等机构的合作，加强保险与期货的合作，建立全方位、多层次的风险防范补偿机制。第一，加大"保险＋信贷"融合，合理定位各金融主体的市场职能，有效推动保险化解涉农贷款中的各类风险，推动银行、保险在农村金融的普惠定位，形成有效防控金融风险、分散金融风险的分担机制。第二，扩大"保险＋期货"覆盖面，推广农产品风险补偿机制。第三，研究发挥农业信贷担保机制和国家融资担保基金的作用，缓解借款主体因缺少抵质押物所造成的融资困境。加大银保合作，配套完善农业保险，扩大保险范围，并通过费用补贴、保费补贴等，支持和鼓励贫困户进行参保。引入保证保险制度，有效分担扶贫领域的金融风险，提高金融扶贫的可持续发展能力。

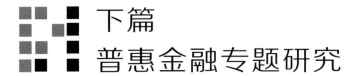

下篇
普惠金融专题研究

第八章
疫情防控常态化下的普惠金融

疫情防控常态化下的数字普惠金融最新进展*

余文建**

新冠肺炎疫情发生以来，党中央、国务院迅速部署开展疫情防控工作，采取有力措施帮助小微企业渡过疫情难关。中国人民银行、财政部、银保监会、证监会、外汇管理局等部门及时出台多项政策，全方位开展金融支持疫情防控工作。金融机构积极采取行动，克服疫情带来的不利影响，完善数字普惠金融产品和服务，确保小微企业金融服务不停摆。当前进入疫情防控常态化阶段，应继续充分发挥数字普惠金融的作用，赋能小微企业可持续经营，支持实体经济发展。

（一）数字普惠金融经受疫情考验

受疫情影响，传统面对面的金融服务方式必须调整和改变。金融机构充分发挥数字普惠金融"非接触性"的优势，降低了传统金融服务对物理网点、面对面接触的依赖，及时适应了疫情防控常态化的要求，在数字普惠金融服务方面取得了新的进展。

金融机构适应数字经济发展的要求，积极探索数字化转型。数字普惠金融将大数据、云计算、生物识别、人工智能、区块链等信息技术创新成果应

---

　* 本文原发于《普惠金融研究》2020 年第 3 期。

　** 余文建，中国人民银行金融消费权益保护局局长。

用于服务普惠金融的目标群体，具有共享、便捷、低成本、低门槛的特点，在金融的商业模式、产品服务、组织架构等方面产生了诸多创新，丰富了金融服务主体，延伸了金融服务触角，提高了市场竞争性，具备服务长尾客群、降低交易成本、分散金融风险、回归金融本质的功能，对于不同群体的各类金融需求具有较强适应性，以低成本、广覆盖的特点增强了普惠性，较有效地解决了普惠金融发展中"商业可持续"和"成本可负担"两大难题。

在本次疫情期间，数字普惠金融突破了金融服务的时空限制，有效服务了"非接触经济"。数字技术的运用，使金融机构可以提供 7×24 小时在线金融服务，不再局限于传统的物理网点和工作时间，让客户随时随地获得金融服务。本次疫情加快了"数字世界"的场景到来，无论是疫情下的家居生活，还是单位远程办公，乃至疫情防控中社会治理的各个方面（比如"健康码"），"数字化"快速融入了人们的日常工作与生活，金融机构的数字化转型也经受住了本次疫情的"大考"。

在银行服务方面，商业银行积极推广金融服务的线上办理，减少了人员流动，规避了交叉感染风险。通过数字化方式为客户提供账户开立、支付结算、转账汇款、投资理财、现金管理、贸易金融等综合性金融服务，保证业务的连续性。商业银行大力推广数字化贷款产品，帮助企业维持经营和发放工资，稳定了实体经济。通过数字化方式提供便捷的贷款服务，采取信贷额度倾斜、贷款延期或展期、扩大利率优惠幅度等措施，实现客户自主操作快捷支用，从而有效解决疫情防控期间小微企业和个体工商户的资金周转问题。充分利用线上方式保持投诉渠道畅通，优化客户咨询、投诉处理流程，及时妥善处理疫情相关的金融咨询和投诉。

在保险服务方面，保险公司数字化服务渠道不断完善，科技助力下，智慧保险和保险产品创新明显加速发展。互联网保险加快普及，健康险、车险、农业险等险种的全部流程都可在线自助完成，实现了 24 小时在线承保服务，做到疫情期间保险服务不中断。保险公司通过微信、App 等线上渠道 24 小时受理客户报案。客户可通过拍照方式实现全数字化理赔，无须提供纸质材料。

在投资理财服务方面，证券市场加快实现在线化、数字化，支持了疫情期间 A 股市场交易量不降反增，企业直接融资渠道保持畅通。智能投顾技术得到更多应用，通过数字技术帮助投资者购买与其风险承受能力相适应的低门槛正规理财产品，有利于人民群众的财产保值增值。

（二）数字普惠金融有效助力解决小微企业融资难、融资贵、融资慢问题

疫情防控常态化下，金融机构发挥数字普惠金融的优势，针对小微企业融资中信息不对称、抵押物缺乏等痛点，综合运用大数据、云计算、人工智能、区块链等技术，为小微企业提供无抵押、无担保的纯信用贷款，助力解决小微企业融资难、融资贵、融资慢的难题，帮助小微企业控制经营成本，拓展融资渠道，提升抵御外部"黑天鹅"冲击的能力。

金融机构要高度重视对小微企业的金融服务。国家统计局发布的第四次全国经济普查系列报告显示，2017 年我国中小微企业法人单位约 2800 万家，比 2013 年末增长 115%，占全部企业法人单位的 99.8%；若计入个体工商户、家庭式作坊，全国小微企业数量达到 9379.4 万户，占全国各类工商市场主体的 95.6%。2018 年末，我国中小微企业吸纳就业人员 23300.4 万人，占全部企业就业人员的 79.4%。可以看出，"保就业、保市场主体"的关键就是保小微企业；对金融部门来说，就是要做好对小微企业的金融服务。

过去，很多小微企业和个体工商户缺乏可以追踪的"数字足迹"，不但游离于正规金融体系之外，而且事实上也处于正规经济统计体系的边缘地带。数字普惠金融运用大数据给客户画像，有助于金融机构直接了解小微企业和个体工商户的有效金融需求，从而能够更精准地给予金融支持。

疫情期间，金融机构通过数字化渠道提升获客能力和服务效率，通过技术替代和规模效应降低服务成本，催生了小微企业金融服务新业态，更好地实现小微企业贷款申请环节零纸质资料提供、零申贷成本、秒批秒贷、随借随还、自动化放贷、批量化服务。通过基于区块链等技术的供应链融资平

台，使产业链核心企业的信用得以在平台内流动，覆盖产业链上下游小微企业，从而支持上下游、产供销、大中小企业协同复工达产。除经营性贷款外，消费类的数字信贷服务也发挥了支持实体经济的作用，帮助个人平滑消费、渡过疫情难关，同时通过促进消费扩大内需，增加了对小微企业产品和服务的终端需求。

（三）数字普惠金融在解决小微企业"首贷难"问题上成效明显

小微企业融资难的突出表现是首次获贷难，数字普惠金融借助大数据、云计算、人工智能等技术手段，充分发挥各类替代性数据的作用，助力解决小微企业"首贷难"问题。我国小微企业平均寿命在 3 年左右，却平均在成立 4 年零 4 个月后才能首次获得贷款。然而小微企业一旦获得首次贷款，随后获得第 2 次贷款的比率占 76%，得到 4 次以上贷款的比率为 51%，后续融资的可得率较高。传统的征信记录主要包含客户的历史负债数据，帮助金融机构进行信贷决策。小微企业是传统征信"薄档案"群体，如果只使用传统负债类数据，必然会产生首次获贷难的问题，对没有贷款历史的小微企业，无法预估其还款意愿和能力。

在经济数字化程度加深过程中产生的大量"替代性数据"，能够对传统征信数据起到有益补充，帮助金融机构多维度了解小微企业的经营状况，为信贷决策提供替代性的依据，促进小微企业获得首次授信，产生初始的信贷记录和相应的还款记录，进而形成良性循环。替代性数据可分为支付类、政务类、商业类三类。其中，支付类数据主要来自金融机构和支付机构，包括企业账户日常的支付结算、转账流水记录等；政务类数据主要来自公共部门，包括税务、工商等各类行政和司法数据；商务类数据主要来自各类企业，特别是互联网的大数据。

为适应疫情防控的需要，金融机构更多地使用替代性数据解决小微企业首贷难问题，有力支持了实体经济恢复发展。在获客方面，金融机构利用替代性数据推出客户"白名单"，实现系统化获客；在风控方面，金融机构以大数据为基础，运用机器学习算法训练风控模型，为客户画像，对欺诈识别、信用风险评估、贷后管理等应用场景提供有力支撑，通过综合分析征信数据和替代性数据，更全面地评估信用风险；在产品设计方面，商业银行推出了以税务类数据为基础的"银税贷"产品，涉税信息的真实度较高，对银行而言较为可信，可以帮助银行判断企业是否履行纳税义务和是否正常经营，可推算出企业的实际销售收入和实际利润，从而做出合理的信贷决策。

（四）数字普惠金融能够成为小微企业可持续发展的长期动能

金融是实体经济的血液，数字普惠金融同样也是数字经济的血液。数字普惠金融与"六稳"工作中的稳就业、稳金融和"六保"任务中的保就业、保市场主体等直接相关。数字普惠金融通过技术创新支持实体经济恢复发展，可以在数字乡村、智慧城市建设等方面发挥重要作用，在"稳"和"保"的基础上，还能做到"进"，实现金融服务水平稳中有进，成为小微企业可持续发展的长期动能。

未来，金融机构在大数据、云计算等技术基本成熟的基础上，还可以进一步发挥人工智能、区块链、开放银行 API 等新技术的优势，构建"生态化、智能化、开放化"的数字普惠金融良好生态，实现各相关参与方良性互动、优势互补、合作共赢的生态格局，全方位赋能小微企业的可持续发展。同时要进一步完善数字普惠金融监管体系，加强数字普惠金融风险防范，守住"不发生系统性金融风险"的底线。

对后疫情时代小微金融服务的思考[*]

郑万春[**]

在 2017 年 7 月全国金融工作会议上，习近平总书记提出要"建设普惠金融体系"。此后国内普惠金融发展进入"快车道"，国有大行、股份制银行、城商行、农商行、新型互联网银行以及其他各类金融机构发挥各自优势，积极加大对小微企业、微弱经济主体的支持力度。进入 2020 年，一场突如其来的新冠肺炎疫情打乱了所有人的脚步，也赋予了普惠金融、小微金融新的实践意义。当前，在以习近平同志为核心的党中央的坚强领导下，我国疫情防控取得重大战略成果。回首整个历程，让我们对普惠金融、小微金融有了更深、更新的认识和思考。

（一）助人与助己

小微企业规模小、抗风险能力弱。疫情发生后，党中央、国务院立即决策，快速部署，从 2 月 1 日开始，中国人民银行、银保监会等部门先后印发《关于进一步强化金融支持防控新型冠状病毒感染肺炎疫情的通知》等多份文件，出台多项硬核举措救助小微企业，明确要求金融机构对中小微企业不抽贷、不断贷、不压贷，为暂时处于困境的中小微企业提供延期还款、利息豁免、提高贷款额度、征信保护等。

与此同时，各家商业银行也快速跟进，以实际行动和"干货"政策，救助小微企业共渡难关。民生银行 1 月底即在全国范围启动面向小微商户的"客户关怀"活动，短短一个月内完成对近 30 万小微贷款客户的一对一线上回访，充分了解小微企业困难和需求，向客户宣传国家和银行的各项扶持政策，为客户提供定制化服务方案。同时，民生银行在全行开辟绿色通道，

---

　* 本文原发于《普惠金融研究》2020 年第 3 期。

　** 郑万春，中国民生银行行长。

主动跟进重点小微企业需求、增加其授信额度；主动对接贷款即将到期的客户，为其办理续授信，简化手续，对特定客户免予要求提供其收入及资产证明；主动下调小微企业贷款利率、向客户赠送小微红包抵扣利息、减免结算手续费，切实"减费让利"；对受疫情影响较大的小微客户，采取免还本续贷、下调贷款利率、延期还款、贷款展期等阶段性扶持措施，支持客户开展生产经营自救；对受影响严重且已构成贷款逾期的，通过利息、罚息减免、征信保护等救助措施，全力将客户受到的影响降到最低。

上述举措，看起来是在帮助小微企业复工复产、渡过难关，是在"助人"，但从另一个方面讲，这也是金融机构的一种自助行为，是在"助己"。时至今日，服务小微企业已经成为诸多商业银行的重要战略之一，小微客户在银行客户总量中已占据相当比重。帮助小微客户渡过了难关，就等于帮自己避免了大规模坏账。1997年亚洲金融危机时，泰国经济遭受重创，大量小微企业倒闭，银行损失惨重。危机过后，泰国开泰银行主动调整经营策略，提出要成为小微企业的合作伙伴，对于遇到经营困难的小微企业，主动提供救助服务，变"锦上添花"为"雪中送炭"，受到了广大小微企业的欢迎，赢得了尊重。得益于这一经营策略调整，开泰银行一跃成为泰国最大的商业银行之一，是泰国中小企业的首选银行。"助人"就是"助己"，只有认清了这一点，银行才能发自内心地开展针对小微企业的救助行动。无论是否有疫情影响，唯有诚心实意地把小微企业当成自己的伙伴，真正与企业共生共荣，金融机构才能实现可持续发展，与千万小微客户一起基业长青。

（二）融资与融智

回顾疫情期间金融机构采取的扶持政策，绝大多数集中在解决小微企业"融资难、还款难"的问题上。然而深入分析会发现，疫情带给小微企业的最大困难是难以维持经营活动正常开展。疫情给整个社会"按下了暂停键"，各项生活、生产活动被大幅压缩甚至停滞，小微企业经营活动严重受阻，从而导致资金紧张甚至资金链断裂。根据全国工商联等机构发布的《2019~2020年小微融资状况报告》，截至2020年2月3日，有72.7%的微型企业和个体经营者表示无法正常运营或被迫停工，7.8%的小微企业仍能够通过外卖等方式维持销售，仅有19.5%的小微企业未受到影响。到3月12日，有51.6%的微型企业和个体经营者正常开工，17.6%的微型企业部分开工，有30.8%的微型企业未开工。微型企业和个体经营者面临的主要困难中，排名前三的为：市场需求疲软导致的订单量、客流量减少（47.6%）；未开工，但仍需支付各项固定支出，如房租、员工工资等（34.5%）；现金流断裂，难以获得融资，已无法维持日常运营需求（20.5%）。由此可见，如何在特殊时期有效应对突发情况、迅速恢复生产和营销活动，是小微企业急需解决的问题。从这个意义上讲，应对疫情，为小微企业提供"融智"比提供"融资"更为急迫。

小微企业大都属于作坊式经营，管理水平低，难以及时调整经营模式、营销模式，即使没有疫情冲击也可能因为平常的市场波动陷入困境。友金所联合零壹财经、零壹智库在2018年发布的《中国小微企业融资融智报告》中提出，除面临资金问题外，小微企业主在经营管理中遇到的难题主要是互联网转型（23.42%）、日常人员管理（23.08%）及日常销售管理（17.07%）。调查表明，73.58%的受访小微企业主对互联网、云计算办公方式缺乏了解或应用，面对企业日常管理难题，最大的挑战来自小微企业主自身管理意识和管理能力的欠缺；29.95%的受访小微企业主表示对于互联网转型和强化管理等问题，"以前没做过，也没想过"；21.27%的受访小微企业主表示"不知道该用什么工具来帮助解决"；20.45%的受访小微企业主表示"自己不懂，周围也没人懂这块"。从一定程度上，扶持小微企业更好地发展，除为其提供良好的融资环境外，融智（经营管理能力提升）的支持同样不可或缺。

经营管理能力提升是一个系统工程，不可能一蹴而就，需要持续投入。譬如，转向线上化经营管理，既要有相应的软硬件投入，又要有专业的技能培训，见效又比较缓慢，小微企业很难负担得起，需要专业的机构提供专门的支持。正是出于上述考虑，在疫情期间，多家银行密集推出针对小微企业经营能力提升的线上讲座和线上培训。民生银行邀请知名营销专家，开展"小微轻量化经营"系列空中课程，培训内容包括电商直播策略、短视频带货等，让小微商户了解线上销售模式，帮助他们拓宽销售渠道，提升线上经营能力，得到了小微商户的积极响应，每期培训在线听课的小微企业主达万人以上。与此同时，民生银行还邀请工商管理、法律、财税等方面专家，对小微企业主开展企业经营管理、法律风险防范、财税知识方面的培训，帮助小微企业主提升管理能力、防范经营风险，受到广泛欢迎。通过这些活动，我们也更加深刻地认识到，为小微企业提供服务，不光是要帮助他们"融资"，还要帮助他们"融智"，把"输血"和"造血"充分结合起来，这样银行的服务才更具价值、更可持续。

（三）线下与线上

此次疫情是对各类经营主体线上化经营能力的一次超级大考和全面检验，对小微企业来讲如此，对商业银行来讲也是如此！

当前，国内商业银行大致分为两类。第一类是传统银行，线下网点数量较多，授信作业以现场调查、人工作业为主，辅以一定程度的数据化模型决策。第二类是互联网银行，以线上自动化作业为主，仅有零星线下网点，银行账户以Ⅱ类户、Ⅲ类户为主，资产业务以小额信用类为主，授信调查采用非现场大数据模型决策。疫情对传统银行经营管理带来极大挑战，突出表现在客户营销触达、风险审查审批、合同面签、不良资产清收处置等各方面，都不得不采用非接触的线上化方式。中国人民大学中国普惠金融研究院在疫情期间的一项调查显示，部分受访企业主表示更愿意通过互联网银行、网络小贷平台等渠道解决资金困难，尽管这些渠道的资金成本更高。其理由是，互联网银行和非银行金融服务商能够及时有效地服务于微小经营主体"短、小、急、频"的贷款需求，而传统银行贷款流程复杂、抵押物要求高、放款周期长，难以缓解疫情期间的"燃眉之急"。

面对新的挑战，传统银行疫情期间都加快了线上化转型，以适应新形势下的新变化。民生银行在疫情暴发后，快速对小微作业模式进行调整，经过紧张的科技开发，仅用6天时间即推出小微贷款视频面签服务，支持通过远程视频方式为小微客户办理贷款签约、支用、展期、利率调整、征信保护等服务，极大方便了小微客户，解决了他们无法赴网点办理贷款签约、续授信、续支用等问题，适应了小微客户融资需求"短、小、急、频"的特点。除开通远程视频面签功能外，民生银行全力保障小微手机银行、网上银行、电话银行、远程银行以及"小微之家"微信公众号等各类线上服务畅通，确保为小微客户提供 7×24 小时全天候在线服务。与此同时，调研发现部分小微企业主及其财务人员对银行金融产品和金融服务的熟悉程度相对较低，适应线上化金融产品购买和金融服方式尚存在一定难度。民生银行将已有的线上化小微产品与服务进行全面梳理，迅速推出小微金融线上服务手册，并通过广泛宣传，多渠道让更多小微客户了解、熟悉线上金融产品和服务，尽快教会小微客户习惯和熟练使用银行线上服务。

相信经历这次疫情，所有传统银行都充分认识到业务线上化的重要性，并将进一步加快线上化转型，做到能上线的业务尽可能通过线上实现。疫情缓解后，民生银行零售业务科技开发需求激增，其中相当一部分是对业务进行线上化升级改造的开发需求。当然，传统线下业务也有其固有优势，如客户触达更精准、营销成功率更高、授信调查更充分、部分作业环节为满足合规和风控要求必须采用线下方式等，短期内不可能完全被线上业务所取代。对于传统商业银行来讲，充分发挥线上和线下各自优势，采用"线上 + 线下"相结合的模式，才是可持续发展之道。

（四）流动性与保障性

这次疫情暴露出一个非常突出的问题：大量小微企业主和员工缺乏基本的保险保障，以至于在面对疾病、疫情、意外时，只能靠自身的财富积累"死扛"。也就是说，我们更多关注了企业的资金短缺问题、融资性问题、流动性问题，却忽视了企业主和员工生命和财产保障的问题。根据五邑大学陈雪娇、苏建国对 1250 家小微企业的调研，小微企业员工的保险参与率明显低于大中型企业员工。即便是国家规定的"五险"，相当比例的小微企业也没有为员工购买齐全，甚至没有购买任何险种。在已购买的险种中，参加基本医疗保险的比例最高，其次是工伤保险，分别占受访劳动者总人数的

53.57%和38.10%，再次是养老保险（33.33%）、失业保险（17.86%）和生育保险（14.29%）。此外，还有36.90%的劳动者没有购买任何社会保险。根据随后的一项调查，46%的小微企业主表示要增强流动性管理，只有21%的小微企业主想通过保险来提升自身的抗风险能力。

小微企业参保率低，主要存在两方面的原因。一是小微企业对保险的功能与作用认识不够，保险意识不强，加上小微企业盈利能力较弱，资本实力较差，导致其保险购买力相对不足。二是保险公司本身也缺乏对小微企业的研究和分析，现有保险产品"通用性"明显，"针对性"不强，保险责任相对狭窄，特别是适用于小微企业的保险产品更是少之又少，难以满足其多层次的保险需求。与此同时，由于缺乏规模效应，大众性的、通用性的保险产品费率较高，也抑制了小微企业的投保意愿。针对上述情况，疫情期间，很多保险公司和商业银行发起了专门针对小微企业的主动赠险活动，保障范围主要涉及因感染新冠肺炎病毒而身故的情形。民生银行在疫情暴发后，随即联合合作的保险公司，为全行小微贷款客户免费赠送每人最高10万元保额的保障，客户无须申办即刻生效。对于已经购买过相关保险的小微客户，还推出取消免赔额、取消等待期、取消医院限制等特别关怀政策。与此同时，在复工复产初期，民生银行针对小微企业专门定制了面向其员工及家庭成员的专属团险产品，保障范围涉及意外、医疗、重疾等，保费低至100元/人，保额最高80万/人。此外，民生银行还向部分小微企业赠送价值最高800元的"小微红包"，受到小微企业主普遍欢迎，激发了他们为自己和员工投保的热情。从2020年3月至今，累计有10000多家小微企业参加了团险计划，民生银行累计为超过3.5万名小微企业主及员工、员工家属送去保险保障。

此次疫情是一堂生动的保险教育课，提醒大家要对缺乏保险保障的小微企业群体给予专门关怀。其中，医疗险、重疾险、寿险、财产险和意外险更贴切小微群体，可以保企业生存、保员工生命，应作为推广重点。与此同时，保险公司和商业银行还应当针对小微客群特点，创新和开发专门保险产品，在保障范围、保额、费率、投保和理赔流程等方面进行适当性改造，推动保险服务下沉，帮助小微企业提升抵抗风险的能力，既要保障他们的资金安全（流动性），又要关注他们的生命、财产安全（保障性）。

《荀子》言："岁不寒无以知松柏，事不难无以知君子。"疫情带给我们的思考还有很多，建立中国特色的普惠金融服务体系还有很长的路要走。但有一点毋庸置疑，那就是作为在市场发展大潮中极易遭受困境的最弱小群体，作为国民经济末梢单元的千万小微企业，是金融机构最重要的长尾客户资源。金融机构只有将小微企业作为合作伙伴，正确处理好"助人"与"助己"、"融资"与"融智"、"线下"与"线上"、"流动性"与"保障性"的关系，潜心做好小微金融服务，不断反思、调整和优化小微金融服务模式，才能与小微企业共成长，为中国普惠金融发展添砖加瓦。

疫情防控常态化下农村金融机构普惠金融发展研究*

刘云海**

新冠肺炎疫情暴发，给农村金融机构发展普惠金融带来新的挑战，同时也创造了新的机遇。疫情防控进入常态化阶段后，如何推动农村金融机构发展普惠金融成为亟待解决的新问题。

（一）新冠肺炎疫情给农村金融机构发展普惠金融带来的冲击

1. 对"无接触"服务能力提出新的要求

随着"社交隔离"成为疫情期间常态化的生活和工作方式，人们获取金融服务也随之转向主要依靠网上银行、手机银行等线上渠道。对农村金融机构而言，这一变化意味着新的竞争压力。一方面，大型银行在疫情期间加快推动自身的数字化转型升级，进一步压缩了农村金融机构的服务空间，外部竞争的加剧迫使农村金融机构加速发展无接触金融服务、提升无接触服务的客户体验。另一方面，无接触服务需要大量的金融科技人才，需要农村金融机构引进优秀的金融科技人才。

2. 对风险管理能力提出新的考验

新冠肺炎疫情给小微企业、个体工商户、低收入人群造成巨大冲击，农村金融机构客户以个体工商户、中小微企业以及农民为主，受此影响，逾期贷款短时间内大幅上升。对此，2020年上半年数据已经有所体现，农商银行贷款不良率为4.09%，明显高于同期各类银行1.94%的平均水平。为帮助脆弱群体渡过难关，国家持续加大政策扶持力度，多次降准降息，减免税费，延长贷款还本付息期限，取得了明显成效。但是，行政手段能解燃眉之急，不能根本解决他们抵御风险能力弱、缺乏担保和抵押资产等问题。随着

---

* 本文原发于《普惠金融研究》2020年第4期。

** 刘云海，广东省银保监局党委委员、二级巡视员。

新冠肺炎疫情防控进入常态化，农村金融机构发展普惠金融，将面临更大的风险管控压力。

3. 对农村金融机构普惠金融服务能力带来新的挑战

一方面，疫情加剧了"数字鸿沟"现象，普惠金融目标群体中金融素养和数字化接受程度较低的群体或进一步被挤出，导致部分金融服务需求被抑制。另一方面，为保证风险可控，金融机构特别是实力较弱的农村金融机构往往只能收紧授信门槛或提高风险溢价，导致普惠金融供给进一步减少。自疫情发生以来，虽然各类金融机构迅速应对，开发出新的线上产品以保证服务的不间断，但仍然有大量的金融需求没有得到满足。2020年2月，中国人民大学中国普惠金融研究院在全国范围内针对微弱经济体受疫情的影响情况进行了调查，部分受访企业主表示银行贷款申请流程复杂，自身缺少抵押物及财务状况差，更愿意通过资金成本更高的互联网银行、网络小贷平台等渠道解决资金困难。

（二）新冠肺炎疫情为农村金融机构普惠金融发展创造的机遇

1. 市场空间得到拓展

疫情促使农村金融机构通过提高数字化水平扩大农村金融服务覆盖面，增强了普惠金融重点目标群体的金融服务可获得性，提升了目标群体应对金融冲击的能力。金融服务线上化在农村地区的普及，将进一步激发农村地区的普惠金融需求。与此同时，各级政府为应对新冠肺炎疫情加大了政策支持力度，既加大了普惠金融市场的资金支持，又为金融机构发展普惠金融进一步优化了营商环境，从供给侧为普惠金融发展创造新的空间。2020年中央"一号文件"明确指出，要"稳妥扩大农村普惠金融改革试点，鼓励地方政府开展县域农户、中小企业信用等级评价，加快构建线上线下相结合、'银保担'风险共担的普惠金融服务体系，推出更多免抵押、免担保、低利率、可持续的普惠金融产品"。农村金融机构作为农村普惠金融市场的主力军，若结合自身优势深耕农村市场，必将大有可为。

2. 数字普惠金融发展加速

一是新冠肺炎疫情改变了消费者的行为习惯，线上服务和数字化治理深入人心，网上银行、手机银行成为获取金融服务的主渠道。二是新冠肺炎疫情加速了数字经济的发展以及政府、企业和银行的数字化。2020 年 5 月，国家十七部门联合 145 家企事业单位共同发起"数字化转型伙伴行动 (2020)"，旨在推动各行业各领域数字化转型。三是国家"数字乡村"战略，助推农村数字普惠金融发展。中央网信办等四部门下发《2020 年数字乡村发展工作要点》，推进乡村新型基础设施建设，保障农村数字经济和数字普惠金融的快速发展。四是国家更加强调金融科技对普惠金融服务的赋能作用。银保监会发布《商业银行互联网贷款管理暂行办法（征求意见稿)》，规范助贷和联合贷的业务流程，突出"小额、短期"的要求，鼓励金融机构通过线上方式扶持中小微企业和弱势群体。五是数据作为新型生产要素的价值愈发凸显，为数字经济的发展提供了基础保障。随着我国进入数字经济时代，农村数字普惠金融将极大受益，服务效率和服务质量也将得到提升。

3. 配套机制得到进一步完善

2020 年 5 月，中国人民银行、银保监会等八部门发布了《关于进一步强化中小微企业金融服务的指导意见》（以下简称《指导意见》)，为普惠金融健康可持续发展提供了难得的政策机遇。一是完善普惠金融的激励约束机制。《指导意见》提出"开展商业银行小微企业金融服务监管评价""进一步放宽普惠型小微企业不良贷款容忍度""将金融机构绩效考核与普惠型小微企业贷款情况挂钩""加大小微企业金融服务税收优惠和奖补措施的宣传力度"等激励约束机制，鼓励金融机构更积极地提供普惠金融服务。二是完善普惠金融的风险补偿机制。《指导意见》提出"建立政府性融资担保考核评价体系，突出其准公共产品属性和政策性""推动国家融资担保基金加快运作，与银行业金融机构开展批量担保贷款业务合作，提高批量合作业务中风险责任分担比例至 30%，2020 年力争新增再担保业务规模 4000 亿元""有条件的地方政府可因地制宜建立风险补偿资金池，提供中小微企业贷款贴息和奖励、政府性融资担保机构资本补充等，以出资额为限承担有限责任"等措施，充分发挥地方政府性融资担保机构、国家融资担保基金在普惠金融业务中的风险分担作用。三是完善普惠金融的尽职免责要求。《指导意见》提出"改进贷款尽职免责内部认定标准和流程，如无明显证据表明失职的均认定为尽职，逐步提高小微信贷从业人员免责比例"等措施，有效缓解了从业人员开展普惠金融业务的后顾之忧。

（三）疫情防控常态化下农村金融机构普惠金融发展对策

1. 贯彻落实国家各项政策

贯彻落实好国家各项政策是农村金融机构发展普惠金融的大前提。疫情对我国经济社会的影响是超预期的，中央强调"六稳""六保"，特别是保就业、保民生、保市场主体，要求金融行业加大力度扶持小微企业渡过难关。为此，农村金融机构发展普惠金融必须积极贯彻国家的各项政策，让普惠金融成为国家稳经济、保就业的重要抓手。

2. 大力发展数字普惠金融

人们因新冠肺炎疫情而形成的行为习惯将长期保持下来，数字普惠金融已是大势所趋。农村金融机构要继续深挖自身的禀赋优势和地域特点，谋求错位发展，扩大数字普惠金融服务的广度和深度。一是创新支付方式，将电子支付进一步下沉至乡村，扩大数字普惠金融覆盖面。二是建设农村信用体系平台，通过助力基层组织搭建数字化管理平台，培植和扩大基层金融数据的覆盖面，增加普惠金融对消费者的可负担性。三是将建设基层数字化管理平台与地方社会治理相结合，尽可能地把更多群体纳入数字金融服务范围，改善县域和农村客户群体信用信息缺失的状况，逐步实现数据共享，完善农村信用体系。

3. 加大产品和服务创新力度

数字经济时代，金融行业的竞争将聚焦于产品与服务。为此，农村金融机构要逐步建立数据驱动下的金融产品和服务创新机制，借此降低交易成本，实现普惠金融的"可负担"。一要以市场需求为导向寻找突破口。坚持错位发展策略，农村金融机构要找准细分市场和特殊群体客户的需求，围绕地方产业特色，打造更具针对性的金融产品和服务。二要借助大数据技术搭建产品风控模型，实现批量获客、精准画像、自动审批和智能风控，降低人力成本以及信息不对称导致的超额风险溢价。农村金融机构一方面可以通过打造自身的专业团队来建立数字金融平台，另一方面可以通过与现有的金融科技或互联网公司合作，共同推出适用于不同场景的新产品。

（四）加快线下网点转型步伐

新冠肺炎疫情防控过程中，传统面对面服务模式的劣势表露无遗，传统网点单位产出偏低的问题更加凸显，很多网点甚至无法实现收支平衡，网点加速转型势在必行。对农村金融机构而言，撤裁网点并非最佳选择，如果能够拓宽网点功能，摆脱业务办理场所的局限性；提升网点人员营销属性，就能让传统的网点优势在数字经济时代重新发挥作用，解决普惠金融对面对面服务需求较多的问题。一方面，要积极推进具有基础金融服务功能和社会服务功能的网点转型，以提高客户体验为出发点，通过智能设备以及连接政务和企业服务，为客户提供一站式的综合服务。另一方面，要以线下网点为根据地，充分挖掘村组和社区服务场景，根据客户群体和资源优势特点，实施差异化营销战略，形成"线上＋线下"的服务闭环。

疫情下充分发挥资产公司实施普惠金融的独特作用*

周礼耀**

发展普惠金融是增强经济社会发展的包容性、可持续性的重要举措。面对新冠肺炎疫情对普惠金融的不利影响，尤其是对小微企业的冲击，国有金融资产管理公司（以下简称"资产公司"）应依托主业优势，拓展新形势下的不良资产业务范畴；发挥金融救助功能，帮助小微企业渡过难关，做好疫情下对小微企业的金融服务；助力推进普惠金融体系建设，为2020年决战决胜脱贫攻坚、全面建成小康社会做出应有的贡献。在此过程中，为充分发挥资产公司实施普惠金融的独特作用，建议国家给予相应的政策支持。

（一）新冠肺炎疫情催生了小微企业对普惠金融服务更为迫切的需求

小微企业是国民经济和社会发展的重要基础，是创业富民的重要渠道，在扩大就业、增加收入、改善民生、促进稳定、国家税收、市场经济等方面具有举足轻重的作用。长期以来，小微企业占有的金融资源远低于其经济贡献，面临着严重的金融资源配置失衡问题。一方面由于实力较弱、抗风险能力较差等先天劣势，小微企业迫切需要金融支持。另一方面融资难、融资贵，小微企业无法得到充足的金融支持。2019年以来，我国经济下行压力持续加大。2020年初，新冠肺炎疫情突然暴发，使得经济形势更趋严峻。部分小微企业复工延迟、资金链断裂、需求不振，陷入生存困境乃至破产。其中，小微企业集中的批发零售、制造业等行业受疫情影响尤为严重，2020年1~2月社会消费品零售总额、制造业增加值同比分别下降20.5%和15.7%。与之相对应，疫情也对小微企业存量贷款的质量产生了一定影响，

---

* 本文原发于《普惠金融研究》2020年第3期。
** 周礼耀，中国长城资产管理股份有限公司党委副书记、总裁、执行董事。

批发零售、制造加工行业的资产质量进一步下降，不良贷款率进一步上升。

疫情发生后，国家精准施策，实行积极有为的财政政策、适度灵活的货币政策，制定差异化的监管政策，着力化解小微企业的生存危机。尽管目前全国疫情已得到控制，但对已融入全球经济产业链的企业而言，海外疫情防控前景的不确定性加大了经营企稳难度。小微企业作为国民经济的"毛细血管"，及时为其纾困解难，不仅关系到"六稳""六保"目标能否顺利实现，而且对保障产业链安全、增强国家经济长期竞争力具有重要意义。此次疫情，催生了小微企业对普惠金融服务更为迫切的需求。在此背景下，包括资产公司在内的金融机构通过发挥主业功能开展普惠金融业务，不仅有助于缓解小微企业困境、恢复可持续发展能力，还可促进优化小微企业金融资源配置。

（二）疫情下资产公司在普惠金融方面可发挥独特作用

资产公司利用多元化的金融工具，可提供跨越企业生命周期的一揽子金融服务，支持小微企业纾困。由于小微企业风险承担能力较弱，金融机构为其提供成本合理、方便快捷的金融服务，将比传统业务承担更大的风险。但是，鉴于小微企业对国民经济发展的重要作用，金融机构做好对小微企业金融服务是开展普惠金融的首要内容。在这方面，资产公司有着独特的优势，可为小微企业提供跨越企业生命周期和经济周期的一揽子金融服务。在小微企业初创阶段，可提供财务顾问、资金支持等金融服务；在成长阶段和发展阶段，可提供银行、证券、保险、信托等综合性金融服务；在衰退阶段，可为企业设计以实质性重组为核心的一揽子方案，推动企业要素重整，改进和提升企业资源的配置效率。

资产公司发挥主业功能，可采取周期性处置策略，优化小微企业金融资源配置。小微企业不良资产在其不同的生命周期阶段呈现不同的特点。在初创阶段和衰退阶段，盈利能力较弱，资产流动性较差，容易产生不良资产；在成长和成熟阶段，内部治理逐渐完善，要素整合较为有效，资产质量相应提高。同时，宏观经济周期性波动也会强化企业不良资产的形成及其状态转换。经济下行时期，企业不良资产会加快积累和暴露，其规模呈扩大趋势；

经济步入复苏和扩张期，不良资产价值逐步得到修复，其规模呈下降趋势。不良资产是企业资源在企业生命周期和宏观经济周期交互作用下出现错配的结果，并通过各类融资渠道传导至金融机构，沉淀为整个金融体系的不良资产。一直以来，资产公司根据不良资产所处的宏观经济周期以及企业生命周期的不同阶段，采取周期性策略加以处置。疫情发生后，国家为帮扶小微企业渡过难关出台了一系列政策，并对重点受灾区域实行资源倾斜。这在缓解小微企业困境的同时，导致了部分隐患延期的可能。疫情结束后，若企业流动性问题还没有解决，产生不良资产的概率随之增大。对此，资产公司可采取周期性处置策略，收购盘活不良资产，优化小微企业资源配置。

资产公司通过20余年专注不良资产经营实践，在服务小微企业方面具有天然优势。培养了一批既熟悉商业银行又熟悉投资银行的专业人才，积累了丰富的不良资产经营管理经验，形成了独特的不良资产尽职调查体系和估值模型，创新了不良资产处置手段，专业优势更为突出，机构遍布全国各地，在盘活存量资产、优化资源配置方面具有天然优势。以中国长城资产管理股份有限公司（简称"长城公司"）为例，自脱胎于中国农业银行成立以来，长城公司积极收购处置不良资产，大力救助问题企业，除了实施涉及国计民生等具有较大影响力的不良资产实质性重组业务外，还帮助了数百家以小微企业为主要客户的农村信用社化解了金融风险、盘活了信贷资金。这样的独特历史使得长城公司在服务小微企业、服务三农方面具有经验优势，也因此拥有中小企业金融服务商的业务特色。长城公司还是中小企业协会副会长单位。这为下一步开展针对小微企业的普惠金融业务奠定了基础。

（三）疫情下资产公司开展普惠金融业务的主要思路

资产公司开展普惠金融业务是深化功能定位、寻求存在价值的具体体现。鉴于自身发展实际，在实施普惠金融过程中，资产公司要优化大数据处理能力，加强金融科技在风险管控、产品研发等方面的应用，并积极探索个人债务重组业务，帮助小微企业渡过难关，优化金融资源配置，进而增强经济社会发展的可持续性和包容性。

1. 拓展资产公司新形势下实施普惠金融的功能定位，积极履行中央金融企业的社会责任

资产公司成立于金融救助，成长于金融救助，转型于金融救助。资产公司正是在化解金融风险、维护社会稳定的过程中彰显存在价值。依托不良资产主业功能，对受疫情冲击陷入经营困境的小微企业进行金融救助，也是资产公司深化新形势下功能定位的必然结果。具体就实施普惠金融而言，就是在习近平新时代中国特色社会主义思想的指引下，深刻把握普惠金融的本质内涵，以"创新发展、均衡发展、和谐发展"为目标，以"问题资产、问题企业、问题机构"为对象，以"坏银行、好银行、投资银行"为手段，以"逆周期收购、顺周期处置、跨周期平衡"为策略，依托不良资产主业功能，发挥服务小微企业的经验优势，加大普惠金融产品创新研发力度，支持小微企业克服疫情不利影响，优化小微企业金融资源配置，为不断增强经济社会发展的可持续性和包容性做出更加积极的贡献。

2. 优化大数据处理能力，为疫情下做好小微企业金融服务保驾护航

疫情的冲击虽然是阶段性的，但其对风险管理的理念及措施带来的改变是深层次的、长远性的。只有正确对待小微企业的金融风险并坚守"底线思维""红线思维"才能促进普惠金融业务健康可持续发展。由于小微企业信息透明度差、财务管理有待规范、缺乏有价值抵押物，导致金融机构针对大型企业的风控手段对小微企业无效。资产公司在金融救助小微企业、履行社会责任的同时，也要切实做好风险管控。疫情的发生，一方面加剧了小微企业的经营困难，另一方面由于部分企业延迟恢复经营导致经营数据断层。而大数据可为企业风控、征信，以及投融资等提供精准化、实时动态的数据服务。资产公司要寻求大数据的技术支持，加强与包括政府、市场专业机构等在内的多方合作，进一步优化自身大数据处理和模型设计能力，并注重金融科技、人工智能手段在小微企业客户管理、风险管控中的应用，进而达到帮扶小微企业、做好风险防控、优化金融资源配置的目的。

3. 把握金融政策红利，创新研发具有资产公司特色的普惠金融产品

疫情发生之前，国家出台了一系列关于普惠金融的支持政策，如提升小微不良贷款容忍度、完善涉农和中小微企业贷款核销处置政策、制定相应监管考核办法等。疫情发生后，国家加大减税降费力度，引入财政贴息进一步降低融资成本，保持流动性合理充裕，提供再贷款再贴现精准支持，推出疫情期间中小微企业贷款延期还本付息政策等。针对传统对公客户金额大、系统审批流程长、效率低、决策烦琐，无法满足普惠金融小额、高频、高密度的业务需求这一特点，资产公司应在国家政策导向下，更加注重小微企业的市场定位和发展趋势，深入了解其经营现状及金融服务需求，基于不良资产收购以及多种金融工具组合，创新普惠金融产品研发，对受疫情影响出现暂时经营困难、具有良好发展前景的小微客户，提供多元化、价格可承担、体验便捷的金融服务产品。一是沟通零距离、零成本，确保普惠金融服务的公开透明，打通普惠金融服务"最后一公里"的症结，解决小微企业"融资难"问题。二是设计一揽子金融服务，最大限度满足小微企业的差异化需求，降低融资成本，解决"融资贵"问题。三是增强金融产品的直观化、标准化程度，强化小微企业金融服务的便捷化体验，解决小微企业"融资繁"问题。

4. 探索开展个人债务重组业务，缓释化解小微企业破产风险对经济金融稳定的不良影响

疫情加大了小微企业的经营难度，开始出现小微企业倒闭现象。面对疫情影响及自身问题所造成的经营失败，小微企业主有选择破产的权利。近期，以建立个人破产制度为核心的《深圳经济特区个人破产条例（征求意见稿）》向社会公布，因生产经营、生活消费导致资产不足以清偿全部债务或者明显缺乏清偿能力的自然人，在符合一定条件的情况下可以申请破产。从国外经验看，发达国家和地区均有专业的信用机构统一管理个人信用市场，维持和强化社会信用机制的良性运行，而国内个人债务重组市场仍是空白。理论上讲，由企业债务重组拓展至个人债务重组，是资产公司不良资产主业功能在疫情下防范化解金融风险和服务实体经济的自然延伸。而资产公司开展境内个人债务重组业务，将有利于解决个人债务人财务困境，有利于缓释、化解因小微企业主破产所带来的社会稳定问题，促进建立健全个人信用危机处置的政策法律。此外，资产公司探索开展境内个人债务重组业务将填补国内行业空白，进一步夯实不良资产主业地位。

（四）相关建议

实施普惠金融是一项系统工程，需要包括资产公司在内的金融机构的共同努力。其中，为充分发挥资产公司实施普惠金融的独特作用，建议国家给予以下两方面的政策支持。

一是完善考核机制，引导促进资产公司发挥普惠金融的独特作用。作为党领导下的中央金融企业，资产公司无论是在防范化解系统性金融风险，还是在服务实体经济发展，以及支持小微企业疫情防控等方面，始终都是具有家国情怀的。以长城公司为例，其已将国家交给的市场化、法制化的重大政策任务作为其主业"4＋3"发展方向的重要内容，并成功实施一批以中国铁路债务重组为代表的重大项目，有效践行了"化解金融风险、提升资产价值、服务经济发展"的使命。资产公司不只是单纯的商业机构，更是国家实施宏观调控和金融应急处理的专门机构，在经济效益和社会责任面前，更注重后者。新时期为更好发挥资产公司的功能，建议国家做好政策引导，不单一考核资产公司的盈利，同时将其对普惠金融等实施情况纳入考核范畴。

二是探索试点运行，允许资产公司开展个人债务重组业务。资产公司已经积累了处理小微债务的丰富经验，疫情下依托不良资产主业开展个人债务重组业务，是资产公司新形势下实施普惠金融的具体体现，也是以长城公司为代表的资产公司中小企业金融服务特色业务的深化发展。从某种意义上讲，资产公司是社会上众多金融机构中最有条件也是最有实力从事个人债务重组业务的。为此，建议在统筹疫情防控、实施普惠金融、化解金融风险等工作的框架下，允许资产公司开展个人债务重组业务。给予资产公司相应准入资格，明确收购处置个人不良贷款的原则，考虑将个人经营性贷款、个人消费贷款、住房按揭贷款、信用卡透支等纳入收购范围。允许资产公司建立个人贷款的收购处置机制和业务模式，在依法合规前提下运用自行清收、委托专业团队清收、重组等措施加以处置。允许资产公司收购个人不良贷款后获得债务人的银行征信记录变更等权益，由资产公司根据债权后续清收处置情况决定是否清除或变更个人不良征信记录，助力推进我国信用体系建设。

小微信贷供给结构之困和破局之道*

倪荣庆**

　　笔者投身金融行业多年来，从来没有像 2020 年这样深刻意识到小微企业的两种特性："重要性"和"脆弱性"。2020 年的"两会"提出，守住"六保"底线，就能稳住经济基本盘。"六保"的前三"保"，"保居民就业、保基本民生、保市场主体"是重中之重。小微企业占市场主体的 90%、吸纳 80% 的城镇就业，可以说小微活，就业就稳，经济就活。这是小微企业不容争议的"重要性"。但疫情冲击下，受到直接影响的也是底子偏薄、抗风险能力较弱的小微企业。2020 年 4 月末的一组调研数据显示①，小微企业的复产情况显著落后于中大型企业，对复产的预期也更显悲观，这是小微企业不可避免的"脆弱性"。

　　市场需求疲软，导致营收减少，盈利能力降低，进而造成现金流吃紧，小微实体经营难以为继。上述调研还指出，对比今年早些时候，大部分大中型企业的现金流情况随着经济回暖逐步好转，但小微企业的处境仍不容乐观。约 60% 小微企业的现金流仅够支持企业经营不超过 3 个月。对在疫情冲击中夹缝求生的小微企业来说，融资问题成为"卡脖子"问题。

　　李克强总理 2020 年 6 月初考察山东烟台蓝色智谷时，同部分小微企业主进行了谈话，重点了解小微企业各项扶持政策的落实情况、经营状况和融资环境。一位小微企业主说起因缺乏固定资产而授信不足的融资困境，引起

---

　　*　本文原发于《普惠金融研究》2020 年第 3 期。

　　**　倪荣庆，平安普惠金融研究院院长。

　　①　招商银行 2020 年 5 月发布的《穿越生死线——小微企业调研报告》显示，小微企业产能恢复程度达到以往半成以上的比例为 41.3%，大中企业的这一比例为 81.1%。关于对未来经营状况的预期，仅有 61.6% 的小微企业表示三季度前可恢复至 75% 以上，有 24.4% 的小微企业表示年内恢复无望。而大中企业中，80.1% 的企业表示三季度前可恢复至 75% 以上，认为年内无法恢复的不到一成（9.4%）。

了总理关注。①

2020 年一季度，全国普惠型小微企业贷款已经持续第五个季度增速维持在 25% 左右，各项鼓励金融支持小微的政策持续加码，但仍有不少小微经营者面临融资难、融资不足，甚至融不到资的现象，这让包括笔者在内的小微金融从业者们反思：小微金融纾困之策，在增加供给量的同时，是否更应关注供给结构？

（一）多场"及时雨"，重视结构调整

2020 年上半年，中央打出小微扶持政策"组合拳"，连续定向降准、专项再贴现、再贷款政策，释放流动性。《政府工作报告》提出"要创新直达实体经济的货币政策工具"。仅 10 天后，央行便发布了普惠小微企业信用贷款支持计划。多点、高频施策，足见中央和金融监管部门高度重视为小微企业"补血"。

多场"及时雨"润泽小微企业。从贷款投放量来看，今年一季度全国普惠型小微贷款余额达 12.55 万亿元，同比增长 25.93%，远高于各项贷款，增速比上年末高出 1.3 个百分点。

但论贷款投放结构，另一组数据②传递出的信号值得重视：12.55 万亿元全国普惠型小微企业贷款中，个体工商户的贷款为 4.01 万亿元，意味着约 70% 的信贷投向集中在小微企业。在获得贷款的 2787 万户小微经营主体中，小微企业（主）和个体工商户分别有 1390 多万户，而纳入小微企业名录的个体工商户数量则 2 倍于小微企业，也就是说个体工商户的贷款渗透率远低于小微企业。再看贷款担保情况，普惠小微贷款中，信用贷款占15.4%，比上年末高 1.9 个百分点，但仍处于低位。不难看出，多方努力之下，目前的小微信贷供给已经能够有效地服务好资产充分、资质较优的小微企业，但面对信用档案薄、缺乏有效抵押物的长尾端、以个体工商户为代表的微小经济体，依旧存在供给短板。

---

① 中国政府网，www. gov. cn/xinwen/2020 – 06/01/content. 5516533. htm，2020 年 6 月 1 日。
② 数据来自中国人民银行、银保监会。

从 2019 年起，中央和金融监管部门多次提及小微企业"首贷难"问题。2020 年下发的《商业银行小微企业金融服务监管评价办法（试行）》将贷款增量、首贷户数增长同时纳入考核范围，都剑指金融机构的新"二八现象"，推动金融机构兼顾信贷投放的"增量"和"扩面"。

（二）如何破解长尾端小微经济体的信贷获取难题？

小微市场是蓝海，也是"硬骨头"。目前，小微信贷渗透率约 25%，以78%[①]的微型企业和个体工商户存在融资缺口的市场容量来看，还有超过50% 市场增量潜力有待挖掘。然而，金融机构长期受制于小微信贷的"不可能三角"（规模增长、成本降低、风险控制三者存在内生矛盾，难以同时满足），致使小微信贷成为让金融机构头疼的硬骨头。尤其是面对微型企业、个体工商户、自营就业者等长尾端的小微群体，金融机构在获客、风控和经营模式上的错配导致供需之间仍旧隔着一扇玻璃门。

高质效的小微信贷供给，讲究用户的"获得感"，关键在于供需两侧的匹配。这需要以适应小微群体特征和需求的方式提供服务，采取与他们信用资质特点相符合的授信和风控手段，并且以可持续的模式确保长效、稳定的服务。

1. 线上线下结合，编织全触点的小微服务网络。

传统金融机构的服务方式主要依托于网点，触角的深度和灵活度有限。超过 1 亿个小微经营主体，基数大、分布广、千行千面，导致"人海战术"会很快碰到天花板，难以支撑规模化经营。互联网模式的出现一定程度上解决了难题，通过嵌入各类线上化的生产经营场景扩大了服务半径、提升了作业效率。不过，线上模式也存在边界。一是小微经营者的资金需求复杂多样，小微贷款产品无法像小额互联网消费贷款一样实现极简化、标准化的输出。二是长尾端小微群体的生产经营行为触网率低、金融能力欠缺，借助互联网方式完成信贷流程的难度较大。面向这部分群体，就需要提供个性化、

---

① 全国工商联、国家金融与发展实验室、蚂蚁金服金融研究院发布的《2019～2020 小微融资状况报告》指出，受本次疫情影响，78.0% 的微型企业和个体经营者仍存在融资缺口。

顾问式的"身边服务"，为客户介绍和推荐适合的信贷产品。针对国内小微经营人群的复杂现状，需要线上线下相结合，线上渗透场景，线下走街串巷，这是当下高效触达、服务小微的合理路径。

2. 创新挖掘替代性数据，解决授信难题

传统金融机构擅长经营对公业务，以账户流水、财务报表、固定资产情况作为授信依据。一旦面对"无报表""无信评""无抵押"的微型企业主、个体工商户，传统授信模型就会失灵。事实上，以个体工商户为代表的小微经营主体，存在不区分经营实体与经营人的特点，其自然人属性和法人属性在授信过程中均是重要的风险判别因子。由于小微企业普遍存在企业数据不完整的情况，授信模型中对个人信息和替代性数据的依赖性更高。基于这些特点，业内出现了借助替代性数据服务长尾端小微群体的成功实践。比如，蚂蚁金服通过收款数据打开服务线下小商户的突破口，为千万商户提供便捷的小额融资产品。平安普惠长期服务小微经营者的过程中，发现了车险数据在小微授信中的价值。首先，保费的缴付行为一定程度上能够反映客户的支付能力和守约意愿。其次，被保车辆情况是关键的资产信息，这些与信贷行为强相关的信息可以作为大额、长期信贷产品的风险判别依据。

3. 丰富风险分散机制，提高单一主体的风险负荷能力

小微企业原本就是高风险群体，疫情冲击下市场环境剧烈波动，小微企业更容易陷入经营困境，造成违约风险集中爆发，可预见的风险损失势必削弱金融机构开展小微业务的意愿。由各级政府设立的小微企业贷款风险补偿专项资金的确能够平滑金融机构的风险损失，是疫情特殊时期的有效应急举措，但行业也需要探索和丰富符合市场规律的风险分散机制，降低单一金融机构的风险负荷，从而实现长效、稳定的小微信贷供给。在不少为业内称道的普惠金融试点项目中，出现了风险分散机制的创新示范。在河南兰考模式的"四位一体"分段分担机制中，出现了保险和担保按比例共担风险的模式；在安徽省"4321"政银担模式中，省担保集团和融资担保公司则共同参与了风险分担。平安普惠的三农低息借款产品"惠农金"更开创性地采用地方农担机构和民营融担公司合作的模式，发挥了民营机构在乡村振兴、产业扶贫事业中的潜力。

4. 以平台模式推动深度专业化分工，促进市场主体优势协同

纵观国内小微金融的模式变迁，能够看到和其他行业相似的迭代脉络——从集中化生产到专业化分工，从单主体自组织发展到多主体平台化经营。早期，由开发性银行牵头引进的德国 IPC 模式，实现了对传统银行全手工、传帮带的小微业务模式的改造，建立了系统化、标准化的管理、培训和操作机制。在此基础上，新加坡淡马锡公司的"信贷工厂"模式开始将信贷流程模块化、流水线化，小微信贷领域进入专业化分工的发展阶段，但仍是组织内生性的演化。在数字经济时代，移动互联、大数据、人工智能等技术在金融领域的渗透推动小微信贷业务的分工更趋精细化、纵深化，参与业务的市场主体也更多元，金融机构、类金融机构、互联网企业等企业发挥各自优势，多向赋能，协同化解小微信贷的成本和风控难题，实现规模效应，平台化模式应运而生。无论是商业银行正积极探索的"开放银行"，还是疫情期间广受推崇的"零接触贷款"，无不是在追寻和求证"平台＋生态"模式在零售金融和小微信贷领域的应用价值，实现高效、可持续的小微信贷供给。

5. 金融科技为翼，提升小微金融供给能效

成本高、产能低是小微金融服务机构长期面对的挑战，面对长尾端群体，这个问题尤其突出。近年，普惠金融发展进入数字化赛道，金融科技在延展金融服务覆盖面、优化用户流程体验、提升供给效率方面的成效为金融机构打开一个新局面。相比于早期，科技仅应用于场景置入、数据库建立等局部环节。今天的金融科技明显有更大的价值空间。比如在身份识别环节采用人脸识别、声纹识别等技术，无须借款人提交身份证明材料，即可完成借款人身份验证；在风险评估环节中，引入远程视频面谈和微表情技术，不仅突破空间限制实现"随时随地"服务，也为风控后台人员提供智能化的欺诈识别指引，以信贷科技提高作业的精准性；在数据模型构建时，运用神经网络、随机森林等机器学习算法对成千上万数据标签进行深度交互，交叉识别信贷风险、提供贷款决策；在贷后管理领域，AI 驱动的智能催收策略能

191

够使贷后管理更标准化、可控化，提升客户体验。此外，如上文所述，小微金融正向"平台＋生态"模式演进，而这种模式的成立原本就高度依赖于科技能力，平台方需要构建运行稳定、响应高效的平台体系，灵活适配多个市场主体，兼容不同生态。实现长尾端小微的信贷"获得感"，我们已经看到了一些方式方向，但仍然有很长的路要走。

（三）后疫情时代，我们可以为小微企业做得更多

笔者所任职的中国平安集团刚刚度过第 32 个司庆日，"家国平安、共创未来"是这个综合金融机构 32 周岁的愿景。小微经济体的发展事关"家"与"国"，理应得到更多更有效的扶持。疫情后，各地经济"按下重启键"时，如何支持它们复苏，与它们共创未来，则是包括我在内的每一个金融人的使命。躬身入局，我们应为小微企业做得更多。

2020 年 5 月，国家发改委联合十七个部门以及互联网平台、行业龙头企业、金融机构等 145 家单位，共同启动了"数字化转型伙伴行动"。这是金融机构参与小微企业生态的一个新起点，也为未来小微金融服务打开新的想象空间。数字化、智能化经营，不仅能提升小微企业经营效率、增强其风险抵抗力，也有助于实现小微企业生产经营全链路的数据留痕，为更精准的小微金融服务提供抓手。

2020 年的《政府工作报告》中，李克强总理提到金融机构要与小微企业"共生共荣"。小微金融服务应是伴随式的、参与式的，渗透到小微企业成长的各个阶段。当前，小微企业面临的发展困境不仅是融资，在金融行业范畴内的经营保险、投资理财也鲜见为小微量身定制的服务。更广泛地来看，购销存管理、财务管理等方面仍有很大的完善空间——小微经营者需要全方位、专业化的定制企业服务。现在，金融机构与小微经营者已经越走越近，借助对小微客户日常经营状态的洞悉，未来可以从金融服务切入，联动内外部资源，为小微企业输出更多增值的赋能型服务，提升小微企业的经营能力，使金融机构成为万亿市场主体背后的支点。

第九章
普惠金融与脱贫攻坚

打造扶贫小额信贷"金字招牌"*
李均锋**

为认真贯彻落实习近平总书记关于金融扶贫的重要指示精神，2014年以来，银保监会、财政部、中国人民银行、国务院扶贫办等部门联合推出专门为贫困户量身定制的扶贫小额信贷，其政策要点是"5万元以下、3年期以内、免担保免抵押、基准利率放贷、财政贴息、县建风险补偿金"，精准用于建档立卡贫困户发展生产、持续增收，切实增强贫困户脱贫致富内生动力。扶贫小额信贷产品推出后，在有效解决贫困人群"贷款难、贷款贵"这一历史性、世界性难题方面发挥了重要作用，为我国金融扶贫探索取得了许多宝贵经验。

（一）扶贫小额信贷取得良好成效

近年来，银保监会等部门先后印发了《关于创新发展扶贫小额信贷的指导意见》《关于促进扶贫小额信贷健康发展的通知》《关于进一步规范和完善扶贫小额信贷管理的通知》《关于积极应对新冠肺炎疫情影响切实做好扶贫小额信贷工作的通知》等政策文件，不断完善扶贫小额信贷支持政策；以乡镇为单位确定扶贫小额信贷主责任银行，实施名单制、精准化管理；实施差异化监管，提高扶贫小额信贷不良贷款容忍度，落实尽职免责机

---

* 本文原发于《普惠金融研究》2020年第3期，摘编自《中国银行保险报》专访，本书略有修改。

** 李均锋，中国银行保险监督管理委员会普惠金融部主任。

制，加大扶贫再贷款支持；不断完善财政贴息和风险补偿机制，加强基层银行机构与基层党组织"双基联动"，扶贫小额信贷持续健康发展，取得显著成效。

截至 2020 年第一季度末，全国扶贫小额信贷累计发放 4443.5 亿元，累计支持建档立卡贫困户 1067.81 万户次，超过全部建档立卡贫困户的三分之一；余额 1795.25 亿元，覆盖户数 449.71 万户；累计续贷金额 402.85 亿元，累计续贷户数 96.71 万户；累计展期金额 98.77 亿元，累计展期户数 24.81 万户。

（二）扶贫小额信贷具有典型金融精准扶贫特征

扶贫小额信贷是一款典型的金融精准扶贫信贷产品，具有四个鲜明特点。一是精准性高。扶贫小额信贷遵循户借、户用、户还原则，准确投放给贫困户个人，用于发展生产、实现脱贫致富。二是可获得性强。贫困户不用向银行等金融机构提供抵押物或担保即可申请，贷款办理手续十分简便。三是成本低。银行机构按照基准利率放贷，大部分地区以财政资金进行全额贴息，贫困户只需偿还贷款本金。四是期限长。根据贫困户发展生产需要，合理确定贷款期限，最长可达 3 年。

扶贫小额信贷在政策措施、信贷模式、服务方式、信息共享等四方面进行了创新实践。在政策措施上，通过财政贴息、风险补偿、扶贫小额信贷保险和拓宽贫困户参与扶贫特色优势产业建设渠道等方式和途径，合理压降综合成本，切实提高扶贫小额信贷综合收益。在信贷模式上，稳步推进"金融监管部门＋地方政府＋主办银行＋特色保险＋市场主体＋贫困农户"等模式创新，切实增强工作合力，进而实现扶贫小额信贷目标和规模。在服务方式上，探索建立县、乡、村三级联动的扶贫小额信贷服务平台或金融服务站，为建档立卡贫困户提供信用评级、建立信用档案、贷款申报等金融服务。在信息共享上，推进扶贫信息网络系统与银行贷款管理系统对接，增强银行金融机构获客及了解贫困户信息的准确性和便利性。

（三）扶贫小额信贷为金融扶贫探索提供了宝贵经验

银保监会作为金融监管部门，主要从监管引领和督促指导的角度入手，加强与地方党委政府、基层党组织、银行金融机构多方协同，主要从五个方面发力推动扶贫小额信贷有序投放。一是充分发挥监管部门引领力。银保监会明确提出，对包括扶贫小额信贷在内的精准扶贫贷款，不良率高于自身各项贷款不良率年度目标3个百分点（含）以内的，可不作为监管评级和银行内部考核评价扣分因素；不断完善精准扶贫贷款尽职免责制度，进一步明确免责问责标准，大力营造信贷人员"敢贷、愿贷、能贷"的良好环境。

二是充分发挥金融机构支持力。督促各国有大型银行、股份制银行、农村中小金融机构结合自身定位，持续把扶贫小额信贷作为贫困户贷款的重要产品，发挥主责任银行属地优势，指定专人负责，优化业务流程，提高金融服务质量。

三是充分发挥基层党组织保障力。近年来，各地不断优化县、乡、村三级金融服务网络，大力发挥村"两委"、驻村帮扶工作队等基层力量作用，扎实做好扶贫小额信贷政策宣传工作，协助做好贷前、贷中、贷后管理。

四是充分发挥各部门推动力。加强与财政部、国务院扶贫办等部门合作，推动各级地方财政和扶贫部门共同落实好财政贴息等支持政策，建立健全风险补偿机制。加强考核督促，将扶贫小额信贷质量、逾期贷款处置等情况纳入地方党委政府脱贫攻坚年度考核内容，定期通报工作进展情况。协同各级扶贫部门共同做好组织协调、政策宣传等工作。

五是充分发挥先进典型感召力。积极发挥典型引路作用，指导各地推广复制河南卢氏、甘肃盐池、湖南宜章、河南兰考等扶贫小额信贷成功模式。比如河南"卢氏模式"的县、乡、村三级金融服务网络模式得到广泛推广应用，取得积极成效。

（四）努力化解新冠肺炎疫情带来的扶贫小额信贷困境

新冠肺炎疫情来得很突然，对金融监管部门和银行等金融机构是一场大战和大考，也给金融助力脱贫攻坚带来前所未有的严峻挑战和考验。一是扶贫小额信贷到期还款压力和风险比较大。由于新冠肺炎疫情对贫困户生产经营和扶贫车间、传统种养业、乡村旅游等冲击较大，导致部分贫困户收入减少，还款能力和还款意愿下降。二是扶贫小额信贷发放和催收工作业务办理受到一定影响。因疫情防控需要，信贷前现场评估调查工作难度大，简化业务流程有难度，部分贫困户无法自主完成线上操作；同时，由于难以及时了解借款贫困户真实情况，部分到期贷款催收和办理展期、续贷工作受到影响。三是部分地方财政贴息、风险补偿政策落实不到位。财政贴息资金申请流程较长，部分财政贴息资金到位滞后；风险补偿政策落实难，有些地方政府风险补偿迟迟难以到位。

上述问题的存在，给扶贫小额信贷持续健康发展带来了一定的风险隐患。银保监会对此高度重视，主要从五个方面来抓扶贫小额信贷风险防控。一是及时出台金融扶贫支持政策文件。明确要适当延长受疫情影响还款困难的贫困户扶贫小额信贷还款期限，简化业务流程手续，切实满足有效需求，对符合申贷、续贷、追加贷款等条件的，及时予以支持。二是督促银行机构认真做好贷款"三查"工作，切实把精准扶贫贷款"贷前调查、贷中审查、贷后检查"做深做细，准确掌握资金流向。三是积极发挥村"两委"、驻村帮扶工作队等基层力量作用，配合银行机构做好扶贫小额信贷政策宣传、贫困户信用评级、贷款申请评估、贷款使用监测指导、逾期贷款清收等工作。四是进一步加强对贫困户的产业帮扶和生产技术培训，加大银行机构支持消费扶贫力度，帮助贫困户销售农产品。五是建立完善风险补偿机制，由地方政府设立扶贫小额信贷风险补偿金，对最终无法偿还的贷款予以风险补偿。

从2020年第一季度情况看，全国扶贫小额信贷风险整体可控，不良贷款余额7.31亿元，不良贷款户数2.24万户，不良贷款率0.41%，远低于商业银行整体不良贷款率；已有3.55万笔贷款共12.16亿元获得风险补偿。

（五）切实做好扶贫小额信贷与乡村振兴战略的衔接

2020年脱贫攻坚战收官后，银保监会坚持"四个聚焦"，做好与乡村振兴战略的衔接，进一步发挥扶贫小额信贷重要作用。

一是聚焦顶层设计，更加明确扶贫小额信贷政策和关键要素。近期，银保监会将与财政部、中国人民银行、国务院扶贫办联合印发通知，进一步完善扶贫小额信贷有关政策，明确提出脱贫攻坚期内签订的扶贫小额信贷合同（含续贷、展期合同）在合同期内各项政策保持不变；将返贫监测对象中具备产业发展条件和有劳动能力的边缘人口纳入扶贫小额信贷支持范围；对受疫情影响出现还款困难的贫困户扶贫小额信贷，在延长还款期限最长不超过6个月基础上，进一步延长到2021年3月31日。

二是聚焦政策落实，切实解决好扶贫小额信贷的新情况、新问题。指导各地进一步将相关政策保障和支持举措落到实处。要妥善解决扶贫小额信贷出现的新情况、新问题，指导督促银行机构针对贫困户实际情况，简化扶贫小额信贷业务办理流程，优化银行信息系统设置，进一步加强延期、展期、续贷业务管理。

三是聚焦经验推广，全面总结广泛宣传金融精准扶贫经验做法和成功模式。认真梳理扶贫小额信贷助力精准扶贫的工作亮点、典型案例、经验做法，加大交流推广和新闻宣传力度，讲好扶贫小额信贷故事，充分展现金融扶贫成果。

四是聚焦长远发展，加大脱贫攻坚期后扶贫小额信贷与乡村振兴有效衔接长效机制研究力度。要进一步加强扶贫小额信贷发展长效机制研究，进一步优化扶贫小额信贷的额度、期限、投放主体等，进一步推动形成部门工作合力，切实让扶贫小额信贷更好地惠及贫困群众，服务好乡村振兴战略。

为全面打赢脱贫攻坚战贡献金融力量*

陈 军**

农村金融在过去很长一段时间基本等同于扶贫金融，即使到现在仍然具有强烈的扶贫金融属性。作为国务院扶贫开发领导小组成员单位，中国农业银行（以下简称"农业银行"）肩负着服务脱贫攻坚的使命，长期在农村商业金融扶贫的一线深耕探索，为广大农民改善生活状况提供了有力支持。当前，脱贫攻坚已进入决战决胜、全面收官的关键时期。我们将认真贯彻落实中央部署要求，坚持农村金融的扶贫金融属性，持续加大金融扶贫工作力度，为高质量打赢脱贫攻坚战、全面建成小康社会做出应有贡献。

（一）围绕做好农村金融扶贫工作进行不懈探索和努力

农业银行自成立之日起，主要职责就是金融扶贫和服务"三农"。1951年农业银行成立初期，就开办了贫下中农无息专项贷款，组织办理贫农合作基金贷款和极贫户贷款，有力支持了贫困农民的生产生活。此后，农业银行虽然经历"三撤三设"，但是在存续期间，农业银行始终围绕把支持广大农民改善贫困状况作为重要职责使命。1979年农业银行恢复后，当年即明确把"帮助农村农民富裕起来"作为重要的目标任务。从1986年开始，按照当年成立的国务院贫困地区经济开发领导小组安排，由农业银行承担扶贫专项贴息贷款发放工作。此后，农业银行扶贫贷款规模不断增加、业务种类不断丰富，有力支持了国家扶贫开发计划的实施。

20世纪90年代以来，农业银行围绕商业扶贫进行了重要探索。20世纪90年代中期，农业银行开始了以"一分一脱"为主要标志的商业化转型。1998年5月，根据国务院金融体制改革精神，农业银行共接收了农业发展

---

* 本文原发于《普惠金融研究》2020年第2期。
** 陈军，中国农业银行三农业务总监。

银行划转的扶贫贷款 350 亿元。此后，农业银行开始逐步按照商业银行扶贫的思路，遵循"放得出、收得回、有效益"的原则，探索金融扶贫有效模式。2008 年股改以后，农业银行扶贫工作的定位进一步明确为通过市场化手段支持扶贫工作，工作的重点主要放在支持贫困地区基础设施建设和产业发展上，特别是围绕国务院《中国农村扶贫开发纲要（2011～2020 年）》安排，重点支持 14 个集中连片特困地区发展，支持了一大批重点企业、重点项目、特色产业。到 2014 年底，农业银行在集中连片特困地区各项贷款余额 3367 亿元，占四大行该类贷款余额的 42.7%。

新的历史时期，持续做好脱贫攻坚金融服务是农业银行重要的职责使命。党的十八大以来，以习近平同志为核心的党中央，站在全面建成小康社会、实现"两个一百年"奋斗目标和中华民族伟大复兴的高度，做出决胜脱贫攻坚、共享全面小康的重大决策，把脱贫攻坚摆到治国理政的重要位置，做出一系列部署，以前所未有的力度推进脱贫攻坚，积极兑现让贫困人口和贫困地区同全国一道进入全面小康社会的庄严承诺。农业银行作为党领导的银行、国有控股的大型商业银行，深入学习贯彻习近平总书记关于扶贫工作的重要论述，发挥了金融扶贫国家队、主力军作用，聚焦职能职责，强化使命担当，全力支持服务贫困地区经济社会发展，为高质量打赢脱贫攻坚战、全面建成小康社会做出了应有贡献。

（二）聚焦职责职能，不断深化脱贫攻坚重点领域的金融服务

一是加大贫困地区信贷投放力度。基础设施和产业是制约贫困地区经济社会发展的重要瓶颈，也是金融扶贫工作的重要着力点。近年来，农业银行围绕贫困地区基础设施建设、民生社会事业、特色产业培育发展、新型城镇化和美丽乡村建设、工业企业和民营小微企业发展等重点领域，持续找准结合点，不断加大信贷投放力度，改善深度贫困地区经济发展条件和投资环境。截至 2019 年末，农业银行在 832 个国家扶贫重点县贷款余额 10914 亿元，比年初增加 1675 亿元，同比多增 588 亿元，增速 18.14%，高于全行各类贷款平均增速 6.25 个百分点。

二是扎实做好精准扶贫工作。"精准扶贫、精准脱贫"是新时期扶贫工作的基本方略，也是做好金融扶贫工作的重要原则。近年来，农业银行通过大力开展产业精准扶贫、项目精准扶贫和到户精准扶贫，着力建立贫困户与产业发展主体、重点带贫项目间的利益联结机制，支持带动一大批贫困人口脱贫致富。截至 2019 年末，农业银行精准扶贫贷款余额 3942 亿元，比年初增加 642 亿元，增速 19.44%，高于全行各类贷款平均增速 7.55 个百分点，服务带动贫困人口 498.8 万。其中，产业精准扶贫贷款余额 1339 亿元，项目精准扶贫贷款余额 1770 亿元，到户精准扶贫贷款余额 716 亿元，其他个人类精准扶贫贷款余额 117 亿元。

三是突出做好深度贫困地区金融服务。深度贫困地区是脱贫攻坚的"坚中之坚"，是"硬仗中的硬仗"。习近平总书记明确要求，"新增脱贫攻坚资金主要用于深度贫困地区，新增脱贫攻坚项目主要布局于深度贫困地区，新增脱贫攻坚举措主要集中于深度贫困地区。"近年来，农业银行把服务深度贫困地区作为全行金融扶贫工作的重中之重，专门出台《助力深度贫困地区脱贫攻坚二十条倾斜政策》，在信贷规模、利率优惠、产品创新、渠道建设、财务资源、人才队伍、考评激励、挂点指导、消费扶贫、东西协作等方面制定精准支持政策。截至 2019 年末，在深度贫困地区各项贷款余额 4026 亿元，较年初增加 688 亿元，增幅 20.62%，高于全行各类贷款平均增速 8.73 个百分点；其中在"三区三州"深度贫困地区各项贷款余额 1128 亿元，较年初增加 175 亿元，增幅 18.42%，高于全行各类贷款平均增速 6.53 个百分点。

四是持续做好定点扶贫工作。定点扶贫是实现精准扶贫、精准脱贫的重要举措。农业银行高度重视定点扶贫工作，专门制定了工作意见和帮扶措施，围绕加大对定点扶贫县的信贷投放、选派扶贫干部到定点扶贫县任职、帮助定点帮扶对象招商引资和发展产业、开展扶贫捐赠和教育培训、聚焦"两不愁、三保障"突出问题实施教育医疗和饮水安全项目等做了大量工作，取得了积极成效。截至 2019 年末，农业银行在 4 个定点扶贫县的贷款余额 104 亿元，较年初增加 15 亿元，增幅 17.36%，高于全行各类贷款平均增速 5.47 个百分点。全年累计投入无偿帮扶资金 11125 万元，是 2018 年的

6.2 倍；帮助引进帮扶资金 2358 万元；培训基层干部 4158 人、技术人员 21190 人。目前，4 个县已全部实现脱贫摘帽。

五是深入开展消费扶贫和教育就业扶贫。发挥农业银行金融科技优势，研发创办"扶贫商城"，为贫困县搭建特色农产品展销平台，已与 240 家中央和地方扶贫单位达成合作意向，为 121 家单位开辟扶贫合作专区，上线商品实现对中央单位定点帮扶的 592 个贫困县 100% 全覆盖。2019 年，农业银行通过线上扶贫商城、后勤集采、员工自愿购买等方式，全年直接购买和帮助销售贫困地区农产品 8.44 亿元。于 2018 年启动实施"金穗圆梦"助学活动，农业银行员工捐赠出资 5178 万元，按每人 5000 元的标准资助建档立卡贫困家庭大一新生，两年来累计资助大学生 7828 名，金额 3914 万元。在深度贫困地区实施"千人计划"，计划三年内面向深度贫困地区建档立卡贫困家庭大学生专项招聘 1000 人，目前已累计招聘 547 人。

（三）强化支持保障，提升金融服务脱贫攻坚的能力和水平

一是建立健全体制机制保障。加强组织领导。在总行成立了以党委书记任组长的金融扶贫工作领导小组，统筹推进金融扶贫各项工作，各党委成员结合分管领域组成扶贫专项工作组。挂牌设立扶贫开发金融部，在分支行成立专门的金融扶贫团队。完善三农金融事业部职责职能，持续强化事业部对金融扶贫工作的支持保障。健全工作机制。建立健全"总行统筹、省市分行推进、县支行抓落实"的工作机制，对金融扶贫工作进行逐级动员、层层落实，上下联动一体推进金融扶贫各项工作。落实政策安排。总行先后出台金融扶贫制度文件 93 个，形成了包括扶贫产品和服务模式创新、业务规范管理、考核激励、资源配置和尽职免责等在内的一整套金融扶贫差异化政策制度安排并持续抓好落实，确保金融扶贫工作取得实效。

二是持续加大金融扶贫创新力度。创新金融扶贫信贷政策。充分考虑贫困地区的差异性、特殊性，在客户准入、抵押担保、利率定价和尽职免责等方面做出一系列差异化安排。开辟信贷审批"绿色通道"，对国家扶贫重点县机构上报的信贷审批业务，全部实行优先办结。创新金融扶贫产品。制定

下发《关于进一步加强金融扶贫产品创新工作的意见》，下放扶贫信贷产品创新权限，扩大贫困地区分行"三农"产品创新基地数量，鼓励和指导分支行积极创新区域特色金融扶贫产品。2019年以来共创新推出27项金融扶贫产品，在贫困地区适用的"三农"特色产品合计达213项。创新金融扶贫模式。在前期探索形成小额信贷扶贫、政府增信扶贫、龙头企业带贫、特色产业扶贫、旅游扶贫等金融扶贫模式的基础上，进一步创新优化教育扶贫、工业扶贫、"扶贫车间"带贫、资产收益扶贫、产业链扶贫、"公益岗位"扶贫等模式，全行金融扶贫模式增加到15个。

三是积极构建"五位一体"。服务渠道网络。加大物理网点建设力度。2019年特事特办，以最快速度在贫困地区选址新增了58个人工网点，针对部分贫困地区少数民族客户不识汉字的实际困难，及时升级科技运营系统，在自助设备上提供了6种少数民族语言供选择。加大自助网点建设。在贫困地区新增了44个自助网点，全行贫困地区网点自助设备达3.86万台，比年初增加8200台，增幅26.97%。深入推进惠农金融服务点升级。在832个国家扶贫重点县新布放电子机具42127台，电子机具行政村覆盖率从69.9%提高到86.6%。针对少数民族地区对电子机具的服务功能需求，研发上线藏文、维吾尔文版机具。大力推广互联网金融服务渠道。掌银、网银、扫码支付等互联网服务渠道已覆盖全部贫困县，国家扶贫重点县掌银用户超过1000万户。试点开展流动金融服务。在四川、云南、甘肃、青海、西藏5家分行累计为190个网点空白乡镇提供移动金融服务。

四是不断强化金融扶贫考核考评和资源投入。加大考核力度。将金融扶贫工作作为对分支行党建工作考核的重要内容，纳入总行部门和相关分行综合绩效考核。针对一级分行和扶贫重点县支行制定脱贫攻坚专项评价方案，实施穿透式考核考评。倾斜配置资源。将信贷计划、经济资本、工资费用、固定资产等各方面资源向贫困地区特别是深度贫困地区倾斜，优先保障贫困地区资源需要。部分专项资源实行穿透式配置，专款专用。选派优秀人才奋战扶贫一线。每年选派一批干部员工到贫困县、贫困乡镇、贫困村挂职或担任第一书记、驻村工作队员。到2019年末全行奋战在扶贫一线的扶贫干部达到 2410 人。推进东西部分行扶贫协作和对口帮扶。统筹 12 家东部分行结对帮扶"三区三州"和 4 个定点扶贫县，在金融创新、招商引资、扶贫捐赠等方面加强对口帮扶，形成全行金融扶贫"大合唱"。2019 年累计帮助贫困地区引进招商引资项目 46 个，计划总投资金额 47.32 亿元。

（四）再接再厉做好脱贫攻坚收官阶段金融服务工作

一是进一步完善服务脱贫攻坚工作机制。进一步健全金融服务脱贫攻坚组织领导、协调推进、总分联动、东西协作、督导检查等制度机制，发挥好总行金融扶贫工作领导小组职能，强化综合统筹和协调推进，确保金融扶贫工作取得实效。健全多维度金融扶贫考核体系，强化激励约束，形成金融扶贫工作合力。持续深入开展扶贫工作调研和评估督导，强化对政策执行情况的跟踪评估，及时完善金融扶贫政策制度和产品模式，帮助基层行解决金融扶贫工作中的困难问题。

二是不折不扣完成金融扶贫目标任务。围绕贫困地区基础设施建设、富民兴村特色产业、民生事业和公共服务、乡村治理体系等重点领域，切实加大扶贫贷款投放力度，力争 2020 年在 832 个扶贫重点县新增贷款超过 1000 亿元并且贷款增速高于全行各类贷款平均水平。将优秀的人员、优惠的政策、优势的资源投入深度贫困地区特别是未摘帽贫困县，尽全力做好对国务院扶贫开发领导小组挂牌督战的 52 个未摘帽贫困县和 1113 个贫困村的金融服务。进一步压实定点扶贫工作责任，持续加大对 4 个定点扶贫县和 6 个重点帮扶县的挂点联系和指导帮扶。认真落实中央统筹推进新冠肺炎疫情防控和经济社会发展工作部署，积极做好贫困地区"稳增长""稳投资"重大项目、重点项目复工复产、贫困农民工返岗就业金融服务，努力把疫情对金融扶贫工作影响降到最小。

三是持续深化金融扶贫创新。根据贫困地区实际，因地制宜加大金融扶贫特色产品、典型模式的宣传培训、推广复制和移植创新力度。加快贫困地区数字化转型步伐，突出科技赋能，强化线上线下联动，优先做好贫困地区"惠农 e 贷""惠农 e 付"推广和电商扶贫工作。大力开展信用村、信用户创建和农户信息建档，创新推广适用产品模式。面向贫困地区产业、园区、农村集体经济组织和贫困农户等群体，做优服务场景、建强金融生态，不断提升贫困地区综合金融服务水平。

四是接续做好金融服务全面脱贫与乡村振兴有效衔接。随着脱贫攻坚任务的如期完成，贫困地区将逐步进入巩固脱贫成果和防止致贫返贫、实施乡村振兴战略的新阶段。我们将认真落实中央脱贫攻坚和乡村振兴战略部署，按照"四个不摘"要求，持续加大对定点扶贫县和已脱贫地区帮扶力度，探索金融扶贫与乡村振兴金融服务的有效衔接，建立以金融服务解决相对贫困的长效机制。

资本市场服务脱贫攻坚的经验、路径与思考 [*]

曾　彤 [**]

消除贫困、改善民生、逐步实现共同富裕，是社会主义的本质要求，是我们党的重要使命。当前，脱贫攻坚战已到了全面收官阶段，2020 年内所有的贫困县都将历史性地脱贫摘帽。随着贫困地区"两不愁、三保障"突出问题得到基本解决，迫切需要发展产业，带动就业和农民增收，实现脱贫攻坚与乡村振兴有效衔接。近年来，按照党中央、国务院的统一部署，证监会积极发挥资本市场作用服务脱贫攻坚，推出了一系列扶贫政策和帮扶措施，在支持贫困地区产业发展和促进贫困户稳定增收方面，积累了一些行之有效的经验。

（一）资本市场服务脱贫攻坚的经验

1. 深学笃用扶贫工作精神

证监会党委将脱贫攻坚视为重要政治责任。为不折不扣落实好党中央、国务院要求，证监会党委不断完善扶贫制度建设，推动全系统形成党委领导、上下联动、多方协作、齐抓共管的扶贫工作格局，明确由党委书记、主席易会满担任证监会扶贫工作领导小组组长，对全系统扶贫工作负总责。按照国务院统一部署，证监会定点帮扶 6 个省（自治区）的 9 个县，包括河南兰考、桐柏，山西汾西、隰县，安徽太湖、宿松，陕西延长，甘肃武山和新疆麦盖提县。证监会党委要求每名党委委员和上海、深圳证券交易所党委书记结对联系 1~2 个定点扶贫县，每年至少一次深入结对联系点调研走访，查找扶贫工作短板弱项，督促帮扶措施落地。与此同时，证监会党委指导会机关、派出机构、交易所、行业协会等系统部门（单位）加强扶贫工作机制建设，强化扶贫干部管理，确保扶贫工作有部署、有督促、有落实。

---

[*] 本文原发于《普惠金融研究》2020 年第 4 期。

[**] 曾彤，中国证券监督管理委员会办公厅一级巡视员。

2. 出台支持贫困地区企业融资的扶贫政策和措施

资源配置是资本市场的基础功能。借助针对性的政策举措，发挥资本市场促进资本形成的机制优势，引导资金、人才、技术等要素流向贫困地区，作为补齐贫困地区发展短板、促进产业结构调整优化、实现区域均衡化协同发展的重要手段。基于此，2012 年 8 月证监会研究制定西部企业首次公开发行优先审核政策，响应国家西部大开发战略；2014 年 5 月印发《中国证监会支持赣南等原中央苏区振兴发展的实施意见》，支持赣南等原中央苏区振兴发展；2016 年 9 月发布《关于发挥资本市场作用服务国家脱贫攻坚战略的意见》，在标准不降、程序不减的基础上，对贫困地区企业在首次公开发行股票、债券融资、新三板挂牌等方面采取"即报即审、审过即发"政策，对贫困地区符合条件的企业通过资本市场直接融资功能为其发展主业提供支持。在政策制定和实施过程中，证监会尊重市场规律，确保各项政策措施符合市场"三公"原则，在不破坏公平的前提下对贫困地区实体融资给予大力支持。

3. 注重市场主体组织动员机制建设

"人心齐，泰山移"。广泛动员全社会力量共同参与扶贫开发，充分体现了我国的政治优势和制度优势，也是我国扶贫事业的成功经验。证监会注重动员组织机制建设，调动行业机构、上市公司、挂牌公司等各类市场主体广泛参与扶贫开发的积极性，鼓励、支持、帮助各市场主体开展不同层面、不同形式的扶贫开发合作，最大限度发挥行业扶贫作用。中国证券业协会发起"一司一县"结对帮扶机制，鼓励一家证券公司至少结对帮扶一个国家级贫困县；中国期货业协会推出"一司一结对"，推动期货公司与贫困地区签订结对帮扶协议；中国证券投资基金业协会成立"基金行业扶贫公益联席会"，加强对基金行业扶贫的统筹和指导，强化行业扶贫交流与合作。与此同时，证监会修订了上市公司年报、半年报的内容与格式，并指导上海、深圳证券交易所发布具体信息披露指引，鼓励上市公司全面规范披露扶贫信息，以信息披露推动上市公司持续履行社会责任。这些动员机制，除引导证监会系统行业帮扶资源与贫困村和贫困人口精准对接外，还将中介机构的融资服务延伸到贫困地区，有助于贫困地区细碎、分散、沉睡的资源转化为生产要素,并推动贫困地区树立市场化发展理念,规范公司治理,强化投资者权益保护。

4. 着力发挥期货市场作用,促进贫困地区农业发展

开发和上市适合贫困地区大规模种养的农产品期货品种,能够有效促进贫困地区产业发展和农户增收。如针对超过1/3的国家级贫困县盛产苹果的现实情况,证监会推出了苹果期货产品。利用苹果期货的套期保值功能,贫困县的农业企业和果农就可以实现风险有效管理,提前锁定最低收益。同时,苹果期货交割标的具有严格的质量标准,借此可有效推动贫困县苹果种植规模化、标准化,并带动仓储、物流等行业发展。再如,红枣期货的上市和推广,对南疆贫困地区的红枣产业规范发展、财政增收、贫困户稳定脱贫等也起到了明显推动作用。

为更好发挥期货市场作用,支持农民管理市场风险,促进市场化配置农业资源,证监会自2016年开始推出"保险+期货"项目试点,由上海期货交易所、大连商品交易所和郑州商品交易所提供主要资金支持,优先在贫困地区开展。经过不断完善和推广,"保险+期货"项目试点目前已覆盖23个省(市、自治区),品种包括大豆、玉米、豆粕、白糖、苹果、红枣、鸡蛋、棉花、天然橡胶等,已成为促进贫困地区农业发展、农民增收和防灾减损的有效保障,并连续五年被写入中央"一号文件"。

(二)资本市场服务脱贫攻坚的路径

1. 发挥资本市场优势,推动产业扶贫

证监会在开展精准扶贫中,注重发挥扶志作用,积极为贫困地区优质资源开发提供资金支持,以产业扶贫激发贫困地区发展内生动力,促进贫困地区产业兴旺和稳定脱贫。近年来,证监会系统、结对帮扶的行业机构以及上市公司、挂牌公司等主体,主要通过投资设厂、建立原材料供应基地、设立产业扶贫项目、打造特色品牌等方式,推动贫困地区主导产业和特色产业发展。例如,深圳证券交易所出资在麦盖提县探索实践"铁畜"养殖产业帮扶项目,帮助贫困群众在家门口实现脱贫致富,取得良好示范效应。为支持武山县发展现代农业和农民增收，深圳证券交易所开展"深银通"扶贫项目，共投入1500万元建立风险补偿金，免费为当地中小企业获得信贷支持提供增信服务；投入1000万元开展"深农惠"扶农创业项目，通过中国扶贫基金会旗下小额贷款公司，定向为包括贫困户在内的农户创业致富提供贷款。

2.围绕"两不愁、三保障"，深入开展民生帮扶

证监会系统的扶贫资金主要用于贫困地区解决"两不愁、三保障"突出问题，重点支持贫困地区完成脱贫攻坚硬任务。上海证券交易所投入1293万元开展"格桑花之爱"项目，累计为324名藏族患儿进行了心脏康复手术；投入382万元开展"行走的渴望"项目，为云南520名伤残人士安装了假肢。深圳证券交易所致力于麦盖提县贫困乡村的净水站建设，让贫困群众彻底告别了喝咸水的日子。上海期货交易所在安徽太湖县实施危房改造项目，推动当地实现特困户住房保障的全覆盖。郑州商品交易所投入600多万元在桐柏县建设标准化村卫生室，解决偏远贫困地区群众看病难问题。证监会机关联合中国证券登记结算公司共同出资1500万元，支持兰考县新建张庄小学，帮助适龄孩子就近入学。

3.打造资本市场扶贫品牌，率先推进消费扶贫

销售渠道不畅一直是制约贫困地区产业发展的短板。脱贫攻坚战打响以来，证监会统筹全系统全行业合力，以扶贫品牌建设、组织产销对接活动、扩大食堂采购等方式，支持贫困地区打通消费、流通、生产各环节中制约消费扶贫的痛点、难点和堵点，推动农产品上行。2018年，证监会推出"一果连四方"系列消费扶贫活动，加大对贫困地区优质产品的宣传推广力度，打造资本市场扶贫品牌。在春节期间，组织9个定点扶贫县开展联动拜年活动，向公众推荐当地特色产品礼包。与农业银行、工商银行对接，支持定点扶贫县和行业机构结对帮扶县的商户在农行扶贫商城、工行融e购上架产品，拓展产品销售渠道。与此同时，证监会还广泛动员行业机构采购贫困地区特色优质产品。例如，中国证券业协会发起"开展消费扶贫助力隰县巩固脱贫成果"倡议，帮助隰县销售玉露香梨985万元。中国证券投资基金业协会开展"电商团购扶贫年货、助力汾西农户增收"活动，得到34家基金机构积极响应，采购额高达550万元。

此外，证监会还特别注重发挥党建对脱贫攻坚的引领带动作用，2018年将4460万元留存党费投入9个定点扶贫县的基层党组织建设中。积极探索党支部结对帮扶模式，上海证券交易所组织所属21个党支部和安徽宿松县21户贫困户结对，按照"一户一策、一人一法"原则，制定脱贫方案并跟踪落实，不脱贫不脱责。

（三）下一步思考

2020年是全面建成小康社会目标实现之年，是打赢脱贫攻坚战全面收官之年。下一步，证监会将在实现精准扶贫战略、区域发展战略与乡村振兴战略无缝对接上下功夫。

1. 进一步巩固脱贫攻坚成果，提高脱贫质量的标准

一是确保资本市场扶贫政策和措施，在过渡期内保持一定的连续性，做到支持力度不减。二是已确定的对口帮扶关系继续维持，做到帮扶单位不变更。三是坚持高标准严要求，在巩固已有扶贫成果的基础上，扩大资本市场在相对贫困地区的覆盖面。

2. 激发脱贫内生动力，发挥资本市场直接融资功能

一是在激活内生动力上，由阶段性攻坚向可持续发展推进。顺应市场规律，发挥好市场机制的"造血"功能，使区域要素在市场经济中得到激活。二是充分发挥市场配置资源的决定性作用，按照党中央提出的供给侧结构性改革要求，助力贫困地区培育迈向乡村振兴的主导产业和特色产业。

3. 以县域经济发展为主导，多措并举助推乡村振兴

一是加强与金融系统各部门的协作，共同开发金融扶贫产品，发挥行业联动效应，助力县域经济发展。二是探索更多资本市场工具为县域经济发展服务。进一步扩大"保险+期货"试点范围，开发有利于发挥期货市场助农作用的新品种，探索建立期货市场服务保障农民收入的整体构架。三是进一步发挥上市公司专业优势，做大、做优、做强上市公司，助推县域经济发展。

发挥政策性担保引流效应　打造精准扶贫"农担模式" *

张洪武 **

全国农业信贷担保体系自建立以来，深入学习习近平新时代中国特色社会主义思想，认真贯彻落实党中央、国务院关于打赢脱贫攻坚战的决策部署，牢记政治使命，坚持政策定位，主动作为，勇挑重担，打造精准扶贫新抓手，加大对贫困地区农业产业的扶持力度，探索出一条通过政策性农业信贷担保工具支持农业产业发展、带动贫困户发展的内生型产业扶贫模式，农业信贷担保这一财政金融协同支农工具逐步在脱贫攻坚工作中发挥出越来越重要的作用。

（一）加大贫困地区担保贷款投放力度，"拔穷根""换穷业"

作为解决乡村振兴融资难题的主力军，全国农担体系针对贫困地区积极布局分支机构并派驻业务人员，大力推进业务开展，助力贫困地区脱贫攻坚。截至2020年6月末，农担业务已经覆盖了700个国家级、113个省级贫困县，占除西藏以外的所有贫困县总数的93%以上，累计支持了41万个担保项目，提供担保贷款994亿元，县均1.2亿元。"三区三州"地区是国家扶贫工作的重点地区，目前除西藏暂未设立省级农担公司外，新疆、青海、四川、甘肃、云南五家省级农担公司在"三区三州"地区业务覆盖率达到84%以上，累计支持了1.4万个担保项目，撬动银行贷款43亿元。

（二）促进贫困地区农业产业升级壮大，打造"造血式"农担产业扶贫新模式

发展产业是实现脱贫的根本之策，要因地制宜，把培育产业作为脱贫攻

＊ 本文原发于《普惠金融研究》2020年第4期。

＊＊ 张洪武，国家农业信贷担保联盟有限责任公司党委书记、董事长。

坚的根本出路。财政部《贯彻落实打赢脱贫攻坚战三年行动指导意见的实施方案》要求，要把产业扶贫摆在优先支持位置，支持贫困地区因地制宜发展对贫困户增收带动明显的特色产业，完善新型农业经营主体与贫困户联动发展的利益联结机制，加强对贫困群众的辐射带动。贫困地区要"拔穷根""换穷业"，必须"输血"与"造血"并行，加大产业扶贫力度。新型农业经营主体通过创新经营模式、延伸产业链条，扩大经营规模，优化农业产业结构，带动贫困小农户与农业现代化衔接，是农村产业发展的重要载体，是促进脱贫攻坚、实现乡村振兴的主力军，不仅能为贫困农民提供大量稳定的工作岗位，带动贫困农民打工增收；还能通过流转贫困农民土地，带动贫困农民以土地租金、入股分红形式增加收入；更重要的是对贫困农民进行技术指导和产销服务，通过带动贫困户从事适销对路的农业产业，增强贫困户自身发展能力和勤劳致富的内生动力。

金融是产业发展的血液，越是贫困地区越是金融的盲区。农村金融服务不足、贷款难、贷款贵问题一直是制约贫困地区发展农业生产、提高农民收入所面临的一道坎。作为财政部领导下的财政金融协同支农工具，大力引导金融资源支持脱贫攻坚，是全国农担体系立足政治性要求、把握政策性定位的题中应有之义。全国农担体系自建立以来，认真学习习近平总书记关于扶贫工作的重要论述，将贯穿其中的科学思维方法运用到农担工作实践之中，抓好产业扶贫这个实现脱贫的根本之策，始终坚持政策性定位，专注支持农业适度规模经营，撬动金融资源支持贫困地区农业产业发展，服务新型农业经营主体发展壮大，带动建档立卡贫困人口就业增收，增强贫困户的内生发展动力。目前，利用政策性农业信贷担保工具撬动金融资源，已经成为支持地方农业产业发展的一剂良方。

（三）深度契合地方政府脱贫攻坚任务目标，打造产业扶贫新抓手

各省级农担公司积极发挥农担工具对稀缺金融资源的引流作用，积极支持贫困地区的新型农业经营主体，探索建立核心新型农业经营主体与贫困户

的利益联结机制，建立健全金融支持产业发展与带动贫困户脱贫的挂钩机制和扶持政策，积累了大量通过政策性金融工具支持脱贫攻坚的宝贵经验。

湖南农担公司大力支持贫困地区农业主导产业发展，打造稳定的带贫脱贫利益联结机制，就业带动型产业扶贫模式运行平稳。在湘西州保靖县，湖南农担公司重点支持当地"两茶一果"主导特色产业。农担公司与当地政府合作建立新型农业经营主体与贫困户的利益联结机制，原则上要求新型农业经营主体每贷款 5 万元需带动一户贫困户，帮助贫困户通过劳务用工、流转土地、收购销售、代加工、技术培训、委托帮扶等形式实现脱贫。对"两果一茶"核心企业，保靖县政府整合涉农相关资金，按照基准利率予以贴息。岳阳市平江县规定，对通过湖南农担公司担保贷款的新型农业经营主体，每带动一个贫困农户可获得 10 万元担保贷款支持，可享受基准利率 50% 的贴息，以此方式构建金融支持与扶贫绩效的紧密联系。通过探索以就业带动型为主的产业扶贫方式，截至 2020 年 6 月末，湖南农担公司已在全省 51 个国家级和省级贫困县累计支持了超过 5000 个项目，累计担保金额接近 50 亿元。

河南农担公司主导设计覆盖全省的三级扶贫体系，通过小额贷款支持贫困户发展特色产业，产业带动型扶贫模式成效突出。为深入落实国务院扶贫办、财政部等五部门下发的《关于创新发展扶贫小额信贷的指导意见》，河南农担公司主导设计了覆盖全省县、乡、村三级的金融扶贫服务组织（中心、站、部），打通了金融扶贫的"最后一公里"，同时，通过打造贫困户信息采集、信用等级评定系统，优化农村金融生态环境，完善乡村治理。对有发展条件、有销路的特色产业，给予贫困户 5 万元以下的免抵押担保贷款，地方政府配套全额贴息政策，河南农担公司免收担保费用，逐步形成了具有河南特色的产业扶贫"卢氏模式"，目前该模式已在全省 53 个贫困县全面推开。截至 2020 年 6 月末，河南农担公司在全省 53 个贫困县累计放款超过 16 万笔，累计担保金额接近 150 亿元，已成为河南省金融扶贫的主力军。"卢氏模式"的核心要点在于"四个体系"和"三个机制"。第一，河南农担公司与地方政府配合，着力建设金融服务体系、信用评价体系、风险防控体系、产业支撑体系"四个体系",实现金融服务从"没人管"到"管到底",农户信用从"识别难"到"信息全",银行从"不敢贷"到"快放贷",农业产业项目从"小散弱"向"专精深"的四个转变,有效破解扶贫小额信贷政策落地难题。第二,建立风险补偿、风险分散、风险熔断"三个机制",确保整个模式风险可控。第三,县级政府整合相关涉农财政资金,对贫困户的扶贫小额信用贷款给予贴息贴费,全力支撑农担扶贫工作开展。

四川探索"政担银企户"联动扶贫模式,打造多方扶贫新局面。2018年7月,四川农担公司在广元市和宜宾县启动"政担银企户"联动扶贫试点。"政担银企户"模式的要点在于风险准备金制度、风险补偿制度、利益联结机制和贴息贴费支持等。第一,建立风险准备金。市财政按不低于融资需求的10%建立风险准备金,并实行三方监管、分期到位、滚动安排,风险准备金不足在保余额10%时,及时补足。第二,建立风险补偿机制。信贷资金出现损失时,市政府对损失金额的40%予以补偿,其余风险由银行和农担公司承担。第三,建立利益联结机制。新型农业经营主体按照"每信用担保贷款10万元额度,必须与1户以上贫困户建立利益联结机制"的要求,采取提供就业(务工)、定点收购、代耕代种、固定补助等方式,直接联结帮扶贫困户,拓宽产业脱贫路子,实现增收脱贫致富。第四,进行贴息贴费支持。各县区财政依照中国人民银行公布的1年期以内(含1年)的贷款基准利率进行贴息,并全额补助每年0.5%的融资担保费。目前,"政担银企户"已经逐步在四川全省范围内得到推广。截至2020年6月末,四川农担公司在国家级、省级贫困县累计支持项目超过1万个,累计担保金额接近40亿元。

(四)充分发挥农业信贷担保"减贫致富"效能,布局谋划脱贫攻坚与乡村振兴的有效衔接

全面打赢脱贫攻坚战已胜利在望。但"脱贫摘帽不是终点,而是新生活、新奋斗的起点""要接续推进全面脱贫与乡村振兴战略有效衔接"。如

何充分发挥农业信贷担保作用、巩固脱贫攻坚成果，如何引导广大脱贫户致富，成为 2020 年之后全国农担体系需重点思考谋划的问题。

作为解决乡村振兴中"钱从哪来"问题的重要政策工具，全国农担体系有责任、有能力支持脱贫攻坚决战决胜，也理应能在利用农业产业支持脱贫户致富、防止返贫上发挥重要作用。国家农担公司将继续引领推动各省级农担公司立足自身定位，发挥政策性担保对金融资源的引流作用，按照"脱贫后三年不离政策"的原则，通过开发产业扶贫专项担保产品、降低担保费率等方式，继续支持现有国家级、省级贫困县的产业发展，加大向贫困县的资源引流力度。将进一步强化政治担当，专注解决适度规模经营过程中面临的"融资难、融资贵"问题，引导金融资源持续支持脱贫攻坚工作、支持减贫致富工作，做好金融扶贫、产业扶贫文章，全力支持脱贫攻坚决战决胜，全力支持乡村振兴战略实施。

第十章
普惠金融与"六稳""六保"

农村、农业与粮食安全——兼论农业、农村发展战略[*]

贺铿[**]

新冠肺炎疫情使一部分人产生了严重恐慌情绪，甚至出现了"粮食危机"舆论。虽然"粮食危机"是人们对新冠肺炎疫情恐慌情绪的"过度反应"，但也提醒我们必须更加重视粮食生产、重视乡村振兴。本文将从新冠肺炎疫情与粮食产量的关系、"三农"问题、粮食问题、农业和农村发展战略等四个方面阐述我国粮食安全问题。

（一）新冠肺炎疫情与粮食产量的关系

新冠肺炎疫情与过去发生过的公共疾病相比，具有病毒易变化、潜伏期长、传染性强特点。从防控措施来看，主要是对人与人接触进行物理限制，即所谓的保持社交距离。在疫情防控措施之下，非从事必要生产服务的企业停工停产，学校停课，商场歇业，许多人被迫待在家中，不能上班、上学、外出消费购物。正常的生产、生活活动被打乱，对经济造成了很严重的影响。但是，这样的措施对农业生产影响不大。因为农业生产活动，尤其是粮食生产基本上在室外，以分散劳动为主。因此，新冠肺炎疫情对农业生产影响不大，不大可能导致粮食危机。

不仅如此，我国粮食战略储备充裕，也完全有能力应对市场短期供需波

　＊　本文原发于《普惠金融研究》2020 年第 2 期。

　＊＊　贺铿，十一届全国人大常委会委员、财经委员会副主任委员。

动。在过去的 5 年中，我国粮食产量一直保持在 13000 亿斤以上。其中，2019 年粮食产量达到了 13277 亿斤，人均接近 1000 斤。目前我国主粮（稻谷、小麦）储备可以满足一年以上的市场需求。事实上，我国至今尚未动用过中央储备粮。据此可以安全地得出结论，我国粮食安全目前没有任何问题。

（二）我国的"三农"问题

党中央、国务院一直十分重视"三农"工作。但是"三农"问题始终没有解决好，农业生产方式落后，农民收入增长慢，城乡差别越来越大。用城乡居民的收入来衡量，改革开放初始那年（1978），城乡居民人均收入之比是 1.92∶1。就是说，城市居民的人均收入比农村居民的人均收入高了不到一倍。但是经过 40 年的改革开放，到 2018 年，城乡居民人均收入之比变成了 2.68∶1，差距扩大到接近三倍。农村经济发展滞后，已经成为我国经济发展中的主要"短板"。

农村为什么发展滞后？归根结底是发展思路有问题。

第一，城市化问题。一味重视大城市发展，不重视小城镇建设。优质社会资源，如医疗、教育、文化体育等，总是向大城市和省级中心城市集中，流向农村的份额越来越小。农村剩余劳动力不能就近找到非农就业岗位，只能背井离乡，到北京、上海、广州以及珠三角、长三角的其他地区去打工。农村剩下老人和小孩，出现了严重的社会问题。加之农业现代化速度慢、水平低，生产方式落后，农产品在国际上没有竞争力，农民收入增长很慢。

第二，"三农"工作没有发动农民。农民把农村发展置身事外，认为什么问题都是政府的事情，这是一个很大的问题。韩国在开展"新农村运动"的初期，也有过这样的教训。我们应该借鉴日本建设新农村的经验，成立农民组织，在政府的支持和引导下，依靠农民自己开展"三农"工作。

第三，孤立抓"三农"工作，缺乏融合发展思想。"三农"工作应该坚持农民知识化、农村城市化、农业现代化同步推进，将工业、服务业和文化教育资源引向农村,让农村实现现代化,让农村剩余劳动力就近就业。"三农"工作的核心是"融合发展",只有坚持农业、工业、服务业、文化教育事业全面发展,最终消灭城乡差别,才能算是真正"融合"了。

(三)我国的粮食问题

中国是一个人口大国,主粮必须自给自足,饭碗应该牢牢端在自己手里。本来,我国粮食及主要农产品自给自足应该没有问题,但是现实情况令人担忧。改革开放前,农产品是国家出口的主要商品,国家靠出口农产品换外汇。但是现在我们成了农产品净进口国,且逆差一年比一年大。据统计,在21类农产品中,目前只有5类能完全自给,甚至主粮也需要进口。2018年,谷物净进口1795.8万吨,农产品进出口贸易逆差573.8亿美元。究其原因,既有农村土地制度方面的制约,也有农业生产方式长期落后的原因。新中国成立70多年以来,我国农业生产方式没有大的改变,小农经济生产方式与发达国家的现代化农业相比,生产效率太低。尤其是粮食的性价比低,于是在农产品进出口方面,渐渐出现了"造船不如买船"的思想,这恐怕是由顺差转为逆差且逆差不断扩大的主要原因。

(四)农业和农村发展战略

2017年党的十九大提出"乡村振兴"战略,这是关于农业和农村发展的重要战略。关于"乡村振兴"战略的重要性、实施路径、关键点和时间,已有很多相关论述。但有一句话必须补充:一定要持之以恒,不达目的决不罢休!我们过去提出的"战略"口号太多了,但很多都成了"半拉子工程"。乡村振兴应避免虎头蛇尾。

在解决农业和农村相对落后问题上,我们应该借鉴日本和韩国的经验。日本1955年提出"新农村建设"战略,前后坚持了大约30年。1980年,日本城市化率达到95%,农村家庭收入比城市工薪家庭收入高12.7%。韩国1970年提出"新村运动"战略,前后坚持大约40年。2013年,韩国城市化率达到91.04%,农村家庭收入达到城市工薪家庭收入的95%以上。

总结日本和韩国的经验，主要有以下 4 点。

（1）把工业、服务业引向农村，加速城市化进程；

（2）依靠农民、发动农民，把农民组织起来推动乡村振兴工作；

（3）坚持工业反哺农业政策，加强财政支持和金融普惠服务"三农"；

（4）加强农村和农业现代化建设，重视农业科技服务和农村教育工作。

日本和韩国都是多山国家，人多地少，人均耕地面积不到中国的一半。由于实现了农业机械化、良种化，提高了农业生产力水平。我们有 14 亿人口，更要重视粮食问题。

总之，要持之以恒抓好农村、农业现代化工作，尽快全面实现乡村振兴目标。

新冠肺炎疫情防控常态化下农商行如何做好普惠金融服务*

李亚华**

随着疫情防控取得阶段性胜利,我国进入疫情防控常态化阶段。坚持在常态化疫情防控中加快推进生产生活秩序全面恢复,确保实现决胜全面建成小康社会、决战脱贫攻坚任务目标,成为当前指导各项工作的中心思想。对于银行等金融机构,首要任务是"为疫情防控、复工复产和实体经济发展提供精准金融服务"。如何做好疫情防控常态化后的普惠金融服务,则是摆在中小银行面前的重要课题。

(一)中小银行的经营环境更趋复杂

进入 2020 年 3 月以来,新冠肺炎疫情对我国经济的负面影响加速显现,中小银行面临的不确定不稳定因素显著增多,经营环境出现了一些新变化。

1. 存量客户信用等级"断崖式"下滑

受疫情影响,许多企业生产停滞,订单持续下降,收入大幅下降,而人工、租金、税费、水电等支出相对固定,导致流动性骤然紧张。根据 2020年 2 月清华大学、北京大学联合对 995 家中小企业调研的结果,34% 的受访企业账上现金余额只能维持 1 个月,33.1% 的受访企业可以维持 2 个月。这意味着在随后的几个月中,中小银行部分客户的资金链随时可能断裂。针对受疫情影响严重的人群和中小微企业,中国人民银行、银保监会及时在信贷政策方面给予倾斜,要求银行机构灵活调整信贷还款安排,合理延后还款期限。这些金融政策有效纾解了中小微企业的困难,推动企业有序复工复产。但到期偿还债务是借款人的义务,延期不代表贷款可以不还,而且也不是所有客户都可以延期。如果延期到期后仍没有足够资金偿还贷款本息,且无其

---

  * 本文原发于《普惠金融研究》2020 年第 2 期。

  ** 李亚华,湖北省农村信用社联合社党委书记、理事长。

他政策安排时，将会产生逾期利息、罚息，进而影响客户的信用等级及新的信贷资金获取能力。《商业银行金融资产风险分类暂行办法（征求意见稿）》明确规定，逾期90天以上的债权，即使抵押担保充足，也应归为不良。按此标准，很大一部分存量客户贷款将被计入不良，导致再融资受到较大限制。

2. 新的信贷需求或爆发式增长

随着各地复工复产稳步推进，资金向实体领域投放渠道转为顺畅，叠加此前出台的系列稳增长政策，新增信贷需求或出现爆发式反弹。

一是防护用品制造行业新增信贷需求持续增加。目前，海外疫情仍在快速蔓延，全球确诊人数持续大幅增加，防护用品需求呈爆发式增长态势。世卫组织估计，为满足日益增长的全球需求，防护用品产量须提高40%。中国是全球最大的口罩生产和出口国，年产量约占全球总产量的50%。湖北仙桃则是中国最大的无纺布生产基地，在防护服和医用口罩生产领域占很大份额。彭场镇15家外贸企业一周时间通过上海、广州等地机场出口口罩近5000万片、隔离服300万件，韩国、德国、美国、意大利等21个国家订单不断，3月通过航空物流出口口罩约2亿片、防护服约500万件，4月增长40%以上。目前，防护产品生产企业都在积极扩大产能，由此势必会形成更大规模的信贷需求。

二是中小微企业及种养殖行业加快恢复需要信贷资金。疫情期间，企业普遍停工停产，直接"按下暂定键"，利润"断档"，流动性紧张。受此影响，原本可以通过自身利润留存而不是贷款实现持续经营的客户，复工复产后对外部融资需求进一步增加。其中，有的需要临时性的应急流动资金支持，有的需要复工后为尽快恢复生产经营所需的融资支持，还有的需要临时扩大再生产的资金支持。与此同时，湖北农产品彻底被市场"冷落"，名特产品如武昌鱼、小龙虾、香菇、大米、茶叶等农产品滞销腐烂，相关行业遭受灭顶之灾。根据一亩田农业网的平台数据，比较春节前后1个月湖北农产品成交数据发现，湖北农产品供货量下降了90.5%，平台交易撮合数下降了89.2%，分别比全国高79.4个和78.8个百分点。疫情带来的"后遗症"，需要外部融资加快恢复生产才能修补。对信息少、评估难、担保弱的小微企业来说，想要获得首次贷款存在诸多现实困难，需要银行机构给予普惠性支持。

三是延后的个人信贷需求将大幅释放。疫情暴发恰逢春节黄金周，受影响最严重的是具有人群积聚特征的行业，特别是住宿餐饮、文化娱乐、旅游、交通运输以及居民服务等行业。以餐饮业为例，中国饭店协会报告显示，疫情期间93%的餐饮企业选择关闭门店，3月初仍停业的餐企占75%，复市企业仅占7%。随着疫情防控形势持续向好，被抑制、被冻结的消费将被释放出来，实物消费和服务消费很可能出现"报复性"回补。对银行来说，具备延后消费可能的房屋按揭贷款、汽车消费贷款、个人综合消费贷款等，将迎来集中爆发。

3. 银行获客方式将出现结构性转变

2003年"非典"疫情深刻改变了用户的交易行为和习惯，电子商务飞速发展，淘宝、京东获得爆发式增长。本次新冠肺炎疫情中，线上购物、体验式门店、线上获客、知识经济、在线办公、在线教育、智慧城市等众多行业的新业态纷纷涌现，加速替代传统业务模式。面对新的交易行为和用户习惯，银行机构面对面营销、拓展市场的传统获客模式的局限性显露无遗，不过也因此获得了转型发展的动力和契机。一方面，人们长时间居家隔离，养成了线上消费、使用手机银行的习惯，这是银行布局金融科技的根本动力。另一方面，居家隔离催生出的新业态将产生较大新增信贷需求，给银行业的信贷投放布局提供新的方向。这些因素都将促使银行对线上线下业务进行重新梳理，加强对手机银行、智慧银行的布局，加快数字化转型。银保监会为此专门下发通知，要求积极推广线上业务，优化丰富"非接触式服务"渠道，提供安全便捷的"在家"金融服务。

（二）湖北农信系统服务中小微企业应对疫情的举措

针对当前形势，湖北农信系统积极落实金融支持政策、创新信贷产品、延伸信贷服务，努力做好普惠金融服务，尽可能为中小微企业复产复工提供信贷支撑。

1. 积极落实金融支持政策

一是落实临时性延期还本付息政策，对符合条件、流动性遇到暂时困难的中小微企业贷款通过无还本续贷、挂息缓收、保全展期等措施，帮扶客户度过"寒冬"。截至3月末，为小微企业办理临时性延期还本10077户、108亿元；办理临时性延期付息8451户、31亿元。二是落实中国人民银行支农支小再贷款再贴现政策，对所有符合条件的支农支小项目全部使用再贷款发放，所有符合条件的信贷产品全部使用再贷款发放，所有优惠政策全部通过再贷款来体现，进一步扩大优惠政策的覆盖面和惠及面。3月末，运用中国人民银行再贷款发放贷款116.2亿元，占全省各金融机构同类贷款投放总额的88%。后期将在现有200亿元计划基础上，争取再增加专用再贷款300亿元，确保2020年新增各项贷款高于2019年，新增再贷款投放占全省金融机构的70%以上。三是落实减费让利政策，对运用再贷款资金发放的涉农贷款和小微企业贷款，严格执行贷款利率不高于最近一年期LPR利率加50个基点的政策，有效降低客户融资成本。一季度新发放普惠型小微企业贷款平均利率比2019年末下降0.34个百分点。同时，用足用活省财政贴息政策，对受疫情影响严重的企业办理续贷，给予贷款利率优惠，并协调地方担保公司降低担保费率，真正为企业"减负"。

2. 及时创新信贷产品

针对受疫情影响的小微企业、县域医疗机构和疫情防控企业、医护人员等特定群体，在"福e贷""税e贷"等线上产品的基础上，创新推出"荆楚发展贷""荆楚保医贷""荆楚天使贷"三款"抗疫"专项信贷产品，精准满足疫情防控、复工复产信贷资金需求。截至3月末，累计发放"荆楚发展贷"等特色信贷产品7919户、122亿元；发放防疫重点企业专项贷款203户、18亿元。后续将聚焦企业应对疫情的融资需求变化，合理优化业务流程，完善差异化优惠金融服务。针对受疫情影响严重的批发零售、住宿餐饮、文化旅游、运输物流等服务业企业的金融需求，开发专属信贷产品、提供专门服务，帮助它们渡过难关。继续推广微贷四类模式，丰富微贷产品体系，将新增贷款投向微贷和1000万元以下的小微贷款，满足居民住房消费、汽车消费和综合消费需求,提高信用贷款和中长期贷款比重。及时调整"三农"县级区域融资政策,设计应急产品,提升对受疫情影响严重地区的金融供给能力。对省内口罩、防护服等制造企业,推广仓单、股权、知识产权等权利质押贷款,加大组合担保力度,支持企业"走出去"。

3. 延展远程服务功能

疫情压力下,广大农村地区在线金融服务需求迅速增加。为了适应这一变化,联合阿里云等推出云营业厅解决方案,开发 12 项 25 类远程金融服务相关业务技术,实现信贷业务从注册申请到放款的全程非接触快贷。同时,加快手机银行业务功能提档升级。疫情期间,全省农商行手机银行客户以每日增加近万户的速度持续增长,目前已突破 800 万户。下一步,将开展"互金平台建设年"活动,全力推进"互联网金融+分布式云平台"建设,运用大数据、云计算等科技手段,积极布局线上渠道,强化线上办公、线上获客、线上放贷,提升服务质效。进一步完善手机银行平台建设,把手机银行产品做全、功能做新、体验做优,力争客户数达到 900 万户,月活率达到 22%。加快推出"市民万能卡"项目,集政府公共服务、社会公共服务、金融结算服务于一体,覆盖市民衣食住行等各方面。上线"添惠贷"产品、零售信贷系统、柜面凭证无纸化项目,助力业务发展。推进与华为等科技公司深度合作,加快智能机具推广应用,进一步提升网点智能化水平,提高柜面业务自助办理覆盖率。

4. 加大对普惠群体的支持力度

疫情期间,推出了"容缺办理"等十项措施,采用先行受理、容缺办理、跨网点受理等模式,加大对春耕备耕的支持力度。截至 3 月底,发放农业生产类贷款 121.2 亿元,比去年同期增加 6.1 亿元。下一步,将加大对扶贫攻坚、"三农"、民营和小微企业等普惠金融支持力度,实行内部资源倾斜,确保整体信贷规模平稳增长。开展"万名员工进小微,金融服务我先行"活动,做到专人对接、专门通道、专项产品"三专服务",确保信贷需求第一时间响应到位,不断提升客户的首贷率、信用贷款率和无还本续贷率,积极帮助辖内中小微客户战胜疫情影响。对外出务工人员和产业扶贫、项目扶贫等领域，加大扶贫贷款投放力度；对受疫情影响较大的种植业、养殖业及旅游业等，发放优惠利率贷款，争取财政贴息政策，完善无还本续贷、存量客户再融资等续贷政策安排；对农业产业化龙头企业等核心企业，支持其产业链上的种子、化肥、农药等上下游客户和供应商以应收账款、仓单和存货质押等进行融资；对临时性延期还本付息的民营和小微企业，到期后做好风险排查，避免延期后本金或利息集中偿付造成企业资金周转再度紧张。

（三）几点建议

疫情防控进入常态化阶段后，做好普惠金融服务，需要党委政府、监管部门、银行机构共同发力。

1. 对农村中小金融机构税费给予适度减免

疫情期间，农信系统认真落实支持疫情防控和复工复产各项政策，对运用央行再贷款发放的贷款严格实行利率优惠，对其他贷款相应下调执行利率，最大限度降低客户融资成本，让利于实体经济。但随着净息差收窄、增收空间受限，运营成本压力也不断增大。4月7日，国务院常务会议明确延续实施普惠金融和小额贷款公司部分税收支持政策，有效缓解了银行税收负担和信贷成本压力。为进一步提升中小银行支持实体经济的能力和积极性，建议在此基础上对疫情专项再贷款以及未取得专项再贷款资格但仍设立低息专项贷款的银行给予利息增值税及合同印花税的免征优惠；对因受疫情影响严重导致还款困难的企业予以展期或续贷的银行，其贷款展期90天内计提的应收未收利息暂不视为应税处理；对湖北地区农商行缴纳所得税以及增值税中上缴中央财政的部分给予适当减免，扩大计提的减值准备税前扣除范围至所有贷款。

2. 适度放宽农村中小金融机构不良贷款容忍度

疫情期间，中小银行落实不抽贷、不断贷、不压贷政策，实行临时性延期还本付息，最大限度维持企业信用，保持持续融资能力，确保企业度过寒冬。但因部分客户受疫情影响不能按时还款导致逾期贷款大幅增加，中小银行不良贷款有所增加，拨备计提的压力相应增加。3月末，湖北农信系统不良贷款相比年初增加 13.28 亿元，不良率上升 0.08 个百分点。建议对疫情期间加大信贷尤其是小微企业信贷投放的中小银行，从适当提高不良贷款容忍度、丰富银行资本补充渠道、完善涉农和小微贷款考评机制等方面采取差异化安排，确保监管评级不出现大面积下滑，减轻计提新的拨备的负担，增强银行机构的盈利能力。

3. 继续完善政府性融资担保体系

新的信贷需求爆发式增长，但很多中小微企业没有抵押物，信用记录又是空白，难以从银行机构获得贷款。建议政府出台政策，引导政府性融资担保公司加大对中小微企业和"三农"主体的担保力度，同时由财政安排专项资金给予担保费补贴，进一步降低融资成本，帮助破解首贷担保难题。

智能供应链金融破解后疫情时代中小企业融资难[*]

叶望春[**]

疫情侵袭，对经济最深的打击是使中小企业生存状况恶化。为中小企业"续命"、保市场主体，关键是对症提供融资支持，助力复工复产。在 2020 年 5 月底召开的全国两会上，关于破解中小企业融资难问题的呼声持续不断。《政府工作报告》专门指出："强化对稳企业的金融支持……一定要让中小微企业贷款可获得性明显提高，一定要让综合融资成本明显下降。"供应链金融具有独特的业务模式，能够真正做到无抵押、风险可控且能直达实体中小企业。随着金融科技的发展，供应链金融更是如虎添翼，通过数字化、智能化真正深入实体经济的毛细血管中去，可助力破解"后疫情时代"中小企业融资难的问题。

（一）供应链金融有助于重建银企连接通道

疫情期间，国家出台了各种扶持中小企业的金融举措，但效果并不显著。"政策落地需时间，金融机构不敢贷，企业生存撑不住。"相当一部分中小微企业仍面临着巨大的生存压力。金融壹账通调研表明，疫情期间，71% 的银行信贷业务受到较大冲击，城商行、农商行、农信社等中小银行反映，中小企业融资受到的冲击更严重。与过去不同的是，资金紧张并非疫情期间中小企业信贷活动遇到的主要问题，中小企业自身信用濒临透支与生产恢复的未知造成的惧贷现象，以及线上全流程信贷系统的缺位，是信贷资金流向中小企业的最大障碍。换言之，企业与金融机构之间的"信用桥梁"断裂，资金无法融通。在此情况下，需要以金融科技重新构建连接银企两端的通道，让中小企业借助其所在生态圈的力量重新获得信贷支持。在此背景下，供应链金融进入众多研究者的视野，被视为疫情下改善中小企业融资的良方。

---

[*] 本文原发于《普惠金融研究》2020 年第 3 期。

[**] 叶望春，金融壹账通董事长、CEO。

供应链金融模式本质是处于产业链上下游的中小微企业，依托核心企业的资信来提升自身信用，从而获得银行融资。其优势在于通过产业链筛选出来的资产相对优质，风险容易把控。其缺点是受资源限制明显，过于依赖核心企业，准入门槛高，且传统模式下，无法覆盖众多处于供应链末端的中小企业。考虑到绝大多数中小企业均处于某一供应链中，供应链金融仍是破解中小企业融资难的最佳突破口。金融壹账通借助金融科技的力量，整合供应链中的信息流、资金流和物流，解决信息不对称问题，将核心企业信用传导至供应链的末端，帮助长尾端中小企业增信，可以克服传统供应链金融无法覆盖长尾中小企业的弊端。

（二）打造智能供应链金融生态圈，破解传统供应链金融覆盖面不足的难题

当前仅有少数大型银行拥有供应链金融服务能力。而受限于信用穿透能力，它们主要服务少数特大型企业（大型央企、国企和上市公司）及其有应收账款并可确权的一级供应商，处于供应链长尾端的多级中小供应商和经销商仍然无法享受到真正的供应链金融服务。金融壹账通通过整合人工智能、区块链、大数据等前沿技术，打造了智能供应链金融生态圈，有望破解传统供应链金融覆盖面不足的难题。

1. 智能供应链金融生态圈的基本架构

智能供应链金融生态圈的主体是供应链金融平台。如图 10-1 所示，供应链金融平台共分 5 层，包括底部技术层、架构层、产品层、功能层和显示层。

底部技术层是基于前沿的人工智能、区块链、大数据等技术构建的 BaaS 平台，它支撑着上面架构层、产品层、功能层和显示层高效运转。架构层分布着独立云数据库、总分支架构、客户企业及个人架构和多对多架构，支撑着众多产品的稳定性和有效性。在产品层，金融壹账通搭建了标准化产品工厂，通过应收账及质押融资、订单融资、三方保兑仓、四方保兑仓等 12 个可独立输出的模块化产品，提供上游供应商融资、下游经销商融资和存货融资服务，解决供应链全流程的融资需求。功能层汇聚了金融壹账通

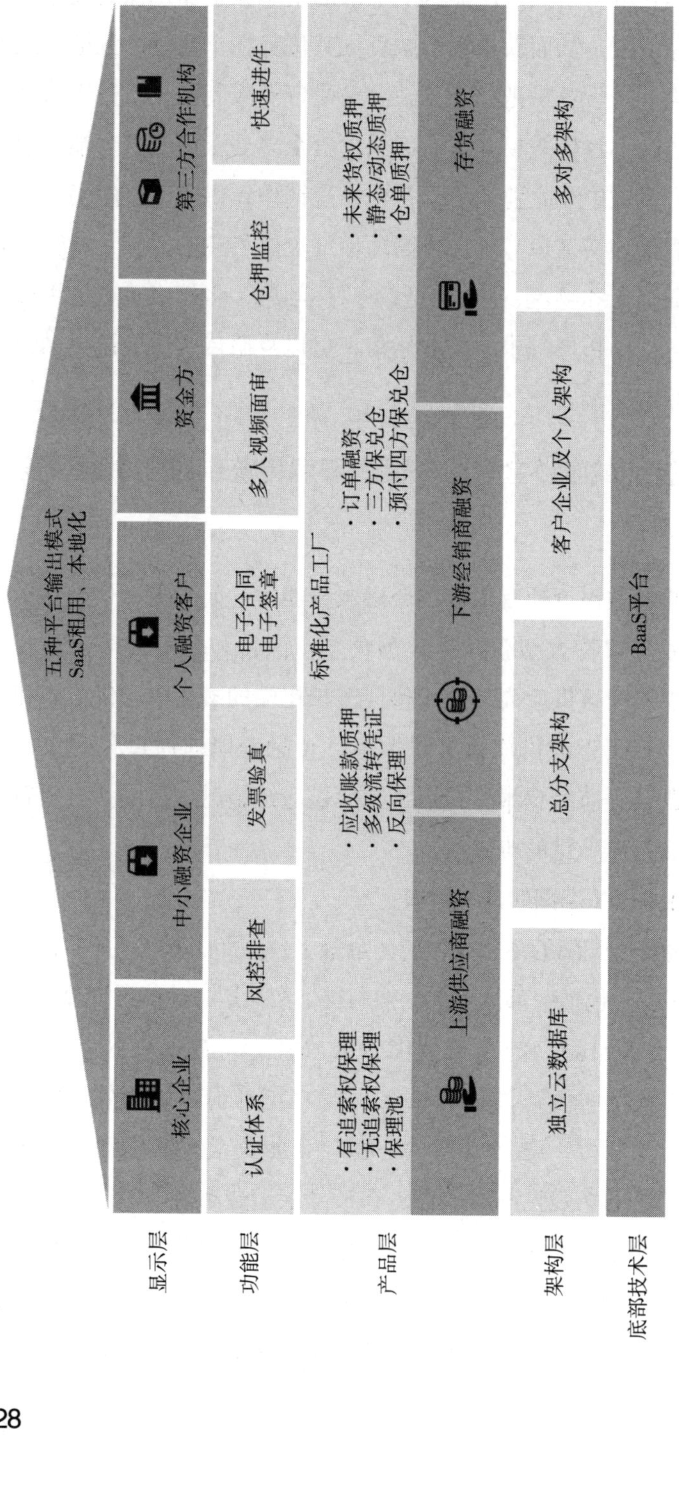

图 10 - 1　智能供应链金融平台全貌

潜心研发的多个智能化风控产品,包括仓储质押动态监控、多人视频面审、发票验真及电子签章等,有力保障了融资过程中的风险防控。最上面的显示层,为核心企业、融资企业、资金方等各个关联方都开通了平台入口,做到了信息公开透明。

供应链金融平台将核心企业与多级上下游供应商和经销商、银行和物流仓储机构紧密连接在一起,通过区块链技术实现多级信用穿透,全流程智能风控,赋能中小银行提升供应链金融服务能力,推动大型优质企业成为供应链核心企业,帮助供应链上中小企业解决融资难题,有助于实现产业集群发展。

2. 智能供应链金融生态圈的四大优势

与传统供应链金融相比,智能供应链金融生态圈兼具有连接、互信、穿透、生态四大优势(见图10-2)。

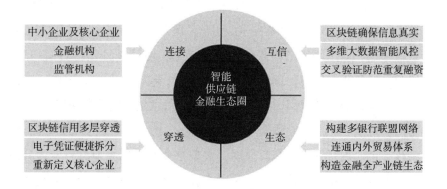

图 10-2 智能供应链金融生态圈的四大优势

一是连接。通过连接多方机构,打破信息孤岛。传统供应链金融上的核心企业、中小企业与银行往往都是相互分割的信息孤岛,存在信息不对称的问题。外部第三方数据也相对碎片化,导致除一级供应商外,大量二、三级乃至更外围的中小供应商因无法与核心企业建立直接关系,难以得到融资。金融壹账通智能供应链金融生态圈借助云计算技术优势,将原本难以验证的大量线下交易线上化,有效连接核心企业、中小企业、物流仓储等供应链的参与各方以及银行、金融、监管等大数据平台，将信息孤岛打通，在贸易云平台上实现数据连通和共享，从而将七成多原先无法覆盖的客户纳入供应链信用体系。

二是互信。多维大数据风控结合区块链技术，实现智能交叉验证，确保信息真实可信。中小企业普遍缺乏抵押担保，自身财务报表混乱，加之信用体系不完善，在传统模式下难以"自证"与核心企业的关系。同时，传统纸质单据、手工操作也给银行校验信息真假带来挑战，存在重复融资的隐患。智能供应链金融运用区块链技术可以解决上述痛点。首先，通过区块链技术可追溯、可留存的特点，实现供应链上的信息都可记录、交易可追溯、信用可传导，保证链上企业信息的真实性。其次，通过多维大数据智能风控技术，对物流、仓储、工商、税务等众多数据源实行交叉认证，有效解决了银行与企业之间的信息不对称、贸易真实性难核验等瓶颈。最后，将区块链零知识认证技术运用于贸融平台，银行可借此实现信息交叉验证，有效防范重复融资，构建全方交易关系数据真实可信。此外，智能体系贸易互信网络。

三是穿透。运用区块链实现信用多级穿透，电子凭证支付自由切分流转，以及全链条智能风控，重新定义核心企业，惠及大量中小企业。传统模式下，银行仅将信用评级高、行业影响力大、信息化程度较高的特大核心企业视为供应链核心企业，导致众多经营业绩好、产业链层级多的大型企业未被作为核心企业进行开发。究其原因，大型企业其链属企业分布较为分散，商业银行尤其是中小银行缺乏足够手段来验证其上下游企业的贸易真实性。区块链技术具有数据可追溯、可留痕特征，电子凭证支付可实现自由拆分流转。智能供应链金融平台将两者结合起来，可实现核心企业信用多级穿透。再加上全链条智能风控加持，就可构筑真实交易背景链条，从而将更多大中型优质企业作为核心企业进行开发，并将核心企业的强信用层层传导至供应链的末端。

四是生态。打通境内外贸融平台，构建多银行服务多核心、多上下游的智能供应链金融生态圈。在传统模式下，供应链金融普遍存在链条与链条独立无交集，覆盖场景少，产品、资金与服务都比较单一等问题。智能供应链金融圈可以通过区块链底层技术连接海外和国内贸易平台,连接海外大型核心企业及银行、国内海量出口中小企业及相关中小银行,构建内外贸一体化平台,确保跨境多方交易关系数据真实可信。此外,智能供应链金融生态圈还将打通资产、信贷、ABS、理财、保险,构建起金融全产业链生态。

(三)多行业、多场景实践推广智能供应链金融

金融壹账通智能供应链金融生态圈已通过落地垂直场景,与大型产业集团合作,衍生出众多成功案例,实现了服务更多中小供应商的目标。

1. "汽车供应链金融"解决方案——福金平台

金融壹账通与福田汽车共同推出了"汽车供应链金融"解决方案福金平台,有效解决了汽车行业长尾供应商的融资难问题(见表10-1)。在传统供应链金融业务中,福田汽车与供应商、经销商之间存在信用无法穿透、融资覆盖面窄等问题。对此,金融壹账通利用区块链技术构建了电子支付凭证工具,使得供应商、经销商之间的应收款与应付款信息得以连贯传递。同时电子支付凭证可以成为供应商向上游企业进行支付的有价凭证,使福田汽车的核心企业信用可逐级向供应商进行传递,大大减少了小型企业资金流动性不足的情况。

表10-1 对福田汽车供应链痛点的解决方案

流动性	应收账款电子凭证化	依据真实的核心企业及链属企业的应收账款信息,自动生成电子凭证,可作为支付/融资凭证,加速贸易/融资进程
	可流转、可拆分	凭证无纸化,可无限拆分流转,相较传统纸质票据提升了操作效率,融资灵活便捷
信用	信用多级穿透	电子凭证穿透触达上下游多级供应商和经销商,提高透明度、扩大支付融资范围,创造融资条件、提升融资效率
	可追溯、不可篡改	区块链技术实现上链数据可追溯、不可篡改,确保交易背景真实,提升参与方信心;先进的数据加解密和零知识验证技术,保证各参与方隐私要求,并由第三方在不解密的情况下验证数据的真实性

据统计，截至 2020 年 4 月，福金平台已上线客户 150 余家，累计开立电子凭证 4.2 亿元，累计融资 3.3 亿元。按照规划，平台后续将对接更多资金提供方，为平台业务的快速上量提供坚实的基础。

2. 武汉农商行养殖供应链金融

在农业养殖领域，金融壹账通智能供应链金融平台建立了与正大集团和武汉农商行的连接。由于投资风险高，自身资金不足，普通农户常常不得不放弃前景好的项目。作为供应链核心企业，正大集团希望借助银行资源解决农户资金难题。作为金融服务机构，武汉农商行愿意与正大合作为此供应链提供信贷支持。金融壹账通通过创新风控、打造结构化方案，将正大集团与武汉农商行连接起来，构建起在上游向养殖户提供原料物资、在下游向养殖户收购成品的养殖供应链，在保障风控安全的同时实现了供应链金融普惠上下游的目标（见表 10 – 2）。

表 10 – 2 武汉农商行养殖供应链金融风控保障

三级联保	养殖户推荐	由核心企业根据系统大数据智能风控系统，推荐、审核养殖户名单，降低道德风险
	养殖公司收购保证	签订《三方协议》，约定养殖公司收购养殖户所养殖产品条款，作为还款来源，防范偿付风险
	饲料公司返利代偿	养殖户在正大集团饲料公司均有返利、代养费、租金等应收账款，一旦出现风险，可将该笔款项变现，用于养殖户融资代偿，可化解 5% ～10% 的融资风险
科技助力	数据风控	对接饲料公司信息系统，实时获取养殖户采购饲料数量，实现基于实时业务数据的大数据风控
	智能风控	通过身份认证体系、负面排查、反欺诈系统、信贷魔方等智能风控体系，降低信用风险

3. "建筑总包"确权不定期融资方案

在建筑领域，金融壹账通携手 J 银行推出了"建筑总包"确权不确期的融资方案（见表 10 – 3）。该方案以更为完备的风控手段和策略替代了传统确权模式，通过打通信用传输通路，激活应付账款，动态调整授信额度，建立核心企业代偿机制，扫清了横亘在上下游企业应收应付款融资道路上的障碍，有效破解了建筑行业资金需求量大、结算周期长所造成的大量上游小微企业流动性不足与融资难等核心痛点。

表 10 – 3　金融壹账通建筑行业供应链融平台

信用传递	壹企链智能供应链金融平台提供数据实时传输、智能身份识别、电子签名不可篡改、智能风险预警等服务，打通信用传输通路
激活应付账款	将确权但无法确期的应付账款作为(隐性)抵押物,向供应商提供动态授信,解决供应商在账期内的流动资金困境
动态额度	核心企业通过系统,动态掌握供应商采购及工程进度,及时响应供应链融资需求,动态调整应付账款授信额度
激活自偿性	若供应商融资款到期未付,出现逾期,核心企业将基于银行通知,作为该笔融资的第二付款人支付清偿该笔融资

当前，我国疫情防控已取得阶段性成果，工作重心全面转向复工复产、复苏经济。供应链金融将继续发挥其独特优势，为实体企业提供高效的金融服务，为保护中小企业生命线贡献独特的金融力量。在不远的未来，供应链金融将以产业金融形态走向十万亿融资大市场的中央，为疫后中国经济带来更多的复苏活力，也为中国经济高质量发展保驾护航。

发展工程建设领域保证保险
英大长安助力企业全流程风险防范*

曾　刚　王向楠**

为减轻实体经济负担，中央要求清理规范工程建设领域的保证金，从而保证保险可以代替保证金，给作为乙方的承包企业提供担保。本文基于国家电网集团在投标保证险上的良好实践，分析保险经纪人通过风险管理服务来体现金融普惠要求的路径，最后提出发展工程建设领域保证保险代替各类保证金的对策建议。

（一）可以代替工程建设领域保证金的保证保险

为减轻实体经济负担，深化"放管服"改革，2016年6月，国务院办公厅出台了《关于清理规范工程建设领域保证金的通知》，提出"各省须全面清理各类保证金，转变保证金缴纳方式"。2017年8月，国资委与住建部联合发布《关于进一步推动中央企业工程建设领域保证金保函替代工作有关事项的通知》，明确要求"全面推行保函替代保证金"。2019年3月，六部门印发《关于加快推进房屋建筑和市政基础设施工程实行工程担保制度的指导意见》，提出"到2020年，各类保证金的保函替代率提升30%"的目标，并明确了"银行保函、工程担保公司保函以及工程保证保险保单统称为保函"。

工程建设领域的保证金主要出现在三个环节：一是投标保证金，即在投保开始到正式合同签订前，担保投标企业的缔约过失责任；二是履约保证金，即正式合同签订后，担保承保企业在合同执行过程中的违约责任；三是工程质量保证金，即工程完工后，担保承包企业在缺陷责任期内对建设工程

＊　本文原发于《普惠金融研究》2019年第3期。

＊＊　曾刚，国家金融与发展实验室副主任；王向楠，中国社会科学院保险与经济发展研究中心副主任。

出现的缺陷应负的维修责任。这三种保证金均可以采用保证保险的方式替代，分别为投保保证保险、履约保证保险和工程质量保证保险。

（二）投标保证保险的实践——国家电网集团案例

招投标环节通常是工程建设领域中需要承包企业提供担保的第一个环节。较之合同生效后各环节中承包企业需要担保的内容而言，该环节风险复杂程度低、风险金额小，因此，在推动保证保险代替各类保证金的过程中，率先开展投标保证保险是首选。保证保险承保的是投保人自身的信用风险，专业性很强，其性质与传统的财产保险业务所承保的"纯粹的"损失风险有明显区别，加之保险公司通常无法获得投保企业的资信状况数据，因此保证保险业务基本上是通过专业保险中介机构来安排的。

国家电网系统采用投标保证保险代替保证金的模式取得了良好效果，下面简要说明此案例。

1. 模式的建立

国家电网集团是以投资建设运营电网为核心业务的央企，工程建设、物资采购的业务量巨大，直接和间接关联着大量实体企业，小微企业和民营企业在其中的占比较高。为执行国家政策要求，履行中央企业社会责任，切实减轻关联企业负担，提升业务运行效率，国家电网集团设计推行了投标保证保险代替保证金的模式。

英大长安保险经纪公司是国家电网集团的一家二级子公司，成立于2001年，其注册资本和经营绩效常年处于行业领先地位，在能源相关的生产和服务业积累了大量的风险管理人才、丰富的服务经验和技能。为响应金融服务实体经济的理念，坚守保险机构"回归保障本源"的定位，该公司于2017年开始进行多方面准备。一是在保险市场通用条款的基础上，新增未缴纳采购代理服务费和串通投标予以赔偿的责任，明确保险批改和退保流程，列明索赔资料清单及进度要求等专用条件，形成客制版的投标保证保险；二是改造互联网运营和服务平台，向投标企业宣传讲解投标保证保险，并协助进行投保安排；三是联系多家有承保意愿和能力的保险公司，协商费率、保险期限、缴费方式、赔付流程等事宜。

2. 模式的成效

该模式于 2019 年在国家电网系统内全面推广，前 4 个月，已服务全国 22 个省（市、区）的 8000 多家投标企业，80% 以上的投保企业为中小微企业和民营企业。该模式累计实现释放保证金 14.34 亿元，收取年度保费为 2073.09 万元，费率为 1.4%，支付赔款 26 万元。

该模式实现了多方共赢。首先，对投标企业而言，可以减轻流动资金占用，降低交易成本；对所有投标企业统一采用 2% 的一年期保险费率，给小微企业提供了实质性的优惠。其次，对招标方而言，能够减轻保证金在财务、物资领域处理环节的事务性工作压力，节约人力物力，提高工作效率。最后，对于社会信用体系建设而言，投标企业的违约赔付情况将通过保险公司共享给央行征信系统。因此，虽然该模式目前的业务规模不大，但具有良好的推广价值和市场潜力。

（三）风险管理服务体现金融普惠

金融强调在不同时空和风险状态配置资源，风险管理是金融的核心功能之一，提升风险管理服务的普惠性是发展普惠金融的题中应有之义。小微企业自身的抗风险能力弱，更需要信用增进工具，所以发展保证保险令小微企业受益更多。保险经纪行业定位于为客户提供专业的保险计划和风险管理方案，在市场经济的发源地英国，保险经纪人撮合了 60% 以上的财产保险业务。

工程建设领域的保证保险体现了保险经纪人助力风险管理的全过程。第一，事前的风险预防。保险费率的"奖优罚劣"和企业诚信信息共享机制促进了投保人改善行为模式，降低了全社会的风险存量；保险经纪人对建设工程的检查能发现隐患，客观专业地给予风险评估，向投保人提出整改建议并提供技术性服务，提升工程质量。第二，事中的风险控制。当缔约过程中发生纠纷时，保险经纪人作为中立第三方介入纠纷处理，充当双方沟通的桥梁，调节化解双方矛盾，尤其是提高乙方投保企业的谈判能力；避免作为发包方的公权力部门卷入纠纷，影响自身声誉。第三，事后的理赔服务。保险经纪人能够判断承保公司偿付能力，从而确保保证保险的赔付责任能够被履行；保险理赔服务受到多方面的行业监管和自律要求，能为受损招标方及时、足额地提供经济补偿；利用保险的"大数法则"分散那些由于意外原因而不能正式签约的中标企业的赔偿压力，避免冲击其生产经营秩序的恢复。

（四）发展工程建设领域保证保险的对策建议

1.各级政府部门认可保证保险

2018 年 7 月，住建部发布《关于加快推进实施工程担保制度的指导意见（征求意见稿）》，明确将保证保险视为保证金的替代方式之一。但是，目前有些部门和地方政府沿用的规章文件仍没有明确认可保证保险。考虑到保险公司较高的资信状况和本文前文分析的内容，建议各级政府部门明确认可保证保险作为工程建设领域的担保方式。

2.工程发包机构支持采用保证保险

政府公共资源中心等部门、各类大型企业在组织各类工程建设工作中，可以推广保证保险来代替保证金，从而在减轻合作企业资金负担的同时，提高自身工作效率。建议工程发包方将保证保险交于自身旗下的保险专业中介机构组织实施，也可以委托资信和专业水准高的外部保险专业中介机构或其他机构来实施，同时对中介机构加强客户信息、财务安全等方面的管理。

3.深化丰富保证保险及相关产品

建议从以下方面深化丰富保证保险及相关产品。一是在产品上，保证保险的推动机构可以从投标保证保险开始，通过一段时期的运营来完善服务平台、锻炼人才、积累经验，再推出服务工程建设中后端的、经济效果更大的履约保证保险和工程质量保险。此外，承保方施工过程中的侵权责任也具有"外部性"，可开发相关的责任保险（如环境责任保险）。二是在费率上，可以从统一费率开始，根据企业在工程建设中表现出的诚信状况逐步引入浮动费率机制，或采用回溯性费率设计，发挥费率的奖优罚劣作用。三是在期限上，将年度化保单、多年期保单、单次保单相结合，给企业更多选择权。四是在客户方面，与各级地方政府公共资源中心、各类企业的投标部门合作，根据地区、行业、企业、工程等内容定制具体保险方案。

4. 保证保险与保函等担保方式相互配合

保证保险与保证金、银行保函、担保公司保函均是经济主体常选择的增信方式，对于不同场景、不同经济主体而言，这四者各有优劣，应当形成"互补关系"。为不违背"放管服"和"普惠金融"的初衷，并促进不同担保机构丰富产品、改善服务、降低价格等，建议政府公共资源中心等部门、大型企业等甲方主体在推动保证保险发展的同时，不应当限制被担保主体选择其他有效的增信方式。

第十一章
普惠金融与消费者保护

推动金融科技时代金融消费权益保护高质量发展[*]

尹优平[**]

金融科技是技术驱动的金融创新，旨在运用现代科技成果改造创新金融产品、经营模式和业务流程等，推动金融发展提质增效。近年来，随着人工智能、大数据、云计算、物联网等信息技术与金融业务深度融合，金融科技正在驱动金融服务业重构，革新传统金融行业，引领金融业务创新，在支付清算、财富规划、筹融资、智能投顾、数字货币、数字身份安全等领域取得快速发展。在此过程中，一系列金融科技类产品和服务如雨后春笋般涌现出来，在为消费者提供更多选择和极大便利的同时，也大大增加了信息泄露、信息欺诈的风险，给金融消费者权益保护和金融安全带来了新的挑战。目前，许多发达国家已经将消费者保护作为金融科技监管的基本原则之一，从技术应用、法律监管层面构建了基本的消费者权益保护体系。面对新技术、新业态的发展，如何完善规则、创新工具，提升金融消费者福祉，推动符合消费者利益的充分竞争和多重保护，值得我们金融从业者深入研究。

（一）金融科技时代下消费者权益保护的新特点

作为金融业务与信息技术深度融合的产物，金融科技产品与服务具有高度的虚拟性。在金融行业，产品和服务具有虚拟性和不确定性特征，经营

---

* 本文原发于《普惠金融研究》2020 年第 1 期。

** 尹优平，中国人民银行金融消费权益保护局副局长。

者、消费者、监管部门等市场主体行为高度依赖所获取的信息。而在信息获取与处理方面，借助大数据、人工智能等技术和互联网信息平台对传统金融业务流程进行变革、创新和重塑，金融科技具有高效便利的特征和元素。经金融科技改造后的金融业务以客户为中心，呈现出比传统模式更强的虚拟性特征。一方面，大多数金融科技产品或服务主要通过数字化方式来呈现，产品交付与消费也主要通过线上完成，相应的交易场所和交易方式都是虚拟化的。另一方面，金融科技产品与服务交易结算很少表现为传统的面对面资金往来，主要通过诸如第三方支付平台等网络支付的方式来完成。

金融科技产品与服务交易高度虚拟化，进一步加剧了金融市场信息不对称问题。金融科技产品本身非常复杂，既涉及大量的信息科技知识，又涉及大量的金融专业知识。这意味着，较好地理解金融科技产品与服务需要严格的专业训练。但是，普通消费者几乎不可能具备这样的条件，存在信息科技素养与金融专业知识上的双重劣势。由于认知水平跟不上金融科技更新速度，普通消费者对金融科技产品与服务的了解往往仅局限于网上发布的产品描述，难以据此准确判断金融科技产品与服务的真实收益，无法对其潜在风险做出全面、客观的评估，导致交易双方的信息失衡。与此同时，金融科技产品与服务的提供者可能会有目的地利用与消费者的信息不对称问题来推销业务，强调高收益却对风险避而不谈，由此导致交易主体双方信息不对称问题更趋严峻，严重威胁金融消费者的权益。

本质上，金融科技是利用新兴科学技术的工具价值实现金融行业的创新发展。在金融科技业务中，信息科技元素只起到技术工具、媒介和思维的作用。金融科技的发展和创新不会改变金融活动的本质，不会出现金融的科技化问题。也就是说，金融科技产品与服务本质上仍旧属于金融产品，其消费者拥有一般金融消费者所该拥有的全部法定权利，不受金融科技发展的任何影响。不仅如此，考虑到金融科技产品与服务的虚拟性更强，面临的信息不对称问题更严重、更隐秘，相关领域的消费者保护应更加强调对消费者在知情权、隐私权、财产安全权、受教育权及公平交易权等方面的保护。

（二）金融科技时代下金融消费者权益保护迎来新机遇

金融科技通过强化数据获取、归集、使用，生产了大量信息，对市场主体行为产生了积极影响，为金融普惠发展提供了机会，降低了消费者进入金融市场的门槛，提高了金融市场的运行效率。如果将区块链、人工智能、大数据等金融科技引入金融监管，应用于消费者权益保护等方面，就可为行政机构科学监管提供坚实的数据支撑，有助于解决金融科技创新驱动下出现的消费者权益保护困境。事实上，我国监管信息化建设目前已见成效，基本具备运用监管科技保护消费者权益的条件。大数据、云计算等技术的日益成熟为监管科技提供了技术基础，各类人工智能算法的成功应用为监管科技提供了先进案例。与此同时，诸多基于科技而运营的金融基础设施陆续建成，进一步助推了监管科技应用。

第一，有助于解决金融机构与金融消费者之间的信息不对称问题。无论金融产品如何创新，其资金的来源和流向均需要进行会计记账，区块链技术可使记账信息更为及时和完整。如果将区块链的分布式记账技术引入整个金融市场，可以第一时间获取资金的来源和流向信息，获取穿透式的信息。资金无论是流向其他金融机构，还是流向实体经济，均可以得到实时监测。而且区块链技术具有去中心化、开放性、信息不可篡改等突破性优势，可协助监管当局核查金融机构披露信息的真伪，督促金融机构完善信息披露内容，实现消费者与金融机构之间的信息对称。

第二，有利于更好地识别风险。在获取资金流转的信息之后，资金的来源和流向是否合规、是否会造成较大的风险，均可以利用大数据进行进一步分析。此外，应用大数据技术还有助于进行风险评估，针对资金流入的领域以及流入量的大小可以定量识别投资风险，提高金融消费者的风险识别能力。

第三，有利于及时回应风险。机器学习技术使人工智能的分析和应对行为更加智能，可以从多个维度帮助监管部门判定资金的流向是否会产生风险，以及发生风险事件的概率有多大。一旦概率超过临界值，人工智能就会自行报警以提醒监管方，或者自动对相关金融机构采取措施，纠正其行为，降低金融风险。

第四，有利于数据安全保护。在网络安全设施方面，监管科技可以对金融机构信息系统如防火墙、入侵检测、数据加密等方面进行检查维护。对金融机构使用的第三方签名、电子认证等技术的潜在数据信息安全风险，监管科技也有能力构建严格的规范机制、加密机制和脱密机制并进行评估和防范。对监管体系的数据安全风险，同样可基于监管科技构建一套智能评估体系，对体系中各个数据孤岛的安全状况进行统一监测。

（三）金融科技发展对金融消费者权益保护带来新挑战

信息质量良莠不齐加大了消费者识别难度，增加了识别成本，增强了金融机构信息垄断优势，从而使得金融素养低、风险意识薄弱的群体面临的交易风险不断上升。与此同时，金融科技打破了服务地域和空间限制，加快了风险传导速度，推动参与主体和业务交叉，致使风险复杂性上升，风险传导范围扩大，爆发系统性金融风险的可能性加大；随着金融科技创新的迅速发展，消费者权益保护面临新的困境。一是金融消费者财产安全风险系数加大；二是金融消费者知情权信息差异性加大；三是金融消费者个人信息安全脆弱性加大；四是金融风险识别的复杂度加深；五是金融消费者维权难度系数加大。这些风险和问题给金融消费者权益保护工作带来了新的挑战。

1. 对市场行为监管的挑战

消保职责划分、监管科技与金融科技发展不适应。分业监管看起来是各司其职、分工明确，实则与金融科技下金融业的混业经营、创新发展不相适应。随着科技与金融的融合，金融业务呈现交叉和跨区域发展趋势，导致监管边界日渐模糊。在出现跨行业、跨市场纠纷时，各监管机构既缺乏识别和规制的主动性，又缺乏识别和规制的能力。由于无法约束其他部门，监管协作机制实质上处于缺位状态，各监管机构无法迅速识别和应对市场风险，从而出现监管滞后的现象。

2. 对现行法律体系的挑战

相关领域的法律法规空白造成保护依据缺位。一是金融科技监管基础法律缺失。网络借贷、互联网保险、股权众筹虽已有相关监管政策,但都以具体的金融科技创新业务作为规制对象,缺乏对"金融科技"这一本体的基础监管。二是个人信息保护制度薄弱。金融科技发展促使个人金融信息流转环节增多,受不法分子违法违规操作、病毒侵入等影响,信息泄露风险也不断增加。现行关于个人信息保护的制度散落在《网络安全法》《消费者权益保护法》中,且未有明确的关于"个人信息"以及"个人信息权"的定义等内容。三是区块链、人工智能等金融科技的法律界定和监管缺失。

3.对纠纷解决机制的挑战

解决途径有限,保护力度不足。一是官方纠纷解决途径不畅,维权成本较高。金融科技创新业务具有交叉性和创造性,业务边界模糊,容易出现求告无门、维权被拒的情况,特别是增加了弱势消费群体维权难度和纠纷解决成本。二是金融消费纠纷机制(ADR)建设缺乏统一标准。金融机构内部处理机制不到位,ADR机制通过网络技术进行,相关材料真实性难以判定,且缺乏金融科技专业人才,严重影响了纠纷解决的成功率。三是纠纷认定缺少倾斜保护。金融科技发展加剧了信息不对称,金融消费者弱势地位更趋明显,举证难的问题更趋严重。如无必要的倾斜,金融消费者权益就得不到有效保护。

4.对金融教育工作的挑战

消费者金融素养提升跟不上金融科技创新发展的速度。一是消费者金融科技素养与金融风险不匹配;二是金融教育体系建设与时代发展不匹配;三是教育惠及面与金融普及程度不匹配。近年来,国外参与金融教育的消费者数量快速增加,尤其是农村居民、社区老人和在校学生等群体不断扩大,但是在国内,对金融消费者的教育目前还主要按照传统方式展开,有针对性地解决"数字鸿沟"问题的宣传教育严重不足。

(四)运用监管科技推动金融消费者权益保护的新发展

SWOT分析结果显示,监管科技不仅有助于金融消费者权益保护,而且在当前互联网金融消费者权益保护领域还具有自身独特的优势。在国家层面上，政府对发展监管科技也持鼓励态度。但是，当前监管模式传统而僵化，监管法律法规相对滞后，规则和标准不统一，使监管科技无法有效应用于金融消费者权益保护。在金融科技时代，消费者权益保护应与时俱进，通过发展监管科技、丰富监管手段，平衡交易双方的信息和地位差异，提高风险警示的有效性。

1. 坚持金融为民，健全金融消费者权益保护科技监管制度

一是完善金融消费者保护工作协调机制。建立金融科技监管大数据共享平台，打破各监管机构信息壁垒，理顺金融消费者保护协调工作。二是加快推行中国特色的沙盒监管制度。考虑到中国分业监管和地域发展不平衡的特点，沙盒监管制度可以分行业、分地域先行试点。三是大力发展监管科技。加强顶层设计，强化功能性监管和行为性监管，明确金融科技监管的范围，落实金融科技穿透式监管措施，构建包括网络安全、算法风险以及金融消费者保护等全方位的监管体系。

2. 坚持科技赋能，探索应用有效的监管科技手段

坚持科技引领、需求驱动的原则，借鉴国外先进经验，丰富监管科技手段。一是应根据当前我国金融科技发展的特点，完善监管沙盒的制度设计，通过沙盒接口接入创新链，利用大数据、云计算、区块链、人工智能等技术支持监管创新。二是监管沙盒的制度设计应在实现应有的监管力度的基础上，最大限度地保障金融消费者的知情权、自由选择权、财产安全权、依法求偿权等各项权益。

3. 坚持教育优先，从国家战略高度研究规划金融教育

一是提倡数字教育，运用互联网、手机 App 等新媒体方式，形成 24 小时全维度、全方位、多角度、多层次的"互联网＋"宣传。二是确定符合国情的金融教育框架，制定分层推进、针对性强的金融教育安排，编写可推广的金融知识教材，将金融教育逐步纳入国民教育体系。三是增加对金融教育的资源投入，号召金融机构、行业协会、教育集团积极参与金融教育，开发金融教育产品，并给予做出重大贡献的个人和团体适当奖励。

4.坚持依法行政，推动完善金融科技监管法律体系

在金融科技发展过程中，技术和场景日新月异，而相应的法规政策制定和出台需要较长时间。在此背景下，可遵照"软法先行、硬法托底"的原则，鼓励知名互联网企业牵头组织各利益相关方探索确立行业惯例、合规流程、网络安全标准、技术标准等，缔结监管科技行业的基本公约。以此为基础，及时出台金融科技监管法律规范，填补监管空白，将新兴金融科技业务纳入现有监管体系，在法定归责、司法裁量和严格制裁上设置底线，防范非法集资、金融诈骗等行为。

5.坚持问题导向，构建多元化金融纠纷解决机制

一是结合现有的正规和非正规的 ADR 机制，探索实施区域性市场化的"一站式"纠纷解决平台试点，为建立标准统一的全国性 ADR 平台提供经验。二是提高金融消费者权益保护立法的层级，为跨领域纠纷、在线金融纠纷解决提供法律依据，在举证责任方面给予金融消费者倾斜保护。三是加强金融专业和金融科技专业人才队伍建设，培养一批金融纠纷领域的权威专家，并基于人工智能技术提出类似金融纠纷的最优解决方案。

新事物必然会带来新矛盾、新问题。只要坚持金融为民，守正创新，注重科技赋能，设立监管底线，就一定能够构建适应金融科技时代的金融消费者保护体系，从而达到改善金融生态、促进社会公平正义的最终目标。

区块链高质量发展与数据治理的研究*

姚　前**

习近平总书记在中共中央政治局第十八次集体学习时的讲话内涵丰富、思想深邃，敏锐地抓住现代信息技术发展的前沿热点。他关于要加快推动区块链技术和产业创新发展的指示，高屋建瓴地提出我国区块链技术发展的蓝图，为我们指引了方向。至此，要不要发展区块链已不再存在争议，当前亟须回答的是怎么发展好区块链。本文认为，先从数据存证、共享入手，是当下我国发展区块链产业的务实策略。其中，公有链是技术前沿所在，在研发上应给予特别支持，通过改造公有链来防范区块链产业的潜在风险。与此同时，发展区块链也应基于现实环境，可考虑把联盟链作为应用落地的主要方向。此外，为保障我国区块链安全可控，还应加强国产密码算法的应用和创新发展。高质量发展是区块链产业的首要任务，要特别注重链上和链下数据治理，建立有效的区块链数字治理体系。

（一）采取从数据存证，共享入手的务实策略

从现阶段技术成熟度看，区块链在价值转移的可靠性方面或许还存在争议，但在数据存证、共享的适用性方面有着广泛共识。利用区块链数据可信度高的优势，建立数据存证、共享的创新模式，可实现政务数据跨部门、跨区域共同维护和利用，促进城市地区在信息、资金、人才、诚信等方面更大规模的互联互通，保障生产要素在区域内有序高效流动，提升城市管理的智能化、精准化水平。

但是，区块链技术本身要求数据高度冗余，客观上增加了计算与存储方面的支出。不仅如此，区块链技术还具有数据透明的特性，须结合安全多方

---

　　*　本文原发于《普惠金融研究》2020年第1期。

　　**　姚前，中国证券监督管理委员会科技监管局局长。

计算、同态加密、零知识证明等隐私保护技术才能在各方自主可控的前提下大范围应用。显然，这一特性同样会增加冗余计算和存储要求。但另外，隐私保护技术本身还不够完善，效率还有待进一步提高，尚不能有效消化因此带来的额外成本。考虑到成本与效率问题，当前比较合理的选择是链上共享数据的 Hash 指纹存证与信息披露，按照"数据不出门、数据不落地、数据可用不可见"三原则，依托安全隐私保护技术在链下按照授权来共享使用真实数据。

将来，随着基础设施与安全技术进步，可以考虑有计划地将系统和受保护的真实数据迁移到区块链上，从而将区块链逐步发展成为价值网络。

（二）支持公有链研究，推进联盟链应用

区块链技术创新关键点在公有链。从私有链到联盟链、公有链，社区信任程度逐步递减，而相应带来的共识机制、性能问题、隐私保护等技术难题则逐步递增。

私有链类似于传统信息系统，联盟链是相互信任的机构之间的互联互通，介于去中心化和中心化之间。

根据业务场景的要求，联盟链不一定只采用 POS 或 POW，也可采用 PBFT 等传统共识机制，或者多种共识协议相结合的混合共识机制。Libra 就属于联盟链。

公有链的相互信任程度最低，高度开放和高度容错的特性带来的安全和性能挑战所要求的技术水平最高。

区块链的去中心化特性对金融监管提出了全新的命题和挑战。应对之道或许是以监管科技应对金融科技。公有链的前沿技术突破，将为联盟链和私有链现有技术问题提供新的解决方案。支持公有链的研究，推进联盟链的应用，是我国区块链发展战略的合理选择。

联盟链是应用落地的较优选择。联盟链是许可链，既可以开展跨机构应用，也可为行业自律和监管提供服务。考虑到现实的合规要求，应将发展联盟链作为当前区块链应用落地的主要方向。在不损害区块链技术优势的前提

下，在公有链上增加监管节点，或者采用多链策略，即"联盟链＋公有链"的"二元模式"，来满足合法合规性要求。

联盟链向相关监管部门注册，使用公有链实现去中心化应用，开展去中心化商业活动。

监管者根据需要可从联盟链穿透到公有链，管控全局。

（三）密码算法的应用和创新是区块链安全可控的基础

本质上，区块链是一个基于密码学原理的分布式共享存储与计算系统，其对中心化机构的扬弃和对密码学技术的依赖，使其成为一种全新范式的控制权转移。虽然区块链的应用是去中心化的，但区块链的密码标准体系是由特定的机构来制定的。一定意义上，谁掌握了密码标准体系，谁就掌握了区块链发展的话语权。从这个角度来讲，推动国产密码算法的应用和创新发展具有重大战略意义。

为了保障国家安全，在一些关键领域，区块链应用的密码学技术必须符合国家密码标准。截至目前，国家密码局已公布了一系列自主研发的国家商用密码算法，包括 SSF33、SM1（SCB2）、SM2、SM3、SM4、SM7、SM9、祖冲之密码算法（ZUC）等。其中，SSF33、SM1、SM4、SM7、ZUC 是对称算法；SM2、SM9 是非对称算法；SM3 是哈希算法。可以说，我国发展国产密码算法已经有了良好基础。

国密算法有自己独特的优点，也有一些需要改进的地方。譬如，相比传统的椭圆曲线签名算法 ECDSA，SM2 的签名和验签的核心步骤相近，但加入了较多的检错功能，签名验证系统的数据完整性、系统可靠性和安全性更高。与广泛应用的 RSA 数字签名算法相比，SM2 在同等安全强度下所需密钥位数更少，密钥的生成速度、签名速度更优。但在验签速度方面，SM2 相比 RSA 具有明显的劣势，尚需改进。

目前，国密算法库还没有覆盖到同态加密、零知识证明、多方安全计算等领域，亟须加以拓展并实现标准化。随着我国区块链应用跨出国门，国密算法也应一并走向世界，成为国际标准。这些都对国密算法提出了更高的要求。

（四）加强链上和链下数据治理

数据互联互通应是现阶段区块链技术的重点应用方向，联盟链或将是其主要形式。我们应提倡区块链的高质量发展，警惕"大干特干、一拥而上"的无序低质量发展。因此，上链数据必须是具备较高价值、可公开、不宜修改的数据。这是区块链的特性，更是它的优势和品质所在。将低价值、可随意更改的数据上链，是对区块链技术的滥用，也无法支撑符合实际业务需求的应用。为此，需要建立有效的区块链数据治理体系，以保障区块链应用的质量和品质。

按照国际数据管理协会（DAMA）的《数据管理知识体系指南》（DMBOK），数据治理框架包括数据控制、数据架构管理、数据开发、数据操作管理、数据安全管理、数据质量管理、参考数据和主数据管理、数据仓库和商务智能管理、文件和内容管理、元数据管理等10个方面。针对区块链技术的特性，可从以下几方面入手，构建区块链数据治理体系。

1. 加强链下数据治理的评估与监督，防止短板效应

区块链技术可以解决链上的信任问题，保障链上数据的真实性、准确性与一致性。但对于链下数据，区块链则"鞭长莫及"，无法保证其质量。倘若链下源头数据被"污染"了，区块链上流转的数据就成了"垃圾"，也就是所谓的"垃圾进垃圾出"。因此，高质量链下数据是区块链高质量发展的前提。要实现这个前提，则需要依靠各节点的链下数据治理。

虽然某个节点的链下数据治理表面上只是它自己的事，但任一节点的数据治理缺失都可能影响到区块链的整体质量和价值。因此，所有节点都应采取有效的技术工具、管理手段和组织体系，对数据在计划、获取、存储、共享、维护、应用、消亡全生命周期可能存在的质量问题，进行识别、度量、监控、预警和改进，以避免短板效应的出现。与此同时，还可考虑成立联盟链联合工作组，评测各节点链下数据治理的成熟度，督促各方提高上链的数据质量，必要时可设置数据治理成熟度的准入门槛。

目前，业内已有比较成熟的数据治理评价模型可供采用。其中，较为知名、应用较多的有 IBM 的数据治理成熟度评估模型、CMMI 的数据能力成熟度模型（DMM）、EDM 的数据能力成熟度模型（DCAM）、DataFlux 的数据治理成熟度模型、OracleMDM 主数据管理成熟度模型、MD3M 主数据管理能力成熟度模型，以及我国信息技术标准化技术委员在 2014 年启动并于 2018 年发布的《数据管理能力成熟度评估模型》（DCMM）国家标准。

2. 参照主数据管理理论，开展链上数据治理

在数据治理框架中，主数据管理是核心。主数据是指描述机构核心业务实体的、在机构内外被广泛应用和共享的数据，是机构的核心资产，具有高价值和高敏感性。通过制定统一的主数据标准，可实现原处于"竖井"之中的各业务系统在主数据层面的互通和共享，从而保障主数据的全局一致性和准确性。事实上，区块链技术也可看作跨节点主数据的集成技术或架构。这意味着，我们可参照主数据管理理论，开展链上数据治理。

一是清晰的业务需求。不是所有的数据都要上链。只有需要多方共享的高价值数据，或者说只有主数据，才需要上链，早期甚至只有主数据的 Hash 指纹存证在链上。

二是明确的主数据规则和标准。联盟链各方应就数据上链标准和规则达成一致。如果选择上链数据在链下统一标准，那么各方应共同制定链下数据标准，即统一的数据定义、分类、记录格式和编码，以及分类规范、编码结构、数据模型、属性描述。如果选择不统一链下数据标准，仅在上链时通过数据抽取引擎将异构数据转为链上统一格式的标准数据集，那么各节点在数据上链之前需对准备上链的数据进行加工处理，以形成标准统一的主数据，然后再根据链上数据操作规范要求进行数据存证与信息披露。

三是统一的链上元数据标准。为使多源的链上数据能被区块链各参与方准确理解和使用，需要事先对每个数据元素进行元数据定义，消除数据的二义性，降低数据集成的成本，让各方能够在统一的逻辑框架上解读和验证链上与链下数据。

四是适当的干预机制。欧盟《通用数据保护条例》规定数据主体享有知情同意权、访问权、拒绝权、可携权、删除权（被遗忘权）、更正权、持续控制权等多项权利。其中，删除权是指数据主体有权要求数据控制者立刻删除与其有关的个人数据及其副本、备份和任何链接。更正权是指数据主体有权要求数据控制者更正并且完善与其有关的个人数据的权利。从这一角度看，区块链的难以篡改与上述两个数据主体权利存在一定的冲突。因此，需要在联盟链上建立适当的干预机制，以满足法律上的数据主体权利保护要求和其他合规要求，而这也是保障良好网络生态的应有之义。

五是科学的管理体系。数字治理本质上是一种管理活动，需要有相应的运维组织、管理流程和考核机制，才能推动数据标准规范的落地实施和有效执行。可考虑成立联盟链联合工作组，负责开展明确数据需求、制定标准、统一规则、监督评估等治理工作，并负责评测各节点的链下数据治理成熟度，行使节点的许可准入权力。

3. 加强数据安全与隐私保护，保障数据资产价值

随着数字经济时代到来，数据已成为关键生产要素，成为具有经济价值的重要资产。如何在数据共享的同时避免数据泄露，是数据治理的重中之重。在需求规划时，各节点应预先进行数据梳理，识别哪些是非密数据，哪些是保密数据；哪些是敏感数据，哪些是边缘数据；哪些可公开，对谁可见，和谁共享。在此基础上，根据数据的价值、敏感性和隐私性进行分级，制定访问控制矩阵和差异化隐私策略。

在数据上链时，应保证接口安全。无论链上数据访问，还是链下数据访问，应有身份认证、分级授权等访问控制，防止攻击者假冒合法用户获得访问权限，保证系统和数据的安全。在数据的传输和共享过程中，可根据数据的共享和安全需要，对不同的数据进行脱敏，或者采用数据加密技术［如零知识证明（ZKP）算法］进行加密，亦可采用一些通道技术来限制数据共享范围，控制数据泄露风险。

（五）结语

当前，区块链的发展已成为一种不可阻挡的技术趋势，是全球产业竞争的全新赛道。各国均在发力，加速布局。在此全球瞩目、事关未来的阵地，我们应扎实备战，抢占技术制高点。习近平总书记的重要讲话，为我国区块链技术创新和产业发展提供了指导思想和根本原则，我们应积极贯彻落实习近平总书记的重要讲话精神，珍惜战略机遇，求真务实、勇于探索，使区块链技术在建设网络强国、发展数字经济、助力经济社会发展等方面真正发挥作用。

数字时代中国保险消费者保护对策*

王向楠**

数字技术从多个方面赋能金融业，如推动普惠金融发展，但也给金融消费者保护带来了多重挑战。本文将探讨如何改善保险监管，在维护创新的同时保护保险消费者权益；并结合当前背景专门分析中国在保险领域的数据和隐私立法问题，以及在加强金融保险消费者教育方面应关注的内容。

（一）保险监管可进一步关注的内容

保险监管应当兼顾促进创新和保护消费者权益。在数字时代，做好保险消费者权益保护，中国保险监管应特别关注以下几个方面。

1. 明确保险科技领域的监管对象

数字保险系统是一个多参与者的跨行业生态系统，应坚持"线上线下"一致性监管原则，要求保险价值链的参与者必须具有相应的保险资质。在保险科技领域，监管和服务对象主要包括三类。一是传统保险机构，包括保险公司、再保险公司、几类保险中介机构等保险服务的供给者。二是保险科技企业，包括数字化保险机构以及参与保险价值链的保险科技类企业。不过，主要活动在"其他生态系统"的主体，如汽车公司、医疗保健机构，承担的保险功能属于保险行业向其他生态系统的渗入，故不应视为直接的保险监管对象。三是保险消费者，即在保险科技市场上向保险机构或保险科技类企业购买保险产品或服务的消费者。

2. 更多基于生态监管的视角

随着保险业数字技术的发展，创新型技术和新参与者不断涌现，给保险监管带来新的挑战。一方面，保险产品或服务嵌入其他相关生态中，导致保

＊　本文原发于《普惠金融研究》2020 年第 1 期。

＊＊　王向楠，中国社会科学院保险与经济发展研究中心副主任。

险活动跨生态和零碎化；另一方面，传统保险机构可能被边缘化或经历"保险脱媒"，导致保险监管对象的无形化。监管机构也是保险科技生态系统的一部分，应当以更宏大的视角审视系统的发展以及自身在系统中的角色。考虑到保险科技系统的运行离不开其他系统的基础设施，尤其是电力、通信、互联网、电子支付等关键信息基础设施，保险监管机构应基于生态一体化原则，实施跨领域的监管合作。

3. 加强监管专业技能建设及与第三方监管合作

评估数字技术对保险消费者的影响不应限于"保险业"。数字技术催生了一批具备或部分具备保险功能的新型主体，如电商平台、网络互助平台。它们的主业可能并非保险，但会直接或间接地影响保险消费者的权益。监管机构需要进一步提升自身专业能力，可考虑设立一个独立的跨学科监管技术部门，加强与应用研究机构、第三方供应商合作，以便更好地理解新技术及其对消费者的影响，更准确地对新技术的应用风险和可能的监管选项进行评估。

4. 提供更明晰的监管方案

监管机构应尽可能地接近、参与市场，尽早走近保险科技初创企业，将监管机构、科技创新者和传统保险机构召集起来，促进各类市场参与者之间的相互了解，并提供更清晰的监管指导。监管机构可考虑设立专门的创新单元，为企业开展保险科技创新和商业模式创新提供满足当前监管要求的建议。

5. 鼓励市场创新

监管机构可以通过解决某些具有挑战性的问题来激励保险科技创新，即为那些被保险排斥的人提供获得保险的机会。监管机构可通过建立创新实验室或为初创企业寻找投资者，来推进市场参与者之间的协作并共同解决问题。监管机构还可为市场参与者提供知识和技能上的帮助，或者为保险科技初创企业之类的创新者提供金融支持。

6. 灵活监管，跟上创新步伐

变革是不断进行的，很难准确预测未来的技术究竟会怎样发展，信息技术和网络风险的进化会使监管法规和实践滞后。因此，监管需要保持灵活性和开放性，为保险业未来的发展创新提供空间。监管机构面临的一个重要挑战是，如何实现保险创新与消费者保护之间的平衡，维持平稳、有竞争性和公平的市场环境。

7. 选择适用的保险创新监管方法

从国际实践来看，监管机构了解保险创新的方式有很多。譬如，有一些国家选择建立监管沙盒，运行效果不错。同时，也有一些国家选择让市场活动逐步发展，同时进行密切监控，以便在更好地理解之后再行干预。对于监管机构如何进行监管创新，不能简单地回答"建沙盒"了事。应当评估各种监管方法，在充分考虑市场的成熟度、监管权力、可用资源、知识等的基础上，选择适合本国的创新保险监管方法。

（二）完善保险领域的数据和隐私立法

保险业作为社会风险的承担和管理者，与消费者的"衣食住行医"等日常生活息息相关，不仅拥有较小的数据粒度，而且往往涉及大量隐私信息。因此，随着保险市场变得日益"定制化"和"精细化"，保险消费者数据和隐私保护的重要性也日益突出。

1. 有"基本法"可依是消费者保护的基础

数据属于典型的无形资产，数据的泄露、传输和使用几乎零成本，且具有极高的隐蔽性。在网络空间一体化趋势下，消费者数据和隐私保护已经成为维护公共利益的需要，国家应当就此做出顶层设计。从欧盟（综合立法模式）和美国（部门立法模式）的保险业消费者数据保护立法实践来看，《通用数据保护条例》和《州数据泄露通知法》等"基本法"不仅是制定保险业消费者数据和隐私保护具体规则的基础，而且为跨行业的隐私保护协作（如对第三方服务商的网络安全措施要求）提供了统一标准。在我国，《个人信息保护法》已列入立法规划，将很快出台。

2. 重视对第三方服务商的监督和管理

作为一个生态系统，数字时代的保险业与外部系统的"数据循环"日趋密切。在此背景下，保险消费者的数据和隐私保护尤其需要考虑对第三方服务提供商的监督与管理。因此，传统保险机构需要担当保险业和外部主体之间的"纽带"，通过对外部第三方服务商的监督和管理来应对源于行业外部的保险消费者数据和隐私泄露事件。2019 年 12 月发布的《互联网保险业务监管暂行办法（征求意见稿）》增加了与网络安全和数据安全相关的规定，不仅要求保险机构加强数据安全保护，还要求保险机构授权的营销合作机构具有安全可靠的互联网运营系统、信息安全管理体系和客户信息保护制度。建议进一步加强技术外包机构集中度风险管理，尤其是监测和控制云服务、信息系统构架、网络安全等关键技术服务商的集中度风险。建立外部服务商"黑名单"制度，对不良服务商承包保险业信息技术服务项目设置明确的禁止期限（如两年）。

3. 明确网络安全事件的通报要求

数字时代，保险机构的业务运营和经营决策日益依赖网络信息数字系统，来自外部和内部的威胁因素繁多，所以数据泄露事件很难完全避免。建议明确设定保险业"重大信息安全事件"的标准，标准可以包含以下三个方面的"重要性"指标——核心服务中断所影响的用户数量、事件持续的时间长度以及受事件影响的地理范围大小。此外，应对汇报时间做出明确的规定，可以考虑要求企业在 72 小时内汇报风险事件。

4. 改进保险机构内部治理

建议将网络风险管理和数据资产保护纳入保险机构的全面风险管理框架中。要求保险机构将数据安全风险提升至董事会层面讨论，并确保董事会成员中有相关专业人员；对网络韧性进行明确的责任划分，尤其是在 IT 部门与其他部门合作管理数据安全风险方面的责任划分；在人力资源开发和内部控制等方面进行相应调整，如加强数据风险意识培训、开展数据安全审计等。

（三）加强金融保险消费者教育

数字金融和普惠金融的发展对消费者的金融素养提出更高的要求。一方面，不断膨胀的金融 App 市场中鱼龙混杂，金融消费者需要有"火眼金睛"

才能甄别出合法合规的金融产品。另一方面，一键式操作或灵活退出的"人性化"便捷体验更容易激发消费者的冲动性消费。消费者素养提升跟不上保险创新速度，就会诱发严重的保险消费风险。P2P理财市场和网贷市场早期野蛮生长，给金融消费者带来的"创伤"就是典型案例。在数字保险发展步入快车道的今天，加强消费者金融教育，提升消费者金融素养成为防范和化解金融风险的必要举措，对消费者保护的作用日益凸显。

1.完善金融消费者教育国家战略

金融消费者教育要普及金融知识，更要切实改变消费者的预期和行为。金融消费者教育不是金融监管机构一家的职责，需充分发挥社会各方的能动性。为此，要进一步完善国家金融教育战略，从国家层面统筹各方资源。在这方面，我国已经具备较好的基础。《关于加强金融消费者权益保护工作的指导意见》明确要求，"建立金融知识普及长效机制。金融管理部门、金融机构、相关社会组织要加强研究，综合运用多种方式，推动金融消费者宣传教育工作深入开展。教育部要将金融知识普及教育纳入国民教育体系，切实提高国民金融素养"。

2.开展普及保险知识的社会宣传活动

定期举行大规模社会宣传活动，向民众普及金融理论和金融风险知识，是消费者金融教育的常用做法。如，中国人民银行、银保监会等四部门共同举办的"金融知识宣传月"活动、欧洲的"金融教育日"等。秉持避免信息超载和重复要求的原则，建议在此类金融教育活动中加强保险知识的宣传普及工作。只有包括政府公共部门、社会教育机构、媒体组织、社区服务中心等在内的更多主体共同推进金融消费者教育活动，才能实现更高的社会认可度和更好的普及效果。

3.设置可持续的金融消费者教育计划

金融消费者教育属于终身教育的范畴，需要持之以恒。建议把金融知识融入学校课程，构建金融普及教育的长效机制。"从娃娃抓起"，不仅能够保证受众广泛，而且还能通过"潜移默化"的储蓄意愿和风险意识培育，逐渐改变民众的金融行为。保险教育的理想效果是，年轻人能意识到日常生活中"风险无处不在"，能主动关注意外事故和疾病等突发风险，能未雨绸缪考虑退休准备问题，能思考这些问题的综合解决方案。

4. 鼓励对数字化教育领域的探索与实践

数字技术使人们能更快捷方便地获取信息，有助于提升消费者金融素养水平，克服金融教育方面存在的障碍，是应对数字金融时代消费者权益保护挑战的重要工具。随着在线互动工具增加，出现了越来越多吸引公众的教育方式。例如，在交互式接触界面中嵌入高频、简短、趣味的教育类游戏或短视频，不仅能见缝插针地增加教育时刻，还能依靠网络自发传播增加受众，吸引青少年一代的广泛参与，有助于实现更好的教育效果。拥抱并利用数字化技术，最大限度地发挥其作用，对金融教育的所有利益相关方都至关重要。

5. 加强金融消费者教育方面的国际交流与合作

数字时代，各国政府都存在金融消费者教育改革的需求。虽然在政策制定上各国都遵循数字友好、技术中立和与时俱进的基本原则，但由于资源禀赋和文化背景存在差异，各国金融消费者教育的具体实践以及发展思路各有特色。因此，国际层面的最佳实践交流会给各国的金融消费者教育改革带来启发，尤其是数字化教育领域的交流，可为各国提供丰富的金融教育知识和专业指导，帮助各国更好地根据数字金融发展要求制定国家层面的金融消费者教育战略。

论人工智能在金融消费咨询投诉中的应用
——智能客服的前景与发展*

王　京　王晓炜　梁紫燕　朱雨萌**

金融科技在金融领域中的应用可以分为金融基础设施、产品端和服务端三个方面。人工智能最初运用于产品端（智能顾投领域），逐步引入到金融基础设施（智能辅助决策、防欺诈和反洗钱等领域）和服务端（金融获客、互动和消费咨询、投诉等领域）。随着移动互联网迅速普及，5G 技术逐步投入应用，金融消费者对咨询与投诉处理的及时性、移动性及多渠道性提出了更高要求。通过引入以人工智能为基础的智能客服，金融机构可以满足消费者以上要求，有效化解有限客服资源与海量用户服务请求间的矛盾。当前，智能客服已大量替代人工客服为金融消费者提供简单、重复的咨询、投诉应答服务。未来，基于 AI 机器学习能力和海量场景数据分析，智能客服将帮助金融机构重塑咨询与投诉应答架构，使其更好地发挥在金融消费权益保护工作事前协调、事中管控和事后监督全流程中的作用。

（一）人工智能催生智能客服的产生与进化

自 1956 年达特茅斯会议开启人工智能发展以来，人工智能经历了技术驱动、数据驱动和场景驱动三个阶段。作为人工智能场景深度应用领域，智能客服同样经历了多代产品迭代，并从语义理解和场景服务两个维度实现了自我进化。

1. 智能客服进化的语义理解维度

语义理解是智能客服应答信息咨询的基础。通过语义理解，智能客服将

＊　本文原发于《普惠金融研究》2020 年第 1 期。

＊＊　王京，中国人民银行营业管理部金融消费权益保护处；王晓炜，中信百信银行股份有限公司副行长；梁紫燕，中国人民银行营业管理部宣传群工部；朱雨萌，中国人民银行营业管理部金融消费权益保护处。

消费者的咨询与后台知识库内容进行匹配，从而实现咨询投诉的一问一答。智能客服的语义理解经历了单一关键词精准匹配、多关键词模糊匹配、自然语言分析和深度学习四个阶段的进化历程。

在单一关键词精准匹配和多关键词模糊匹配阶段，智能客服基于预先定义问答知识库，通过与消费者所问问题进行精准或模糊匹配，实现对咨询或投诉的应答。在这两个阶段，智能客服面临两个难题。一是语义理解能力偏弱，难以区分字面相似、含义不同的文法，正确识别并匹配到后台知识库答案的概率仅为30%～40%。二是后台知识库的建立和扩充需要人工输入，维护成本高。

在自然语言分析阶段，通过对语句进行拆分并赋予相应权重，智能客服得以利用权重综合算法将消费者问题与后台知识库答案进行匹配，从而实现对复杂咨询或投诉的合理应对。处于自然语言分析阶段的智能客服已较为先进，结合语法分析和预测技术，在语义理解方面已达到实用化，目前被大多数金融机构所采用。

发展到深度学习阶段，智能客服融合了AI机器学习和大数据分析等两项金融科技时代的关键技术，语义理解能力和应答匹配能力得到进一步提高。一方面，循环神经网络、卷积神经网络、长短记忆网络等先进机器学习算法赋予了智能客服机器自主学习能力。另一方面，移动互联时代海量数据的收集、存储与大数据分析则为智能客服提供了自主学习的素材。在深度学习阶段，智能客服有以下三个特征。一是后台知识库的人工输入压力大幅下降，机器学习过往应答案例、监管政策文件、产品及服务更新说明成为最主要来源。二是采用深度学习算法，通过对上下文建模提升其语义理解能力，具备对未标注的数据进行自主学习的能力。三是可对复杂情感进行建模，使其更能了解消费者意图，并实现自主交互。

2. 智能客服进化的场景服务维度

在人工智能情景驱动下，智能客服不再仅仅局限于"一问一答"式的问题解答者角色，而会根据消费者的需求主动提供灵活、深度、个性化的服务解决方案。

提供多场景服务的智能客服，其实现基础是开放平台、综合化管理和用户画像。首先，在开放平台下，金融机构将产品、服务等各个板块进行重新封装，以 SDK 技术和 API 接口实现互联互通，实现金融机构内部和外部的数据和产品的资源开放和共享。其次，综合化管理决定智能客服在场景提供上的深度和广度。场景提供的深度指在该场景下消费者就某一业务板块与智能客服的交互程度。场景提供的广度指该场景下智能客服提供给消费者关联业务板块的范围。合理的综合化管理直接影响智能客服的消费者体验。最后，用户画像则是金融机构根据金融消费者的大量非结构化数据对客户进行分析。智能客服利用用户画像和综合化管理为消费者提供个性化的交流和决策，为消费者在面临问题时提供场景类的综合化解决方案。

（二）金融科技时代智能客服在咨询投诉处理中的应用

1. 机器学习参与智能客服的技术架构

在金融科技时代，智能客服的一个典型特征是机器学习的广泛应用。机器学习是指使用算法解析数据，让计算机从中学习，并基于所学知识对特定事件做出决定或预测。将机器学习应用于智能客服的内在逻辑是，与其编写程序让智能客服来分析匹配应答投诉，不如教授智能客服如何自主开发一个算法来完成任务。

目前，智能客服中应用较广的机器学习方式有监督学习、无监督学习和半监督学习三种。其中，监督学习是指计算机用特定的模式来分类标记一组数据，可分为分类和回归两大类。通过分类学习，计算机可以被训练将未分类样本数据进行分类或赋予其某种类别的标签。在智能客服领域，监督学习被广泛运用于客诉预判。在智能客服系统上，计算机分析库中被标记的咨询/投诉，并将其与新的咨询/投诉进行比较和匹配，当匹配率达到了一定的阈值，新的咨询/投诉将被进行合适的分类。通过回归学习，计算机可在分类/标记的基础上对客户的诉求进行预判。无监督学习则是单纯给予数据，计算机通过数据之间的内在联系和相似性对数据进行分析，包括聚类和降维两种主要算法。其中，聚类指计算机根据样本的属性和行为对象自行分组，降维指计算机通过寻找样本共同点来减少模型变量。在智能客服中，无监督学习广泛应用于对咨询/投诉进行数据挖掘、深层分类、识别趋势和规则等。半监督学习是监督学习和无监督学习的结合。通过监督学习算法提供少部分标签数据，再结合无监督学习的数据分析归类能力，在稍许降低准确度的同时可以大幅提升训练速度。这也是机器学习未来的重点发展方向之一。

智能客服系统应用机器学习技术有助于提高处理效率。以用户投诉场景为例，机器学习的典型应用包含语音识别、意图识别、业务诊断和业务预警四个模块。其中，语音识别模块负责将用户语音通过声音模型转化为文字。意图识别模块负责借助投诉诊断模型和意图数据，通过分析用户直接输入的需求文字以及语音转化后的文字，实现对于用户意图的识别。若判断用户意图为业务投诉，客服系统将自动进入业务诊断模块，通过调取用户业务数据和历史投诉记录来进行投诉的确认，并就投诉根据公司政策做出回应。一旦发现短时间内接到大量同类问题，系统将会调取大量历史客诉记录和用户业务数据来判断问题的严重性，并通过电话、短信和邮件等方式，迅速通知业务系统及相应部门进行应对，确保问题能在第一时间得到解决并阻止问题的扩散。

2. 智能客服对金融机构咨询投诉处理架构的重塑

通过融合自动语音识别技术（ARS）、从文本到语音转换技术（TTS）和自然语言理解技术（NLU），智能客服运用机器学习技术可随时抽取工单，实现对全业务流程的实施跟踪，形成咨询投诉中"客诉预判、客诉处理、客诉预警"全周期投诉处理机制。

客诉预判的任务是判断消费者投诉是否需要人工介入，并为人工客服提供系统化处理方案。接到客户投诉后，智能客服将立即依托自然语言理解模型，采用用户语义分析技术识别用户投诉意图。同时，系统实时锁定断点交易，迅速判断客户遇到的问题。然后，利用客诉决策引擎，根据问题严重程度自动生成问题工单，通知人工客服介入，并完成工单的后续转发或跟进。一旦人工客服介入，智能客服还将结合用户画像生成系统化处理方案，同步呈现在客服界面上供人工座席参考决策。

客诉处理的任务是对已经形成工单的消费者投诉进行全流程线上处理，

包括工单管理、工单查询、统计分析、扩展服务等流程。对需要进行后续查询及处理的客诉问题，智能客服或人工客服创建工单后，客诉引擎将对全量工单进行分析，并派发至业务归属部门，以工作流的形式进行流转。一旦工单处理时长达到一定阈值，就会自动触发集成 ASR、TTS、多轮对话能力的催办智能客服，它通过和工单处理人的场景式交流实现智能催办。

　　客诉预警的任务是对短期集中性问题及时进行预警提示，包括系统预警、业务预警和舆情预警。一旦短时间内接到大量同类问题，智能客服将对全量客诉问题进行分析，并根据不同情况采取不同预警方式。短期集中反馈的由系统问题导致的消费者投诉，将触发"系统预警"。预警工单直接接入 DOTA 一站式项目管理平台，并在项目管理平台进行缺陷创建，技术部门定位问题后第一时间给出解决方案。客户集中反馈的产品问题，将触发"业务预警"。预警工单自动分配到业务归属部门进行处理。对疑似重大投诉或舆情问题，触发"舆情预警"。预警工单被分配到相关部门启动相关应急预案。客诉预警模块的快速响应功能，缩短了工单处理时长，提升了各部门协同能力，大幅提高投诉处理效率。

（三）智能客服在金融消费咨询投诉中的前景分析

1. 智能客服有助于提升金融机构客诉处理效率，有助于提升消费者对投诉处理的满意度

　　智能客服在提升效率方面，集中表现为人力成本的降低、人工坐席服务水平的提升和系统数据处理、分析能力的增强。在降低人力成本方面，先进的智能客服不仅一定程度上可替代人工坐席应答和处理消费者咨询投诉，更可保持 7×24 小时 365 天实时在线，0.5~1 秒快速响应。在提升人工坐席服务水平方面，先进的智能客服系统可将人工坐席接入的通话录音进行话者分离，并通过关键词检索、静音分析、情绪检测等技术，对坐席人员的业务能力、应变能力、业务熟练度等进行多维度质检打分，通过智能质检帮助坐席人员全面了解自己的业务不足项，提升综合服务能力。在增强数据处理、分析能力方面，先进的智能客服系统可读取海量客服数据，将语音文字等非结构化

数据转为结构化数据，依据通用的学习策略建立数据分析模型从各角度挖掘与分析，为公司的业务优化与服务提升提供依据。同时，智能客服智能化、移动化、社交化、云端化等特点，使得智能客服能感知消费者从语音语调到微表情等各类特征，提供场景定制等个性化服务，提升消费者满意度。

2. 智能客服有助于提升金融消费权益保护工作事前协调、事中管控和事后监督的能力，更适应监管要求

智能客服对金融机构消费咨询投诉处理架构的重塑，有助于金融机构构建从产品服务到金融消费投诉处理，再到产品服务改进的闭环。智能客服"客诉预判、客诉处理、客诉预警"全周期投诉处理机制，缩短了客诉处理流转周期，使得金融机构具备灵活有序的协同处理能力，满足消费者对投诉处理及时性要求，提升消费者满意度。同时，对集中投诉问题的诊断、分配、预警等流程的智能化，有效提升了消保理念在事前、事中、事后全流程的贯彻，有效契合了监管部门对金融机构消保工作的要求。此外，智能客服高度电子化的处理方式大幅减少了人工环节，丰富多元的数据分析报表有助于提升金融机构细粒度知识管理能力及精细化管理能力。

3. 金融行业需建立开放的金融生态环境，以适应智能客服应用的门槛要求

智能客服在金融领域的应用存在一定的门槛。一是技术门槛。智能客服对在语音、图像识别和机器学习等技术方面有较高要求。二是资金、时间门槛。智能客服辅助编程、机器学习能力建设等需要技术人员对其进行大量训练，需耗费大量的资金和时间。三是数据门槛。智能客服的机器学习需要大量的咨询投诉案例及相关数据等大数据支持。为跨越智能客服应用门槛，一些资金及技术实力雄厚的金融机构成立了金融科技部门，自建技术平台。与此同时，越来越多金融机构选择与第三方合作，共同构筑金融科技生态系统，将自己的平台开放或直接接入第三方平台，通过 API 接口由第三方提供硬件、数据库、金融云、人工智能、场景服务等金融科技支持。

4. 金融消费权益保护工作需秉持人文金融理念，智能客服与人工坐席的平衡仍需进一步思考

随着智能客服的自然语言处理技术、大数据挖掘能力和处理复杂咨询投诉能力的持续提升，其高效、及时、精准的应答必将受到越来越多的消费者青睐。在智能语音系统帮助下，智能客服甚至能模仿人工坐席的语音语调来回答问题，而消费者很难加以区分。但即使如此，我们仍需要进一步思考智能客服与人工坐席之间的平衡。AI 的发展进步依靠模仿人类思维而驱动，但 AI 取代不了人类思维，也不能完全并及时消除复杂金融创新带来的金融机构与金融消费者的信息不对称。金融消费者的弱势地位决定了金融消费权益保护工作需要秉持人文金融理念，需要以人文关怀与关爱为基础。无论未来技术如何发展，都应将人文因素置于技术因素之上，秉持人文关怀与关爱理念处理金融消费咨询投诉的人工坐席仍不可或缺。

第十二章
金融科技在普惠金融中的应用

以新金融赋能普惠金融　助力打赢脱贫攻坚战[*]

田国立[**]

金融适应实体经济所需而产生和发展，虽变化纷繁但不离其宗，民之所盼、民之所需、民之所急，永远是金融的初心和使命。党的十八大以来，党和国家提出经济发展从经济增长转向高质量发展，尤为关注民生和弱势群体，解决社会公平问题被提上更优先的议事日程。金融体系作为配置经济资源的重要中介和加速器，扮演着重要角色。

新时代呼唤新金融，新金融必然产生并服务于新时代。新金融以社会民生为出发点，直面和解决传统金融体系无法解决的难点、痛点，运用金融科技赋能普惠金融发展，使得小微企业、农户、贫困人群等弱势群体越来越容易获取到便捷安全的信贷、支付和财富管理等服务。新金融融合科技属性、普惠属性和社会属性，能够促进金融资源公平有效配置，形成科技赋能金融、金融赋能社会的良性市场循环，助力脱贫攻坚、更好满足人民对美好生活的向往。

（一）发挥新金融科技属性，赋能打造数字化线上普惠金融新模式

传统金融体系中，金融资源主要满足了经济快速增长过程中国企、大中

　＊　本文原发于《普惠金融研究》2020 年第 4 期。

　＊＊　田国立，中国建设银行党委书记、董事长。

型企业、发达地区、富裕群体的金融需求，而对于占据社会主体大多数的小微企业、农户、贫困人群等弱势群体，金融供给则明显不足，融资难、融资贵的痛点尤为突出。究其症结，传统金融非不想，实不能。以新技术发展为基础的新金融，依托大数据、互联网、人工智能等金融科技手段进行信用重构和流程再造，打造了普惠金融新模式，为普惠金融赋能，使以前无法覆盖和满足的服务，能够通过网络、移动通信、智能终端等新金融功能和生态得以实现，让每一个社会成员都能分享到金融资源、获取到金融服务。

实施数字化经营，构建支撑普惠金融高效发展业务模式。经过三年多的探索和努力，建设银行形成了独特的新普惠服务模式，即"批量化获客、精准化画像、自动化审批、智能化风控、综合化服务"的"五化"模式。通过数据挖掘、分析、应用，批量筛选客户、为客户多维度立体式画像，在此基础上进行业务自动审批和全流程自动化风控，并针对企业特征匹配综合化金融服务。过去，建设银行每年普惠型小微企业贷款新增额一度只有100亿～200亿元，贷款客户新增不到1万户；实施新模式后，2019年当年新增普惠贷款3531亿元，新增法人客户33万户。2020年一季度，普惠贷款余额在全国商业银行中首家突破万亿元，占全部银行业金融机构普惠贷款余额的9%。截至2020年6月末，仅"小微快贷"余额就已接近9000亿元，较2017年末的974亿元增长近10倍。

创新平台经营，打造移动式、智能式、开放式服务模式。从客户感受和体验出发，运用互联网、大数据、生物识别等技术，建设银行于2018年9月在国内银行业首家推出面向小微企业和个体工商户的"惠懂你"手机移动端融资及综合服务平台，借助手机终端，实现无接触7×24小时服务，突破了原有银行办理业务的物理空间和时间限制。同时，"惠懂你"集成创新了在线测额、预约开户、股东开会、贷款办理、进度查询、贷款归还等功能，通过手机一站式完成，省时省力。目前，"惠懂你"访问量已突破1亿次，下载量突破1400万次，注册用户突破1100万人，认证企业突破370万户，授信金额超2800亿元。

建设智慧乡村平台，推动数字化金融服务"下乡"。小微领域的数字化实践为新普惠模式延展服务空间打开了局面，通过建设金融基础设施、培育农村信用环境、搭建城乡对接平台，赋能激活农村金融市场，并以金融资源流入带动其他社会资源和生产要素的有序流入，支持当地产业培育和壮大，最终实现"内生性"扶贫。建设银行以土地流转系统、农业补贴系统、供销系统为支撑，从农民征信服务、数据信息服务、打通城乡等更多应用场景入手，构建信息服务体系，逐步建立全方位嵌入农村社会生产、生活的生态圈。智慧乡村平台首先在黑龙江省试点落地，让手机成为农民获取金融服务的"新农具"，目前已累计发放惠农贷款 175 亿元。

（二）发挥新金融普惠属性，提升金融服务覆盖面、获得感

新金融在技术属性基础上的核心特征，就是要在普惠金融的旗帜下破解弱势群体融资难题，打破传统金融的"二八定律"，即根植并融合大众市场，让长尾客户、服务洼地以及急需金融服务的小微企业和个体，尽可能公平、有尊严地获取金融资源，提升社会成员对金融服务的整体获得感，为解决金融排斥这一世界性难题提供"药方"。

创新信用贷款产品，以便捷高效的融资体验提升服务覆盖。"抵押难""担保难"是长期以来困扰银行和小微企业的问题，如何将客户信息与数据转化为信用，是解决小微企业融资问题的关键。针对小微企业资信失真、信息不对称和不完整的问题，建行探索应用替代性数据，整合挖掘结算流水等银行内部信息，以及工商、税务、电力等外部数据，对企业进行立体式全息画像，通过负面清单加正面清单，为小微企业发放全流程线上的信用贷款。面向数据所触达的全量客户，综合结算、纳税、采购等相关数据生成多种信用组合，构建了丰富的"小微快贷"产品体系，覆盖企业全生命周期融资需求。截至 2020 年 6 月末，"小微快贷"累计为 143 万户小微企业投放贷款2.6 万亿元，信用放款客户占比超过 70%，首贷户占比近 50%。

推动经营重心下沉，延伸服务触角。作为传统金融发展沿革的基础载体，网点是银行服务长尾客户的最前沿阵地，是感知大众市场最灵敏的触角。新金融要求银行在巩固传统金融优势的基础上持续做加法，变革网点服

务内涵。建设银行近 1.5 万个网点均能开展小微企业服务，真正实现普惠性、下沉性，为各类客户提供面对面、有温度的金融服务。普惠金融服务客户群体从最初的小型客户、大行业客户群体逐渐向微型客户、小行业客户群体覆盖。

推进农村服务点建设，打通金融服务"最后一公里"。新金融发力的重要领域就是现代"三农"金融，走进农村、亲近农民、支持农业，为国民经济的持续发展扎稳"三农"根基。建行与供销社、卫生所、小卖部等农村合作机构共同布局县域市场，推出"裕农通"服务点，为传统物理渠道无法覆盖到的广大基层农民，提供"存、取、汇、缴、投"等基础金融服务，以金融力量延伸服务网络，丰富服务内涵。目前，建设银行"裕农通"服务点超过 60 万个，基本覆盖全国乡镇及行政村，让广大农民足不出村就能享受到和网点一样的金融服务。

（三）发挥新金融社会属性，积极助力提升社会治理能力

金融体系是国家治理结构的重要组成部分，金融承担着社会治理中最重要的资源配置功能，是最有条件深度参与并服务社会的行业。新金融的社会属性，要求金融机构主动用好金融这把"温柔的手术刀"去破解经济社会的痛点，担当起社会责任。跳出金融做金融，坚持开放共享、共建共治理念，将自身经营生态延伸到社会治理体系中，促进社会资源向贫困、弱势群体流动，改善社会分配机制，并延伸赋能社会，促进更加有效全面平衡发展。

搭建智慧政务平台，助力建设社会服务体系。在科技支撑下，金融机构走向基层社会，为社会治理、为乡村振兴出力，为精准扶贫提供平台，已具备现实条件。目前建行已与 28 个省级政府签订合作协议，在云南、湖南、山西、山东、重庆等 13 省（区、市）建立智慧政务的"建行模式"。如在陕西安康地区建设"安康智慧治理"服务平台，集党务服务、政务服务和公共服务于一体，支持安康市数据治理项目建设，可对全市各渠道分散、多样化的数据进行采集、治理、共享和可视化，形成服务个人、企业、政府的标准化数据治理体系，助力推进安康市域治理体系和治理能力现代化。此

外，建行还着力打造劳动者港湾，推进网点服务资源向社会公众开放，建设和开放网点共享空间 1.4 万个，将银行网点作为政府政务服务场所的延伸，充分体现出新金融的包容共享。

推开围墙办大学，提高社会金融素养。商业银行有能力也有责任架起一座科研创新和成果转化的桥梁，不断提升产学研对接服务水平和协同创新能力。建行整合内部和知名高校等教育资源，成立建行大学，通过"金智惠民""百万普惠金融创业者培训计划"等项目，面向广大中小企业家、创业者、农民、扶贫干部等进行金融知识普及和专业培训。通过开办"愚公学院""创业者港湾"等，建立普惠金融商学院，为服务初创公司、中小企业保驾护航。不仅如此，还进一步拓展延伸建行大学平台，将培训送到广大乡村的田间地头，让更多的人了解并学会使用金融工具，让新金融"甜水"如涓涓细流，融入老百姓的日常生活中。

创新赋能纾解痛点，推动金融扶贫可持续发展。建行推出"N＋建档立卡贫困户"产业扶贫业务模式，通过大数据增信、信用主体增信、核心企业增信、组织管理增信等路径，加大网络供应链、"民工惠"、"女性创业贷"等产品的创新应用，构建新型农业主体与贫困户之间的利益联结机制，积极助力贫困地区产业发展。建行的"民工惠"产品，有效解决了拖欠农民工工资的"老大难"问题，用专项融资款解决"有钱发"，用工管理大数据解决"发给谁"，用金融科技手段解决"发到手"，迄今已累计投放专项融资款超 1000 亿元，服务农民工 920 万人次。与海尔集团合作，打造"裕农小顺"平台，为农户定制生活解决方案，建立解决用户痛点的触点网络。依托"善融商务"平台，帮助贫困地区拓展产业销售渠道，累计扶贫总交易额达 383.62 亿元。

习近平总书记指出，"只有富有爱心的财富才是真正有意义的财富，只有积极承担社会责任的企业才是最有竞争力和生命力的企业"。在新金融领航下，银行人坚守金融业的初心，以金融的方式整合社会资源，以科技的力量造福大众，以金融的智慧回馈社会，推进普惠金融发展，助力打赢脱贫攻坚战，实现全面建成小康社会的宏伟目标。

金融科技助力普惠金融发展*

李南青**

作为国内首家民营银行和互联网银行，自成立始，微众银行就以"科技、普惠、连接"为愿景，在监管部门的正确指导和大力支持下，积极运用金融科技构建普惠金融新模式、新业态。目前，微众银行已在人工智能、区块链、云计算、大数据等前沿金融科技领域打造了多个国际和行业领先的创新性技术应用，为中国银行业在新时代的普惠金融发展中探索出一条新路。

（一）"普惠金融"面临诸多问题与挑战

自联合国发布《普惠金融体系蓝皮书》以来，普惠金融的发展得到各国政府高度重视。2015 年 12 月 31 日，国务院印发《推进普惠金融发展规划（2016～2020 年)》，明确普惠金融的含义是指"立足机会平等要求和商业可持续原则，以可负担的成本为有金融服务需求的社会各阶层和群体提供适当、有效的金融服务"。

当前，中国的普惠金融发展状况总体向好。根据世界银行《2017 全球普惠金融指数报告》，从拥有金融账户的成年人占人口比重这一数据看，中国账户拥有率已达 80.23%，与发达国家分组的平均水平（94%）相比略有差距，但已显著高于发展中国家分组的平均水平（63%）。另据中国人民银行和银保监会联合发布的《中国小微企业金融服务报告（2018）》，2018 年 12 月，中国全金融机构新发放的 500 万元以下小微企业贷款平均利率为 6.16%，较 2017 年同期下降 0.39 个百分点。

同时也应该看到，在破解普惠金融这个世界性难题时，形势仍然严峻。在普惠人群方面，世界银行披露，2017 年世界上仍有约 17 亿成年人没有获

---

  * 本文原发于《普惠金融研究》2019 年第 4 期。

  ** 李南青，微众银行党委书记、行长。

得最基础的金融服务，且几乎全部生活在发展中国家。在小微企业方面，以我国为例，小微企业融资覆盖面占正常经营的小微企业的 25% 左右，个体工商户贷款覆盖面约占全部个体工商户的 16% 左右，相对于个人 40% 左右、大中型企业 80% 以上的融资覆盖面，还是存在一定差距。

总体来看，在传统模式和技术条件下，普惠金融发展仍面临诸多问题与挑战，如普惠金融服务不均衡、普惠金融体系不健全、法律法规体系不完善、金融基础设施建设有待加强、商业可持续性有待提升等。

（二）中国普惠金融的顶层设计思路：数字普惠金融

近年来，以移动互联网、大数据、云计算、区块链、人工智能等为代表的金融科技不断取得突破，以金融科技技术为驱动因子的"数字普惠金融"新模式正在全球范围内加速形成，为解决普惠金融这一世界性难题提供了现实可行路径。

对数字普惠金融的发展指引，中国一直处于世界领先地位。2016 年 9 月，中国在作为 G20 主席国期间提出制定《G20 数字普惠金融高级原则》，成为国际社会首次在该领域推出的高级别指引性文件；2018 年 10 月，银保监会发布《中国普惠金融发展情况报告》，明确指出数字普惠金融引领，是普惠金融可持续发展的重要出路。以上的顶层设计文件为中国金融机构坚持主业、回归本源，推进供给侧结构性改革、培育农业农村发展新动能、推动大众创业万众创新、助推经济发展方式转型升级指明了方向。

事实上，在更早之前，促进民营银行的诞生和发展，就是中国重点发展数字普惠金融的制度铺垫。中共十八届三中全会后，2014 年 3 月，中国人民银行、银监会等相关部门落实党中央和国务院政策精神，银监会发布自担风险民营银行首批试点名单，首批共设立深圳前海微众银行、上海华瑞银行、天津金城银行、温州民商银行、浙江网商银行 5 家民营银行。

微众银行就是在这种背景下应运而生的。作为银行业改革创新的产物，微众银行自成立起就积极响应党中央和国务院政策号召，确立了"让金融普惠大众"的使命和"科技、普惠、连接"的愿景，致力于服务小微企业和普罗大众。

微众银行作为一家年轻的互联网银行，开业四年多来通过自主创新，大力研发和应用金融科技，较早走出了一条商业可持续的普惠金融发展之路，为国内银行业发展普惠金融、深化金融业供给侧改革、解决金融服务供给不平衡不充分问题提供了崭新的思路，并在提升金融服务的覆盖率、可得性、满意度和增强人民群众金融获得感方面取得了有目共睹的成绩。

（三）微众银行的数字普惠金融破题实践

微众银行开业四年多以来，专注于服务普罗大众和小微企业这两类长尾客群，针对其痛点提供纯线上的小额、便捷的贷款、存款、理财和支付结算等服务，促使数字普惠金融落地生根。

目前，微众银行分别针对普罗大众和小微企业的两大类贷款产品的普惠效果显著。以面向个人用户的微粒贷产品为例，截至 2018 年底，微粒贷笔均贷款仅 8100 元，主要贷款客户中，79% 为大专及以下学历，75% 为非白领从业人员，92% 的贷款余额低于 5 万元，72% 的贷款利息在 100 元以下，且为近 8000 名语言障碍人士提供贷款服务，助力普罗大众实现美好生活。而针对小微企业的产品微业贷上线一年多，有效触达超过 50 万户确有融资需求的小微企业，这些均是属于实体经济范畴的小微企业；授信客户中，65% 的客户此前无任何企业类贷款记录，36% 的客户无任何个人经营性贷款记录，27% 的客户既无企业类贷款记录、也无个人经营性贷款记录，在拓展小微企业信用空白区域方面取得重大进展。

发展数字普惠金融的背后，离不开金融科技的支持。微众银行从成立开始，就在金融科技技术的四大领域"ABCD"，即人工智能（AI）、区块链（Block Chain）、云计算（Cloud Computing）和大数据（Big Data）领域连续多年积极投入，成功打造了多个国际和行业领先的创新性技术及应用。由此，微众银行通过金融科技实现了"三升两降"，即提升效率、体验、规模，同时降低成本和风险。在通过科技手段改变成本结构后，随着客户增长带来收入增长，而边际成本逐渐下降，使得微众银行在 2016 年实现盈利，在商业上达到可持续并朝着最终全面实现"3A＋S"的普惠金融目标迈进，即 Accessible（方便获取）、Affordable（价格可负担）、Appropriate（产品贴合需求）且 Sustainable（商业可持续）。

除了自身的发展，微众银行还积极支持了多个地区的金融扶贫工作，覆盖全国 13 个省、自治区的 29 个贫困区县，累计为贫困地区贡献税收 3.8 亿元，为中国的数字普惠金融发展提供了破题的实践样本。

（四）展望与建议

展望未来，从普惠金融的供给侧银行的角度来看，国内还存在两个较大的难题待突破。一是信息不对称难题，目前普惠对象的数据获取难度较大，大部分的数据尤其是微小企业相关的数据仍未开放，且真实性相对较差，导致信贷风险高企，从而无法进一步降低普惠金融的成本，建议未来仍需要充分推进大数据征信基础设施建设，打破征信信息不对称；二是政策壁垒仍较多，例如商业银行的地域性经营限制或会影响普惠人群的覆盖面。未来建议进一步探索通过互联网渠道打破地域限制、拓展普惠金融的可触达范围。

此外，放眼全球，"一带一路"沿线国家和地区的普惠金融发展尤为不足，建议允许中国的监管机构和金融机构将自身的数字普惠金融实践经验复制推广出去，供其他"一带一路"沿线国家及地区参考借鉴。这将有助于推进金融科技技术发展，进而促进普惠金融服务水平整体提升。

借力金融创新、金融监管发展农村普惠金融*

李　全　刘澜飚**

党的十九大报告中明确提出，要通过金融支持实体经济稳定有序发展，营造一个好的金融发展环境，在治理金融乱象的过程中完善现代化金融体系。发展农村普惠金融同样要沿着这条思路推进，一方面借力金融创新提高服务"三农"的能力，坚持绿色金融发展导向；另一方面借力金融监管形成良性农村普惠金融体系，营造长期稳定的农村金融发展机制。

（一）金融科技助力农村普惠金融发展

按照金融稳定理事会（FSB）的定义，金融科技是指技术带来的金融创新，它能创造新的模式、业务、流程与产品，既可以包括前端产业，也包含后台技术。其主体包括利用科技手段推动创新、提高效率的传统金融机构，利用科技手段推出全新金融服务的新进入者以及为传统机构提供技术服务的金融 IT 企业。在金融科技领域，云计算、大数据、人工智能、区块链等新兴技术逐渐成为金融行业发展的核心驱动因素。

在农村普惠金融发展进程中，金融科技功不可没。传统金融机构由于存在路径依赖问题，对农村普惠的支持是有限的。相比之下金融科技自萌芽期开始，就体现出强大的渗透力，对小微金融领域，特别是农村普惠金融发展起到了独特的支撑和推动作用。云计算作为底层设施，可以通过数据搜集和整理，满足农村金融机构对农户及农企上下游复杂的运算分析需求，降低涉农金融服务的运营成本。大数据技术能帮助农村普惠金融机构提供差异化服务，有效寻找目标客户，实现精准营销，同时对其中的高风险客户予以甄别，加强风险控制。人工智能可以代替人的程序化工作，这对农业尤为重

---

* 本文原发于《普惠金融研究》2020 年第 2 期。

** 李全，南开大学金融学院教授、博士生导师；刘澜飚，南开大学金融学院副院长、教授、博士生导师。

要，可以在养殖业甚至种植业中显著降低成本并提升工作效率和用户体验。未来，随着金融科技的不断发展，一旦农村普惠金融机构应用区块链技术推动整个农业领域的金融服务"去中心化"模式，则将在产品安全、高效、低成本、高质量等方面提供全方位的保障。

金融科技已在农村普惠金融业务中得到广泛应用。截至 2019 年底，阿里巴巴的兴农脱贫项目已覆盖全国 700 多个贫困县，并在多地打造了"一县一业"项目。当年"双十一"，阿里巴巴在全平台推出了海量农产品脱贫产品，其中包括入驻阿里兴农脱贫项目的优质农货就有 4548 款。"双十一"农产品销售额超过 74 亿元，同比增幅 64%，13 款农产品销售过亿元。在新冠肺炎疫情防控期间，农村电商的快速增长为疫情中的民生需求提供了有效供给，充分体现了金融科技对农村普惠的高效推动。

随着金融服务已实现了从"电子化"到"移动互联"的转型，如今在科技的驱动下，农村金融在科技的驱动下也朝着"人工智能"的方向转变。如今不仅客户的身份识别可以通过科技实现，在广大农村地区，动物甚至植物的大数据风控等技术也已开始从概念走向产品设计，并开始商业化。在部分地区，"猪脸识别""牛脸识别"技术已经应用于农村金融服务，深刻改变了农村金融行业格局。在这些新模式新业态的支持下，金融科技塑造了一批农村"网红企业"，成就了一批"三农"小微企业。

（二）农村普惠金融发展离不开绿色导向

党的十九届四中全会提出，要开展并加快绿色金融等环保经济政策制定和实施，完善绿色生产和消费的法律制度和政策导向，推动形成资源节约、环境友好、生态安全的工业、农业、服务业体系，有效扩大绿色产品消费，倡导形成绿色生活行为，完善绿色产业发展支持政策，完善市场化机制及配套政策，发展绿色金融，推进市场导向的绿色技术创新。中国最早在 2016 年杭州 G20 峰会上提出了"绿色金融"，这是全球治理"中国方案"的关键内容。其基本含义是为支持环境改善、应对气候变化和资源节约高效利用的经济活动，对环保、节能、清洁能源、绿色交通、绿色建筑等领域的项目投融资、项目运营、风险管理等所提供的金融服务。2017 年第五次全国金融工作会议进一步明确，国家鼓励发展普惠金融和绿色金融，并以此作为推动金融"脱虚向实"、支持实体经济发展的重要抓手。从政策导向来看，绿色金融是我国金融改革的重要方向，对于实现我国"协调、创新、绿色、开放、共享"五大发展理念都有重要意义。故此，发展农村普惠金融必须坚持绿色金融属性。

当前，我国农村普惠金融"绿色成分"不足，市场失灵导致绿色金融产品供应缺乏是根源。目前，农村绿色项目大多具有显著的正外部性，却无受益人向这种正外部性支付对价，项目实施者的个人收益小于社会收益或低于其他非绿项目收益，外部性"内部化"的市场激励和补偿机制天然不足。如绿色农产品，由于在种植、养殖过程中较常规农产品投入更大，市场价格相对较高，商业机构往往因担心亏损而缺乏推广的积极性。其结果是绿色农产品卖不过普通农产品，出现"劣币驱逐良币"的市场现象。再如，农产品生产和深加工中，由于对污染环境项目禁入管控不力，对其负外部性惩罚不足，导致部分地区污染企业过度投资和生产。金融机构以"利润最大化"作为经营发展目标，自身无动力去追求承担社会责任。由于绿色项目的营利性与"社会责任"间存在矛盾，金融机构缺乏投资内在动力，致使绿色农村普惠金融资金供给不足。因此，农村普惠金融坚持"绿色"发展属性，需要政府在市场机制之外予以大力支持。

除此之外，农村普惠金融绿色发展还需构建由政策性银行、大型商业银行、中小型城商行和农商行，以及地方性基层金融机构和金融服务机构等组成的多层级、多元化的金融服务组织体系，适应不同区域、不同规模客户的需求。一方面，要充分发挥政策性银行承担传导政策激励、发挥市场导向的作用，引导商业银行设立专门的事业部统筹管理绿色农村普惠金融业务，鼓励地方性基层金融机构、小额贷款公司、租赁公司、消费金融公司以及互联网金融机构积极参与，为"三农"、小微绿色金融项目解决融资的"最后一公里"问题。另一方面，要通过政府与金融机构、社会资本合作的方式，鼓励和培育专业化、政策性担保机构，或者通过农村合作社或行业协会设立专业化的担保机构，为绿色农村普惠金融项目提供增信，降低项目风险管理成本。

在国家大力推动下，农村普惠金融的绿色属性日益显著，绿色项目制度性金融支持体系加快成型，金融机构开始就绿色金融业务管理和创新展开深入探索。目前，一些商业银行已推出支持农村普惠金融的绿色信贷产品，部分证券、信托和保险机构等也推出了绿色债券、绿色产业发展基金、绿色信托、绿色保险等绿色农村普惠金融产品。与此同时，一些地方政府也行动起来。如北京市在《关于构建首都绿色金融体系的实施办法》中明确提出，"将股东环保信息作为融资性担保和小额贷款行业准入重要参考，将服务绿色发展情况作为监管评价和信用评级的重要权重指标，并根据绿色金融服务绩效对融资性担保机构和小额贷款公司实施差异化监管"。

（三）农村普惠金融发展需要监管前置与协同

农村普惠金融发展应以监管为前置条件，且全过程都需要良性的监管协同。党的十九届四中全会提出，要健全具有高度适应性、竞争力、普惠性的现代金融体系，同时还要有效防范化解金融风险，特别要加强货币政策、宏观审慎管理政策和金融监管的协调，提升金融服务实体经济效能。2017年第五次全国金融工作会议明确提出，要紧紧围绕服务实体经济、防控金融风险、深化金融改革三项任务，创新和完善金融调控，健全现代金融企业制度，完善金融市场体系，推进构建现代金融监管框架，促进经济和金融良性循环、健康发展。对于农村普惠金融发展，建立良性的全过程监管机制，做好业务拓展与风险防控平衡尤为重要。由于广泛存在客户不易遴选、抵押品不易厘清、违约不易执行等问题，如果金融监管协同不充分，农村普惠金融业务容易带来不良资产问题，最终对行业发展形成制约。

农村普惠金融监管要特别强调普惠的特色，否则相关金融市场的发展就很难实现了。换句话讲，如果用现有的监管指标直接套用于农村普惠金融的产品设计和市场发展，会有很多金融机构没有动力开展业务，较低的收益和较强的监管会让资金望而却步。因此，农村普惠金融监管应充分考虑政府补贴、税收优惠、产业扶持等众多方面的支持因素，以全口径核算农村普惠金融发展的成本收益。不仅如此，还应在金融机构市场化经营的基础上，从社会责任的角度对普惠金融发展予以支持。农村普惠金融体系只有在良好的金融生态环境下，才能不断创新提供更优质高效的金融服务来满足农村人民和实体经济的多样化需求。显然，创造这样良性的金融生态环境需要金融监管的共同配合、协同发展。

农村普惠金融监管要注重监管协调的权威性、有效性，强化监管的专业性、统一性、穿透性。要加快相关法律法规建设，完善农村金融机构法人治理结构，加强农村普惠金融的功能监管，更加重视行为监管。要加强农村普惠金融监管协调、补齐监管短板，强化监管部门对农村普惠领域的宏观审慎管理和系统性风险防范职责。同时，在坚持农村普惠金融管理中央事权的前提下，地方政府要强化属地风险处置责任，把监管权力和责任下沉到基层。此外，还要健全风险监测预警和早期干预机制，加强农村普惠金融基础设施的统筹监管和互联互通，推进金融业综合统计和监管信息共享。

农村普惠金融的综合发展涉及广大农村地区，也涉及城市千家万户的生活。相关体系的建设是一个系统工程，不仅仅需要金融科技、绿色金融等金融创新模式的推动，也不仅仅是严格、合理的金融监管就能解决的，其他各类市场参与者的呵护同样必不可少。只有社会各方齐心协力，才能最终形成具有可持续成长基因、又良性运营的普惠金融体系。

积极推动保险科技创新　助力行业高质量发展[*]

王　敏[**]

2018 年 7 月 25 日，习近平总书记在金砖国家工商论坛上指出："未来10 年，将是世界经济新旧动能转换的关键 10 年。人工智能、大数据、量子信息、生物技术等新一轮科技革命和产业变革正在积聚力量，催生大量新产业、新业态、新模式，给全球发展和人类生产生活带来翻天覆地的变化。我们要抓住这个重大机遇，推动新兴市场国家和发展中国家实现跨越式发展。"金融行业要深刻学习领会总书记的讲话精神，积极谋划落实，努力以"鼎新"带动"革故"，以信息化培育新动能，用新动能推动新发展。

（一）金融科技发展规划为行业明确方向

金融科技是科技驱动的金融创新。在新一轮科技革命和产业革命的背景下，发展金融科技已成为深化金融供给侧结构改革、增强金融服务实体经济能力、打好防范化解金融风险攻坚战的内在要求和重要选择。2019 年 9 月，中国人民银行印发《金融科技（FinTech）发展规划（2019～2021 年）》（以下简称《发展规划》），明确提出了未来三年金融科技工作的指导思想、基本原则、发展目标、重点任务和保障措施。

《发展规划》指出，经过多年的积累，我国金融科技产业发展取得了长足进步，先后实现了金融业务电子化、金融渠道网络化，部分领域关键核心技术的研发应用取得重要突破，重点细分领域市场规模成倍增长，用户渗透率快速提升，逐步由支撑业务向引领业务方向发展，成为践行普惠金融，发展数字经济的新动力。与此同时，《发展规划》也明确指出，虽然我国在金融科技方面已具备一定的基础，但随着金融科技快速发展，金融业务边界逐

---

[*] 本文原发于《普惠金融研究》2020 年第 1 期。

[**] 王敏，中国保险行业协会副秘书长。

渐模糊，金融风险传导突破时空限制，给货币政策、金融市场、金融稳定、金融监管等方面带来新挑战。

针对我国金融科技发展不平衡不充分的诸多问题，《发展规划》进一步提出，到 2021 年，要建立健全我国金融科技发展的"四梁八柱"，进一步增强金融行业科技应用能力，实现金融与科技深度融合、协调发展，明显增强人民群众对数字化、网络化、智能化金融产品和服务的满意度，使我国金融科技发展跻身国际领先水平。《发展规划》的出台，进一步明确了金融行业在金融科技方面的前进方向，需要业内结合实际抓紧落实。

（二）保险科技发展推动了行业新变革

近年来，以人工智能、大数据、云计算为代表的保险科技渗透到保险承保、理赔和服务等各个环节，对推动保险业转型、实现高质量发展发挥着重要作用。在此背景下，保险公司不断加大保险科技投入，积极打造基于数字化、智能化的科技竞争优势。保险科技的发展推动了保险产品的设计、营销、服务模式发生诸多变革，可保范围进一步扩大，风险管控愈加精准，营销渠道更加多元，保险服务也更加便捷。

一是在产品开发领域，保险科技促进产品开发模式转型，体现出应用模式多样化、产品开发模块化的特点。通过"互联网人工智能＋大数据"更加精准地分析和定位目标用户，细分保险标的和风险因子，实现了产品开发及定价精细化。

平安保险"好车主"App"一人一车一价"，众安保险"步步保"等实现了基于物联网的产品定价。保险公司通过积累、分析既有产品数据与实时动态数据，采用标准化、模块化的产品开发模式，实现产品开发"速成"，以适应复合场景下的保险标的、保险责任、客户属性。

在健康险领域，针对特定人群的保障需求，开发出碎片化的产品，扩大了保障群体。譬如，平安健康推出的"控糖保"产品，健全了评估和管控机制，相比于以往市面上的糖尿病并发症保险，降低了参保限制，提高了与糖尿病患者需求的匹配程度，提升了服务效果。

二是在产品营销领域，互联网已经成为保险销售的重要渠道。2018 年，全行业互联网保险保费收入达到 1888.58 亿元，占全年保险保费收入的 5%。保险科技对于渠道业务的赋能，有效扩大了保险销售覆盖人群和交易规模，大大提高了保险的交易频次和普惠功能。

从销售的产品看，互联网财产保险从前期"碎屏险""网购退货运费险"等主要基于互联网 C 端分散性用户消费场景开发的产品模式，逐渐过渡到基于互联网行业 B 端流量入口的渠道定制式产品模式，形成了新的保费收入增长点。如泰康在线与腾讯微保合作的"微医保"、人保健康与支付宝合作的"好医保"等健康险产品，一经推出即获得了广泛关注和可观的保费规模。

众安保险联合滴滴出行共同开发的"接单保"，将传统重大疾病保险责任和滴滴出行司机生态业务进行了深度的融合，在扣费和保额累积模式上有着独到的创新。对大部分 18~40 周岁的司机来说，每接一单扣除 0.1 元，即可享有 100 元保额为期一年的重疾保障，最高可享有 50 万元的重疾保障，这是非常有吸引力的。此模式使传统的保险产品在互联网生态下焕发了新的活力。

三是在客户服务领域，借助保险科技在人工客服、投保与质检、理赔单证采集与数据处理、风险识别与防控等方面的应用，简化烦冗流程，降低工作量，提升工作效率，实现提升客户体验的终极目标。众安保险推出的"尊享 e 生"开创了"国民医保"的先河。产品集成了"智能核保""在线理赔""家庭共享免赔额""医疗费用垫付"和"重疾绿色通道服务"，扩展了"特需医疗""质子重离子医疗"责任，为保险业充分发挥保障社会稳定和经济补偿功能做出了有益的探索。

多家公司推出佩戴设备健康管理，既能方便客户的健康监控，又能提升客户健康管理的积极性。如，平安健康以成为客户身边的健康管家为使命，致力打造"保险＋健康"创新商业模式，搭建完善的保险－健康管理服务体系生态闭环。

泰康之家养老社区作为中国"医养活力社区"概念的缔造者和实践者，通过引入国际 CCRC 养老模式和"1＋N"的全方位服务模式，以活力养老、文化养老、医养结合、科技养老为核心服务特色，建设成为一个大型综合高端医养社区。

（三）发展保险科技需要正视困难和问题

矛盾的普遍性和特殊性是辩证统一的。矛盾存在于一切事物中，存在于一切事物的发展过程中。旧矛盾得到解决后，新事物就随之诞生。而新事物一旦诞生，就会带来新矛盾。保险科技也不例外。

总的来看，保险科技发展面临的问题和困难，相当大一部分是金融科技发展过程中面临的共性问题。正如《发展规划》指出的那样，"顶层设计和统筹规划有所缺乏，各类市场主体在科技能力、创新动力、人才队伍、体制机制等方面相对失衡；产业基础比较薄弱，尚未形成具有国际影响力的生态体系，缺乏系统的超前研发布局；适应金融科技发展的基础设施、政策法规、标准体系等亟待健全"。

具体到本行业，保险科技发展还存在一些具有行业特殊性的困难。一是数据孤岛问题。大数据应用仍存在部门间数据分割的问题。例如，保险行业和医疗行业之间缺少信息共享平台，保险行业缺乏医疗数据来源，对保险公司业务和服务带来一定影响。二是技术成熟度不高的问题。目前，保险科技特别是区块链技术尚处在探索阶段，业务结合度不够，落地难，没有在保险业中催生革命性的变革，仍处于保险科技赋能阶段。三是管理创新与科技效能的关系。科技要真正发挥作用，就需要进行相应的管理创新。传统组织架构以销售为中心，重在渠道构建，难以契合扁平、敏捷、高效的科技战略。

与此同时，我们也要密切关注保险科技发展过程中可能滋生的、不容忽视的新风险。一是保险科技在隐私保护、信息安全等方面面临巨大挑战。此类挑战伴随着新技术发展而产生，也必将伴随着技术完善和规范发展得以解决。在此过程中，需要监管机构、行业组织、市场主体共同努力。前一段时间，国家加大了对基于 App 非法获取用户隐私数据的处罚力度，乱采集、滥用用户隐私数据的情况得到一定的纠正。二是保险科技的应用使得风险扩散速度加快，隐蔽性增强。随着跨行业、跨领域的交易活跃，业务通道边界趋于模糊，以互联网科技企业为代表的跨界企业成为类金融、准金融进入者，"金融＋科技＋产业"使得市场交易结构设计日趋复杂，防范化解系统性风险难度也随之加大。三是基于金融科技发展的商业模式存在异化的风险。在 P2P 发展之初，其商业风险可控，随着规模扩大，商业模式迅速增多，许多创新演变为非法融资。在保险科技领域也要高度警惕这种风险。

保险行业关乎国计民生。在借助科技完成产业革新的过程中，保险行业本身要居安思危，不断充实自身实力，做强做大自己的"老本行"，坚持"保险姓保"，以客户需求为导向，不断提升行业价值。

图书在版编目（CIP）数据

中国普惠金融创新报告 . 2020 ／ 曾刚，何炜主编
. -- 北京：社会科学文献出版社，2020.11
ISBN 978 - 7 - 5201 - 7484 - 8

Ⅰ.①中…　Ⅱ.①曾…　②何…　Ⅲ.①金融事业 - 研
究报告 - 中国 - 2020　Ⅳ.①F832

中国版本图书馆 CIP 数据核字（2020）第 204101 号

中国普惠金融创新报告（2020）

主　　编／曾　刚　何　炜
副 主 编／李广子　贺　霞

出 版 人／谢寿光
组稿编辑／恽　薇
责任编辑／孔庆梅　田　康
文稿编辑／许秀江　武广汉

出　　版／社会科学文献出版社·经济与管理分社（010）59367226
　　　　　　地址：北京市北三环中路甲 29 号院华龙大厦　邮编：100029
　　　　　　网址：www. ssap. com. cn
发　　行／市场营销中心（010）59367081　59367083
印　　装／三河市龙林印务有限公司

规　　格／开　本：787mm × 1092mm　1/16
　　　　　　印　张：18.75　字　数：284 千字
版　　次／2020 年 11 月第 1 版　2020 年 11 月第 1 次印刷
书　　号／ISBN 978 - 7 - 5201 - 7484 - 8
定　　价／98.00 元

本书如有印装质量问题，请与读者服务中心（010 - 59367028）联系